ALCOHOLICOS ANONIMOS

Versión en Español

ALCOHOLICOS ANONIMOS

El Relato de
Cómo Muchos Miles de Hombres y Mujeres
Se Han Recuperado del Alcoholismo

VERSION EN ESPAÑOL
DE LA TERCERA EDICION
DEL ORIGINAL EN INGLES

ALCOHOLICS ANONYMOUS WORLD SERVICES, INC.

NEW YORK CITY

1990

CONTENIDO

Cofundador de Alcohólicos Anónimos. El nacimiento
de nuestra Sociedad data del primer día de su sobriedad permanente: el 10 de junio de 1935.

Miembro pionero del Grupo Nº 1 de Akron, el primer
grupo de A.A. en el mundo. Preservó su fe, y por esto,
él y otros muchos encontraron una vida nueva.

A pesar de tener grandes oportunidades, el alcohol
casi terminó con su vida. Pionera en A.A., difundió la
palabra entre las mujeres de nuestra etapa primera.

Prólogo a la Primera Edición Ampliada en Español

En esta edición del Libro Grande en español, además de haber revisado los once capítulos de la primera sección de acuerdo con las sugerencias de la Comisión Iberoamericana sobre las Traducciones y Adaptaciones de la Literatura A.A. (CIATAL), se ha reunido un testimonio de la milagrosa eficacia de este compartimiento, añadiendo una segunda sección de historias personales. Los individuos que narran sus experiencias de soledad y angustia transformadas en alegría y utilidad, representan una muestra amplia y variada de la humanidad, hombres y mujeres, obreros y profesionales, gente joven y de edad avanzada que, vinieran de donde vinieran, encontraron en A.A. su verdadera libertad y el camino hacia un destino feliz. Se espera que, al leerlas, algunos de nuestros amigos a quienes no hemos conocido todavía, vean abrirse ante sus ojos ese mismo camino por el que andan unidos en amor y ayuda mutuos, multitud de sus compañeros que una vez vagaban por la oscuridad, afligidos por la enfermedad de alcoholismo. A cualquier hora que lleguen, estaremos aquí para acogerles y ayudarles a dar los primeros pasos en la senda de la recuperación.

PROLOGO A LA PRIMERA EDICION

*Este es el Prólogo tal como apareció en la primera
impresión de la primera edición en 1939.*

*N*OSOTROS, los Alcohólicos Anónimos, somos más de un
centenar de hombres y mujeres que nos hemos recuperado de un estado de mente y cuerpo aparentemente
incurable.

El propósito principal de este libro es mostrarle a otros
alcohólicos *precisamente cómo nos hemos recuperado*. Esperamos que estas páginas les resulten tan convincentes que no
les sea necesaria más autenticación. Creemos que nuestras
experiencias le ayudarán a cada uno a entender mejor al alcohólico. Muchos no comprenden que el alcohólico es una persona muy enferma. Y además, estamos seguros de que nuestro
modo de vivir tiene sus ventajas para todos.

Es importante que nosotros permanezcamos anónimos porque en el presente somos muy pocos para atender el gran
número de solicitantes que pueden resultar de esta publicación. Siendo la mayoría gente de negocios o profesionales no
podríamos realizar bien nuestro trabajo en tal evento. Quisiéramos que se entienda que nuestra labor alcohólica no es
profesional.

Cuando escribimos o hablamos públicamente sobre alcoholismo recomendamos a cada uno de nuestros miembros
omitir su nombre, presentándose en cambio como "un miembro de Alcohólicos Anónimos".

Muy seriamente le pedimos a la prensa también observar
esta recomendación, de otra manera estaremos grandemente
incapacitados.

Nosotros no somos una organización en el sentido convencional de la palabra. No hay honorarios ni cuotas de ninguna
clase. El único requisito para ser miembro es un deseo sincero

de dejar la bebida. No estamos aliados con ninguna religión en particular, secta o denominación, ni nos oponemos a ninguna. Simplemente deseamos ser serviciales para aquellos que sufren esta enfermedad.

Estamos interesados en saber de las experiencias de aquellos que están obteniendo resultados de este libro, particularmente de los que han empezado a trabajar con otros alcohólicos. Nos gustaría ser serviciales en tales casos.

Las preguntas de sociedades científicas, médicas y religiosas serán bien recibidas.

ALCOHÓLICOS ANÓNIMOS.

Prólogo a la Segunda Edición en Inglés

Las cifras citadas en este prólogo describen la Comunidad tal como era en 1955

Desde que se redactó el prólogo original de este libro en 1939, ha ocurrido un milagro de grandes proporciones. En nuestra primera edición se expresaba la esperanza de que "todo alcohólico que viaje, al llegar a su destino, encuentre la Comunidad de Alcohólicos Anónimos." El texto original continúa diciendo: "Ya han brotado en otros pueblos grupos de dos, tres y cinco de nosotros."

Han transcurrido 16 años entre la aparición de nuestra primera edición y la publicación en 1955 de la segunda. En este corto plazo, Alcohólicos Anónimos ha crecido con una rapidez dramática y ahora cuenta con casi 6,000 grupos compuestos por mucho más de 150,000 alcohólicos recuperados. Se encuentran grupos en todos los estados de los EE.UU. y todas las provincias del Canadá. Hay grupos de A.A. que prosperan en las Islas Británicas, los países escandinavos, Sudamérica, Africa del Sur, México, Alaska, Australia y Hawaii. En total, se han hecho comienzos prometedores en unos 50 países extranjeros y territorios de los EE.UU. Algunos grupos han empezado a tomar forma en Asia. Muchos de nuestros amigos nos dan ánimo diciendo que esto no es más que un comienzo, solamente el augurio de un desarrollo futuro más grande.

En Akron, Ohio, en junio de 1935, de una conversación entre un corredor de Bolsa de Nueva York y un médico de Akron, se produjo la chispa que iba a convertirse en el primer grupo de A.A. Seis meses antes, después de un encuentro con un amigo alcohólico que había estado en contacto con los Grupos Oxford de aquel entonces, una súbita experiencia espiritual le había quitado al corredor de Bolsa la obsesión por beber. También le había ayudado mucho el ahora difunto Dr. William Silkworth, un especialista en alcoholismo de Nueva York, a quien los A.A. de hoy día consideran como un santo de la medicina, y cuya narración de los primeros días de nuestra Sociedad aparece en páginas posteriores. Por intervención de este médico, el corredor comprendió la gravedad del alcoholismo. Aunque no podía aceptar todos los preceptos de los Grupos Oxford, estaba convencido de la necesidad de un inventario moral, una confesión de los defectos de la personalidad, reparación a los dañados, así como de la necesidad de ser de utilidad y ayuda a otros y de creer en, y depender de, Dios.

Antes de viajar a Akron, el corredor de Bolsa había trabajado duramente con muchos alcohólicos, basándose en la teoría de que sólo un alcohólico podía ayudar a otro alcohólico; pero sólo logró mantenerse sobrio a sí mismo. Estaba en Akron por un asunto de negocios que, por haber fracasado, le dejó con gran miedo de volver a beber. Se dio cuenta repentinamente de que, para salvarse a sí mismo, tenía que llevar el mensaje a otro alcohólico. Ese otro alcohólico resultó ser el médico de Akron.

Ese doctor había tratado repetidas veces de resolver su dilema alcohólico por medios espirituales, sin poder lograrlo. Pero cuando el corredor de Bolsa le comunicó la descripción dada por el Dr. Silkworth del alcoholismo y de la desesperanza de quien lo sufre, el médico comenzó a buscar el remedio espiritual de su enfermedad con una buena voluntad que nunca antes había tenido. Logró su sobriedad y, por el resto de su vida —murió en 1950— no volvió a beber. Esto parecía demostrar que un alcohólico podía afectar a otro de una forma en que ninguna persona no alcohólica pudiera hacerlo. Indicaba también que un trabajo arduo y dedicado, de un alcohólico con otro, era vital para la recuperación permanente.

Desde ahí, los dos hombres empezaron a trabajar casi frenéticamente con los alcohólicos que llegaban al pabellón del Hospital Municipal de Akron. Su primer caso, uno muy extremo, se recuperó inmediatamente, convirtiéndose en el A.A. número tres. Nunca volvió a beber. Siguieron haciendo sus trabajos en Akron durante todo el verano del 1935. Hubo muchos fracasos, pero, aquí y allá, un éxito alentador. Cuando el corredor de Bolsa regresó a Nueva York en el otoño de 1935, se había formado el primer grupo de A.A., aunque en aquel entonces, nadie se dio cuenta de esa realidad.

Otro grupo pequeño prontamente tomó forma en Nueva York, seguido en 1937 por la formación en Cleveland del tercer grupo. Aparte de estos tres grupos, había otros alcohólicos esparcidos que habían captado las ideas básicas en Akron o Nueva York y estaban intentando formar otros grupos en otras ciudades. Para fines de 1937, el número de miembros que llevaban sobrios un tiempo sustancial era suficiente como para convencer a todos los miembros de que una nueva luz había penetrado el mundo oscuro del alcohólico.

A los aún pocos seguros primeros grupos, les parecía que ya era hora de comunicar al mundo su mensaje y experiencia única. Esa resolución dio fruto en la primavera de 1939 con la publicación de este volumen. En esa fecha, había alrededor de 100 miembros, hombres y mujeres. La sociedad, todavía en ciernes, y sin nombre, empezaba a conocerse ahora por el del título de su libro — Alcohólicos Anónimos. El período de volar a ciegas terminó, y A.A. entró en una nueva fase, la de sus tiempos pioneros.

Con la aparición del nuevo libro, empezaron a suceder muchas cosas. El Dr. Harry Emerson Fosdick, clérigo distinguido, hizo una reseña halagadora del texto. En el otoño de 1939, Fulton Oursler, editor en aquel entonces de *Liberty*, publicó un artículo en la revista titulado "Los Alcohólicos y Dios." El artículo suscitó una avalancha de unas 800 frenéticas solicitudes de información que llegaron a la pequeña oficina que se había establecido en Nueva York. Cada solicitante recibió una respuesta detallada; se enviaron folletos y libros por correo. A los viajantes de negocios, miembros de grupos de A.A. ya existentes, se les informó de estos posibles principiantes. Se iniciaron nuevos grupos, y para el asombro de todos, se veía que el mensaje de A.A. podía transmitirse tanto por correo como de boca en boca. A fines de 1939, se estimaba que unos 800 alcohólicos estaban en camino de recuperación. En la primavera de 1940, John D. Rockefeller, Jr. celebró una cena para muchos de sus amigos, a la cual invitó a unos A.A. para que contaran sus historias. Las agencias noticieras internacionales hicieron reportajes acerca del evento; otra vez, la oficina fue abrumada por solicitudes de información y mucha gente iba a las librerías buscando ejemplares del libro "Alcohólicos Anónimos." Para marzo de 1941, el número de miembros había ascendido rápidamente a 2,000. Luego, Jack Alexander redactó una crónica que aparecería como artículo principal en el *Saturday Evening Post,* la cual pintaba una imagen tan convincente de A.A. para el público en general que experimentamos una verdadera inundación de alcohólicos que necesitaban ayuda. Para fines de 1941, A.A. tenía unos 8,000 miembros. El desarrollo de A.A. estaba ya en plena velocidad. A.A. se había convertido en una institución nacional.

Entonces, nuestra Sociedad entró en el período tumultuoso y emocionante de su adolescencia. La prueba a la que tenía que enfrentarse era la siguiente: ¿Podrían reunirse y trabajar en armonía estos numerosos y una vez erráticos alcohólicos? ¿Habría disputas acerca de los requisitos para ser miembro, acerca de la dirección y del mando, y del dinero? ¿Habría aspiraciones de poder y de prestigio? ¿Habría diferencias de opinión que pudieran causar un cisma en A.A.? Pronto A.A. se veía asediada por estos mismos problemas en todas partes y en todo grupo. Pero de esa experiencia, al principio espantosa y trastornadora, surgió el convencimiento de que los A.A. tenían que mantenerse unidos o morir solos. Teníamos que unificar A.A. o desaparecer de la escena.

Como habíamos descubierto los principios según los cuales el alcohólico individual podría vivir, así teníamos que desarrollar principios según los cuales los grupos de A.A. y

A.A. como un todo pudieran sobrevivir y funcionar con eficacia. Se creía que no se podría excluir a ningún hombre o mujer de nuestra Sociedad; que nuestros líderes podrían servir, pero nunca gobernar; que cada grupo debería ser autónomo y que no debería haber ningún tipo de terapia profesional. No habría honorarios ni cuotas; se cubrirían nuestros gastos por nuestras contribuciones voluntarias. No debería haber sino un mínimo de organización, incluso en nuestros centros de servicio. Nuestras relaciones públicas se basarían en la atracción y no en la promoción. Se decidió que todos los miembros deberían ser anónimos ante la prensa, la radio, la TV y el cine. Y no deberíamos, bajo ningún concepto, dar recomendaciones a entidades ajenas, forjar afiliaciones o meternos en controversias públicas.

Esto era la sustancia de las Doce Tradiciones de A.A., enunciadas completamente en las páginas 262-63 de este libro. Aunque ninguno de estos principios tenía la fuerza de regla ni ley, para 1950 habían llegado a tener una aceptación tan generalizada que fueron confirmados por nuestra primera Convención Internacional, efectuada en Cleveland. Hoy día, la unidad extraordinaria de A.A. es una de las ventajas más grandes que tiene la Sociedad.

Según se iban allanando las dificultades de nuestra adolescencia, la aceptación de A.A. por parte del público en general iba creciendo a pasos agigantados. Para esto había dos razones principales: el gran número de recuperaciones, y de familias reunidas. En todas partes, estos hechos dejaban su impresión. El 50% de los alcohólicos que llegaron a A.A. e hicieron un esfuerzo sincero, lograron la sobriedad y se mantenían sobrios; el 25% logró la sobriedad después de algunas recaídas, y, entre los demás, los que se quedaban en A.A., mejoraban. Otros miles llegaron a A.A. y, al comienzo, decidieron que no querían el programa. Pero muchos de ellos — alrededor de los dos tercios — empezaron a volver a A.A. con el paso del tiempo.

Otra razón para la extensa aceptación de A.A. eran los buenos oficios de nuestros amigos — de la medicina, la religión y la prensa, quienes, con otros incontables, se convirtieron en competentes y dedicados partidarios nuestros. Sin su apoyo, A.A. no habría hecho sino un progreso lentísimo. Algunas de las recomendaciones de los primeros amigos de A.A. de la medicina y la religión se encuentran en páginas posteriores.

Alcohólicos Anónimos no es una organización religiosa. Ni tampoco ha adoptado A.A. ningún punto de vista médico en particular, aunque cooperamos mucho y muy a menudo con los médicos y los clérigos.

Ya que el alcohol no respeta a nadie, constituimos una muestra representativa de la población norteamericana, y, en otros países, se está desenvolviendo el mismo proceso democrático de igualación. Entre nuestros miembros contamos con católicos, protestantes, judíos e hindúes, así como con algunos musulmanes y budistas. Más del 15% de los miembros son mujeres.

En la actualidad, el número de miembros va aumentando en un 20% cada año. Hasta la fecha, sólo hemos arañado la superficie del problema global del alcoholismo — de los millones de alcohólicos y posibles alcohólicos del mundo. Con toda probabilidad, nunca podremos tocar más que una fracción razonable del problema del alcohol con todas sus ramificaciones. Ciertamente no tenemos el monopolio de la terapia para el alcohólico. No obstante, nuestra gran esperanza es que aquellos que todavía no han encontrado una respuesta, puedan empezar a encontrarla en las páginas de este libro y que pronto se unirán con nosotros en el camino de una nueva libertad.

Prólogo a la Tercera Edición en Inglés

En marzo de 1976, al enviar la presente edición a la imprenta, según un cálculo moderado, hay en el mundo casi 1,000,000 de miembros de A.A., y unos 28,000 grupos que se reúnen en 90 países.[1]

Las encuestas que se han realizado en los Estados Unidos y Canadá indican que A.A. no solamente está alcanzando cada vez a más gente, sino también a una variedad de individuos cada vez más amplia. Las mujeres representan un cuarto del total de la Comunidad; entre los nuevos miembros, la proporción es de casi un tercio. El siete por ciento de los A.A. encuestados son menores de 30 años de edad — incluidos muchos jóvenes adolescentes.[2]

Parece que los principios básicos de A.A. se aplican con la misma eficacia a gente de muy diversa condición y manera de vivir, así como el programa ha llevado la recuperación a individuos de muchas nacionalidades distintas. Los Doce Pasos que resumen el programa puede que se llamen *The Twelve Steps* en algún país y *Les Douze Etapes* en otro; no obstante, señalan el mismo camino hacia la sobriedad que abrieron los primeros miembros de Alcohólicos Anónimos.

A pesar del gran aumento en tamaño y alcance, la Comunidad permanece en su corazón sencilla y personal. Cada día, en alguna parte del mundo, empieza la recuperación cuando un alcohólico habla con otro, compartiendo su experiencia, fortaleza y esperanza.

---

[1] En 1999, hay unos 96,000 grupos de A.A. en 150 países.
[2] En 1996, la tercera parte son mujeres; más de la octava parte, de 30 años o menores.

LA OPINION DEL MEDICO

*L*os que pertenecemos a Alcohólicos Anónimos consideramos que puede interesar al lector la opinión médica acerca del plan de recuperación que se describe en este libro. No cabe duda de que un testimonio convincente debe venir de médicos que han tenido experiencia de nuestros sufrimientos y presenciado nuestro retorno a la salud. Un eminente doctor, que es el director médico de un hospital conocido nacionalmente y especializado en el tratamiento de adictos al alcohol y a las drogas, dio a Alcohólicos Anónimos la siguiente carta:

A QUIEN CORRESPONDA:

Durante muchos años me he especializado en el tratamiento del alcoholismo.

A fines del año 1934 atendí a un paciente que, a pesar de haber sido un competente hombre de negocios, con mucha aptitud para ganar dinero, era un alcohólico de un tipo que yo había llegado a considerar como irremediable.

En el transcurso de su tercer tratamiento adquirió ciertas ideas de un posible método de recuperación. Como parte de su rehabilitación, empezó a dar a conocer sus conceptos a otros alcohólicos, inculcándoles la necesidad de que ellos a su vez hicieran lo mismo con otros. Esto ha llegado a ser la base de una agrupación de estos hombres y sus familiares, la cual está creciendo rápidamente. Parece que este individuo y más de otros cien se han recuperado.

Personalmente conozco decenas de casos del tipo con el cual han fallado por completo otros métodos.

Estos hechos parecen tener una gran importancia médica; debido a las extraordinarias posibilidades de crecimiento inherentes a este grupo, pueden marcar una nueva época en los anales del alcoholismo. Estos hombres bien pueden tener un remedio para miles de esas situaciones.

Usted puede tener absoluta confianza en cualquier manifestación de los Alcohólicos Anónimos sobre ellos mismos.

Su atento y seguro servidor,

William D. Silkworth, M.D.

El médico que a petición nuestra nos facilitó esta carta, ha tenido la bondad de ampliar sus ideas en otra declaración que exponemos a continuación. En ésta, confirma que los que hemos sufrido la tortura alcohólica tenemos que creer que el cuerpo del alcohólico es tan anormal como su mente. No nos convencía la explicación de que no podíamos controlar nuestra manera de beber sencillamente porque estábamos desadaptados a la vida; porque estábamos en plena fuga de la realidad; o porque teníamos una franca deficiencia mental. Estas cosas eran verídicas hasta cierto punto y, de hecho, en grado considerable en algunos de nosotros, pero además estamos convencidos de que nuestros cuerpos también estaban enfermos, y opinamos que es incompleto cualquier cuadro del alcohólico que no incluya este factor físico.

La teoría del doctor, de que tenemos una alergia al alcohol, nos interesa. Aunque nuestra opinión, no profesional, sobre su validez signifique poco, como ex bebedores del tipo que se convierte en problema, podemos decir que esa explicación parece acertada. Aclara muchas cosas que de otro modo nosotros no podíamos explicar.

Aunque nosotros trabajamos por nuestra solución en un plano espiritual y altruista, estamos en favor de la hospitalización del alcohólico que está nervioso o con la mente nublada. La mayoría de las veces será necesario esperar hasta que se aclare la mente del individuo para conversar con él, ya que entonces habrá más posibilidades de que entienda y acepte lo que podemos ofrecerle.

El doctor escribe:

Me parece que el tema presentado en este libro es de suma

importancia para quienes son adictos al alcohol.

Digo esto después de muchos años de experiencia como director médico de uno de los más antiguos hospitales del país, especializado en el tratamiento de adictos al alcohol y a las drogas.

Por lo tanto, sentí verdadera satisfacción cuando se me pidió la contribución de unas cuantas palabras sobre el tema tratado en estas páginas tan detalladamente, y con tanta maestría.

Desde hace mucho tiempo los médicos nos hemos dado cuenta de que alguna forma de psicología moral es de apremiante importancia para el alcohólico, pero su aplicación presentaba dificultades fuera de nuestros conceptos. Las normas ultramodernas y el enfoque científico que aplicamos a todo, pueden ser la causa de que estemos mal preparados para aplicar los poderes del bien que no encajan en nuestros conocimientos sintéticos.

Hace muchos años, uno de los colaboradores de este libro estuvo bajo nuestro cuidado en este hospital y, durante ese tiempo adquirió ideas que inmediatamente llevó a la práctica.

Más adelante, solicitó permiso para contar su historia a otros pacientes y, con cierta desconfianza, se lo concedimos. Los casos que hemos observado en todo su transcurso han sido sumamente interesantes. La abnegación y su espíritu de comunidad, son algo realmente inspirador para quien ha trabajado fatigosamente —y por mucho tiempo— en el terreno del alcoholismo. Creen en ellos mismos, pero mucho más en el Poder que los arranca de las garras de la muerte.

Naturalmente, el alcohólico necesita ser liberado de su anhelo imperioso por el alcohol y esto requiere, con frecuencia, un procedimiento definido de hospitalización para poder obtener el máximo de beneficios de las medidas psicológicas.

Creemos, y así lo sugerimos hace unos años, que la acción del alcohol en estos alcohólicos crónicos es la manifestación de una alergia; que el fenómeno del deseo imperioso sólo se presenta en esta clase y nunca en la de los bebedores moderados comunes. Estos tipos alérgicos nunca pueden usar sin peligro el alcohol, cualquiera que sea la forma de éste. Cuando ya han adquirido el hábito y se han percatado de que no pueden liberarse de él, cuando ya han perdido la confianza en las cosas humanas y en ellos mismos, sus problemas se acumulan y se vuelven sorprendentemente difíciles de resolver.

El estímulo emocional de un consejo bien intencionado, raramente les basta. El mensaje que puede interesar y mantener su interés tiene que ser profundo y de peso. En casi todos los casos, sus ideales tienen que cimentarse en un poder superior a ellos mismos, si es que han de rehacer sus vidas.

Si hay algunos que creen que, como psiquiatras dirigentes de un hospital para alcohólicos, parecemos algo sentimentales, les invitamos a que nos acompañen a la línea de fuego; que vean las tragedias, las esposas desesperadas, los pequeños hijos; que la solución de este problema sea parte de su trabajo cotidiano y hasta de sus momentos de reposo, y aun el más escéptico no se sorprenderá de que hayamos aceptado y alentado este movimiento. Creemos, después de muchos años de experiencia, que no hemos encontrado nada que haya contribuido más a la rehabilitación de estos hombres que el movimiento altruista que se está desarrollando entre ellos.

Los hombres y las mujeres beben, esencialmente, porque les gusta el efecto que produce el alcohol. La sensación es tan evasiva que, aunque admiten lo dañino, no pueden después de algún tiempo discernir la diferencia entre lo verdadero y lo falso. Les parece que su vida alcohólica es la única normal. Están inquietos, irritables y descontentos hasta que no vuelven a experimentar la sensación de tranquilidad y bienestar que inmediatamente les produce apurar unas cuantas copas — copas que ven a otros tomar con impunidad. Después de haber vuelto a sucumbir al deseo imperioso, pasan por todas las bien conocidas etapas de la borrachera, emergiendo de ésta llenos de remordimientos y con la firme resolución de no volver a beber. Esto se repite una y otra vez, y a menos de que la persona pueda experimentar un cambio psíquico completo, hay muy pocas esperanzas de que se recupere.

Por otra parte, por extraño que parezca a quienes no lo entienden, una vez que ha ocurrido el cambio psíquico, la misma persona que parecía condenada a muerte, que tenía tantos problemas y se creía incapaz de resolverlos, repentinamente descubre que puede fácilmente controlar su deseo por el alcohol y que el único esfuerzo para ello es el de seguir unas sencillas normas.

Algunos individuos han recurrido a mí, presas de la desesperación, y me han dicho con sinceridad: "¡Doctor, no puedo seguir así! ¡Tengo la vida por delante! ¡Necesito parar pero no puedo! ¡Usted tiene que ayudarme!"

Cuando se tiene que afrontar este problema, si el médico es sincero consigo mismo, a veces tiene que sentir su propia insuficiencia. A pesar de que dé todo lo que pueda dar, con frecuencia no es suficiente. Uno piensa que se necesita la intervención de algo más, aparte del poder humano para que se produzca el cambio psíquico esencial. Aunque el conjunto de recuperaciones como resultado de esfuerzos psiquiátricos es considerable, los médicos tenemos que admitir que hemos hecho poca mella en el problema en conjunto. Hay muchos tipos que no responden al enfoque psicológico ordinario.

No estoy de acuerdo con los que creen que el alcoholismo es enteramente un problema de control mental. He tratado a muchos individuos que, por ejemplo, habían trabajado por espacio de meses en un problema o negocio que tenía que resolverse favorablemente para ellos en determinada fecha. Se habían bebido una copa, uno o dos días antes de esa fecha, y el fenómeno del deseo imperioso había adquirido una preponderancia inmediata sobre los demás intereses y, por lo tanto, no habían cumplido con aquel compromiso tan importante. Estos individuos no bebían para escapar; estaban bebiendo para aplacar un deseo imperioso que estaba más allá de su control mental.

Hay muchas situaciones motivadas por el fenómeno del deseo imperioso y que impulsan a los hombres a consumar el supremo sacrificio en vez de seguir luchando.

La clasificación de los alcohólicos parece sumamente difícil, y el tratar de hacerla con detalle está fuera de los propósitos de este libro. Existe, por ejemplo, el psicópata, mentalmente desequilibrado. Todos estamos familiarizados con este tipo, el que constantemente está diciendo que va a dejar de beber para siempre. Siente un arrepentimiento exagerado y hace muchas resoluciones pero nunca toma una decisión.

Existe el individuo que no está dispuesto a admitir que no puede beber ni una copa; planea distintas maneras de beber y cambia de marca o de lugar. Tenemos el que cree que después de un período de haber estado sin beber, puede hacerlo sin peligro. También tenemos el maniático-depresivo —tal vez éste sea el que menos pueden comprender sus amigos— acerca del cual puede escribirse todo un capítulo.

Y los individuos enteramente normales en todos respectos, excepto en el que se refiere al efecto que el alcohol produce en ellos. Estos son, a veces, capaces, inteligentes y amigables.

Todos los citados y muchos otros, tienen un síntoma en común; no pueden empezar a beber sin que se presente en ellos el fenómeno del deseo imperioso. Este fenómeno, como lo hemos sugerido, puede ser la manifestación de una alergia que distingue a esta gente de los demás y que la sitúa en un grupo distinto. Nunca ha sido posible erradicarlo con ninguno de los métodos conocidos. El único método que podemos sugerir es la abstinencia completa.

Esto nos precipita inmediatamente en un caldero hirviente de discusiones. Mucho se ha dicho y escrito a favor y en contra, pero la opinión generalizada entre los médicos parece ser la de que la mayoría de los alcohólicos crónicos no tiene remedio.

¿Cuál es la solución? Tal vez pueda contestar mejor a esta pregunta relatando una de mis experiencias.

Aproximadamente un año antes de tener esta experiencia, trajeron a un individuo para que se le tratara su alcoholismo crónico. Se había recuperado parcialmente de una hemorragia gástrica y parecía ser un caso de deterioro mental patológico. Había perdido todo lo que valía la pena en la vida y solamente vivía para beber. Admitió francamente, y lo creía, que no había remedio para él. Después de que se hubo desalojado al alcohol de su organismo, se comprobó que no había ninguna lesión cerebral permanente. Aceptó el plan que se expone en este libro. Un año después vino a verme y tuve una extraña sensación. Lo conocía por su nombre y pude reconocer parcialmente sus facciones, pero eso era todo. De una ruina temblorosa y desesperada, había surgido un individuo radiante de alegría y de confianza en sí mismo. Estuve hablando con él un rato pero no podía convencerme de que lo conocía. Para mí, era un extraño y lo fue hasta que se marchó. Ha pasado mucho tiempo y no ha vuelto a probar el alcohol.

Cuando siento la necesidad de elevar mi mente, pienso en un caso que trajo un eminente médico de Nueva York. El paciente había hecho su propio diagnóstico y, decidiendo que su situación era irremediable, fue a encerrarse en un granero vacío; ahí lo encontraron unas personas que lo buscaban y me lo trajeron en una condición desesperada. Después de su rehabilitación física tuvo una conversación conmigo, y con entera franqueza, me manifestó que consideraba una pérdida de esfuerzos el tratamiento a menos de que yo pudiera asegurarle lo que nadie había hecho nunca: que en el futuro tendría "la fuerza de voluntad" necesaria para resistir el impulso de beber.

Su problema alcohólico era tan complejo y su depresión tan grande, que pensamos en la entonces llamada "psicología moral" como única esperanza para él, y dudando de que aun ésta tuviese algún efecto.

Sin embargo, lo convencieron las ideas que encierra este libro. No ha bebido ni una copa en muchos años. Lo veo de vez en cuando y es un espécimen de la naturaleza humana tan excelente como uno pueda imaginarse.

Aconsejo muy seriamente a todo alcohólico que lea con atención este libro. Es posible que a primera vista lo tome como objeto de burlas, pero quizás después se quede meditando y eleve una oración."

William Silkworth, M.D.

Capítulo 1

LA HISTORIA DE BILL

*L*A fiebre de la guerra era alta en el pueblecito de Nueva Inglaterra, al que fuimos destinados los jóvenes oficiales de Plattsburg. Nos sentimos muy halagados cuando los primeros ciudadanos nos llevaban a sus casas y nos trataban como héroes. Allí estaban el amor, los aplausos y la guerra: momentos sublimes con intervalos de júbilo. Por fin, estaba yo viviendo la vida y en medio de esa conmoción, descubrí el licor. Al descubrirlo, olvidé las serias advertencias y los prejuicios de mi familia respecto a la bebida. Llegó el momento en que nos embarcamos para Europa; entonces me sentí muy solo y nuevamente recurrí al alcohol.

Desembarcamos en Inglaterra. Visité la Catedral de Winchester; muy conmovido me dediqué a pasear por sus exteriores, y llamó mi atención una vieja lápida en la que leí esta inscripción:

Aquí yace un granadero de Hampshire
quien encontró su muerte
bebiendo cerveza fría.
Un buen soldado nunca es olvidado
sea que muera por mosquete
o por jarra de cerveza.

Amenazadora advertencia a la que no hice caso.

Veterano de guerra en el extranjero a la edad de veintidós años, regresé a mi hogar. Me imaginaba ser un líder, porque ¿No era cierto que los hombres de mi batería me habían dado una muestra de su especial estimación? Yo imaginaba que por mi talento para el liderazgo, llegaría a estar al frente de importantes empresas que manejaría con sumo aplomo.

Seguí un curso nocturno de leyes y obtuve un empleo

1

como investigador en una compañía de seguros. Había emprendido el camino para el logro del triunfo, y le demostraría al mundo lo importante que yo era. Mi trabajo me llevaba a Wall Street y poco a poco empecé a interesarme en el mercado de valores, en el que muchos perdían dinero pero algunos se hacían muy ricos. ¿Por qué no había de ser yo uno de estos afortunados? Estudié economía y comercio a la vez que leyes. Como alcohólico potencial que era, estuve a punto de ser suspendido en leyes; en uno de los exámenes finales estaba demasiado borracho para pensar o escribir. Aunque mi manera de beber todavía no era continua, preocupaba a mi esposa; teníamos largas conversaciones al respecto, en las que yo desvanecía sus temores argumentando que los hombres geniales concebían mejor sus proyectos cuando estaban borrachos; y que las majestuosas concepciones de la filosofía habían sido originadas así.

Cuando terminé el curso de leyes comprendí que esa profesión no era para mí. El atrayente torbellino de Wall Street me tenía en sus garras. Los líderes en los negocios y en las finanzas eran mis héroes. De esta aleación de la bebida y la especulación, comencé a forjar el arma que un día se convertiría en bumerán y casi me haría pedazos. Viviendo modestamente, mi esposa y yo ahorramos mil dólares, que invertimos en unos valores que entonces estaban a un precio bajo y que no eran muy populares; acertadamente pensé que algún día tendrían una considerable alza. No pude convencer a mis amigos — corredores de bolsa — a que me enviaran en una gira para visitar fábricas y otros negocios, pero sin embargo, mi esposa y yo decidimos hacerla. Desarrollé la teoría de que la mayoría de la gente perdía dinero con los valores debido a una falta de conocimiento de los mercados. Después descubrí muchos otros motivos.

Renunciamos a nuestros empleos y emprendimos la marcha en una motocicleta cuyo carro lateral abarrotamos con una tienda de campaña, cobertores, una muda de ropa y tres enormes libros de consulta para asuntos financieros. Nuestros amigos pensaron que debía nombrarse una comisión para investigar nuestra locura. Tal vez tenían razón. Había tenido algunos éxitos con la especulación y por ello teníamos algún dinero, aunque una vez tuvimos que trabajar en una granja para no tocar nuestro pequeño capital. Este fue el único trabajo manual honrado que hice en mucho tiempo. En un año recorrimos toda la parte este de los Estados Unidos. Al finalizar el año, mis informes a Wall Street me valieron un puesto allí con una cuenta muy liberal para mis gastos. Una operación de bolsa nos dejó un beneficio de varios miles de dólares ese año.

Durante unos cuantos años más, la fortuna me deparó aplausos. Había triunfado. Mis ideas y mi criterio eran seguidos por muchos al son de las ganancias en papel. La gran bonanza de los últimos años veinte estaba en plena ebullición y expansión. La bebida estaba ocupando un importante lugar en mi vida, y en la euforia que tenía. Se hablaba a gritos en los centros de "jazz" de Manhattan. Todos gastaban miles y hablaban de millones. Podían burlarse los que quisieran. ¡Al Diablo con ellos! Tuve entonces amplias relaciones con amigos de ocasión.

Mi manera de beber asumió proporciones más serias, pues bebía todos los días y casi todas las noches. Las advertencias de mis amigos terminaban en pleito y me convertí en un lobo solitario. Hubo muchas escenas desagradables en nuestro suntuoso apartamento. De hecho no hubo infidelidad de mi parte porque el serle fiel a mi esposa y el emborracharme evitaban totalmente que me enredara en esos líos.

En 1929 contraje la fiebre del golf. Inmediatamente nos fuimos al campo, mi esposa a aplaudirme y yo a superar a Walter Hagen. Pero el licor me ganó antes de que pudiera alcanzar a Walter. Empecé a estar tembloroso por las mañanas. El golf me permitía beber todos los días y todas las noches. Me causaba satisfacción pasear por el exclusivo campo de golf, que tanto admiraba de muchacho, luciendo la impecable tez tostada que suelen tener los caballeros acomodados. El banquero local observaba con divertido escepticismo el movimiento de cheques grandes.

En octubre de 1929 se derrumbó repentinamente el mercado de valores de Nueva York. Después de uno de esos días infernales, me fui tambaleando del bar de un hotel a la oficina de un corredor de bolsa. Eran las ocho, cinco horas después del cierre de ésta. El indicador de cotizaciones todavía matraqueaba; azorado, vi una pulgada de la cintilla con la inscripción XYZ-32. En la mañana estaba a 52. Estaba arruinado y muchos de mis amigos también. Los periódicos daban las noticias de individuos que saltaban de las distintas torres de Wall Street. Eso me repugnó. Yo no saltaría. Regresé al bar. Mis amigos habían perdido varios millones. ¿De qué me preocupaba yo? Mañana sería otro día. Mientras bebía, la antigua y fiera determinación de triunfar se apoderó de mí nuevamente.

A la mañana siguiente telefoneé a un amigo de Montreal. Le quedaba bastante dinero y creía que era mejor que yo fuera al Canadá. Por la primavera estábamos viviendo en la forma a que nos habíamos acostumbrado. Me sentía como Napoleón regresando de Elba. ¡Para mí no habría Santa Elena! Pero la bebida me ganó la partida otra vez, y mi generoso amigo tuvo que dejarme marchar. Esta vez estábamos arruinados.

Nos fuimos a vivir con los padres de mi esposa. Encontré trabajo, y lo perdí luego por causa de un lío con un chofer de taxi. Gracias a Dios, nadie sospecharía que no iba a tener un empleo real en cinco años, ni estar sobrio casi un solo momento. Mi esposa empezó a trabajar en una tienda, llegando agotada a casa para encontrarme borracho. En los círculos de la bolsa se llegó a considerarme como un allegado indeseable.

El licor dejó de ser un lujo; se convirtió en una necesidad. Mi dosis cotidiana era de dos o tres botellas de ginebra de fabricación casera. En ocasiones, alguna pequeña operación me dejaba unos cuantos dólares con los que pagaba mis deudas en barras y tiendas de licores. Esta situación se prolongaba indefinidamente y empecé a despertar tremendamente tembloroso; necesitaba beberme una copa de ginebra seguida de media docena de botellas de cerveza para poder desayunar. A pesar de esto, aún creía que podía controlar la situación y tenía períodos de sobriedad que hacían renacer las esperanzas de mi esposa.

Paulatinamente, las cosas empeoraban. Tomó posesión de la casa el hipotecario; murió mi suegra; mi esposa y mi suegro enfermaron.

En esos días se me presentó la oportunidad de un negocio prometedor. Las acciones estaban en un punto bajo en 1932 y, en alguna forma, yo había integrado un grupo de compradores. Mi participación en las utilidades sería ventajosa; pero entonces emprendí una borrachera tremenda y esa oportunidad se esfumó.

Desperté. Eso no podía seguir; me di cuenta de que no podía tomar ni una copa. Dejaría de beber para siempre. Anteriormente había hecho muchas promesas, pero esta vez había seriedad en mi actitud; mi esposa así lo creía y yo también.

Poco después llegué borracho a la casa; no había hecho ningún esfuerzo para evitarlo. ¿Dónde estaba mi firme resolución? Sencillamente no lo sabía. Alguien me había puesto una copa enfrente y la tomé. ¿Estaba yo loco? Empecé a pensarlo, porque tamaña falta de perspectiva parecía acercarse a la locura.

Renovando mi resolución, hice otra prueba. Pasó algún tiempo y la confianza empezó a ser reemplazada por el engreimiento. ¡Podía reírme de la ginebra! Tenía lo que era necesario. Una día entré a un café para usar el teléfono. En menos que canta un gallo estaba golpeando el mostrador de la barra y preguntándome cómo había sucedido. Mientras el whisky se me subía a la cabeza, me decía que la próxima vez lo haría mejor pero que, por lo pronto, lo sensato era emborracharme bien, y así lo hice.

El remordimiento, el terror y la desesperación de la mañana siguiente son inolvidables. No tenía suficiente valor para luchar. Mis pensamientos volaban descontrolados y me atormentaba el terrible presentimiento de una calamidad. Casi no me atrevía a cruzar la calle por miedo a que me atropellara algún camión. Apenas comenzó a amanecer, entré a un lugar que permanecía abierto día y noche y ahí me sirvieron una docena de vasos de cerveza que calmó mis atormentados nervios. En un periódico leí que el mercado de valores se había derrumbado de nuevo. Bueno ¡pues yo también! El mercado podía recuperarse, pero yo no. Resultaba duro pensarlo. ¿Debía suicidarme? ¡No! Ahora no. Entonces me envolvió una densa niebla mental. Con ginebra se arreglaría todo. Por lo pronto, dos botellas y a olvidar.

La mente y el cuerpo son mecanismos maravillosos, ya que los míos soportaron esta agonía más de dos años. Cuando el terror y la locura se apoderaban de mí por la mañana, había veces que robaba a mi esposa el poco dinero que tenía en su bolso; otras veces me asomaba a la ventana y sentía vértigo, o me paraba vacilante frente al botiquín del baño — en el que sabía que había veneno — y me decía que yo era un débil. Mi mujer y yo íbamos de la ciudad al campo y del campo a la ciudad, tratando de escapar. Luego hubo una noche infernal en que creí que iba a saltar por la ventana. Como pude, llevé el colchón al piso de abajo para no saltar al vacío. Fue a verme un médico y me recetó un fuerte sedante; al día siguiente estaba tomando el sedante, y la ginebra. Esta combinación pronto me causó un descalabro. Temían que enloqueciera; yo también. Comía poco o nada porque no podía hacerlo, y mi peso llegó a ser cuarenta libras menos del normal.

Mi cuñado es médico y gracias a él y a mi madre, se me internó en un hospital para la rehabilitación física y mental de alcohólicos, conocido nacionalmente. Bajo el tratamiento de belladona se aclaró mi cerebro; la hidroterapia y los ejercicios ligeros ayudaron mucho. Lo mejor de todo fue que conocí a un médico que me explicó mi caso diciéndome que aunque yo había actuado egoístamente, también era cierto que estaba gravemente enfermo física y mentalmente.

Me produjo cierto alivio enterarme de que la voluntad del alcohólico se debilita sorprendentemente cuando se trata de combatir el licor, aunque en otros aspectos pueda seguir siendo fuerte. Estaba explicado mi proceder ante un deseo vehemente de dejar de beber. Comprendiéndome ahora, me sentí alentado por nuevas esperanzas. Durante tres meses las cosas marcharon bien. Iba a la ciudad con regularidad y hasta ganaba algún dinerito. Seguramente en eso estaba la solución; conocerse a sí mismo.

Pero no lo estaba, porque llegó el día temible en que volví a beber. La trayectoria de mi decaimiento físico y moral descendió como la curva que describe el esquiador en un salto de altura. Después de algún tiempo regresé al hospital. Me parecía que aquello era el fin, la caída del telón. Mi esposa, fatigada y desesperada, recibió el informe de que en un año todo acabaría con una falla del corazón, delirium tremens o tal vez un reblandecimiento cerebral. Pronto tendrían que llevarme a un manicomio o a una funeraria.

No tenían que decírmelo. Lo sabía y casi acogía con regocijo la idea. Fue un golpe devastador para mi orgullo. Yo, que tenía un concepto tan bueno de mí mismo, de mis aptitudes, de mi capacidad para vencer obstáculos, estaba por fin acorralado. Ahora me sumiría en la oscuridad, uniéndome al interminable desfile de borrachines que me precedían. A pesar de todo, habíamos sido muy felices mi esposa y yo. ¡Qué no hubiera dado yo para reparar los daños! Pero eso ya había pasado.

No hay palabras para describir la soledad y desesperación que encontré en ese cenagal de autoconmiseración; sus arenas movedizas se extendían por todos lados. No pude más. Estaba hundido. El alcohol era mi amo.

Tembloroso, salí del hospital totalmente doblegado. El temor me sostuvo sin beber por algún tiempo. Pero volvió la locura insidiosa de la primera copa y el Día del Armisticio de 1934 volvía a empezar. Todos se resignaron a la certeza de que se me tendría que encerrar en algún sitio o que dando tumbos llegaría a mi fin miserable. ¡Qué oscuro parecía todo antes de amanecer! En realidad, eso era el principio de mi última borrachera. Pronto sería lanzado, como una catapulta hacia lo que doy en llamar cuarta dimensión de la existencia. Llegaría a saber lo que son la felicidad y la tranquilidad; el ser útil en un modo de vivir que va siendo más maravilloso a medida que transcurre el tiempo.

Al finalizar aquel frío mes de noviembre, estaba sentado en la cocina de mi casa bebiendo. Con cierta satisfacción pensé que tenía escondida suficiente ginebra para esa noche y el día siguiente. Mi esposa estaba en su trabajo. Dudé si me atrevería a esconder una botella cerca de la cabecera de la cama. La necesitaría antes del amanecer.

Mis cavilaciones fueron interrumpidas por el timbre del teléfono. La alegre voz de un antiguo compañero de colegio me preguntaba si podía ir a verme. *Estaba sobrio.* No podía recordar ninguna ocasión anterior en la que mi amigo hubiese llegado a Nueva York en esas condiciones. Me quedé sorprendido, pues se decía que lo habían internado por demencia alcohólica. ¿Cómo habría logrado escapar? Sin preocuparme de su bienestar, sólo pensé en revivir el espíritu de días pasados. ¡Hubo una ocasión en que alquilamos un avión para completar la juerga! Su visita era un oasis en el desierto de la futilidad. ¡La misma cosa, un oasis! Los bebedores son así.

Se abrió la puerta y ahí estaba él, fresco el cutis y radiante. Había algo en sus ojos. Era inexplicablemente diferente. ¿Qué era lo que le había sucedido?

En la mesa, le serví una copa; no la aceptó. Desilusionado pero lleno de curiosidad, me preguntaba qué le habría sucedido al individuo. No era el mismo.

"Vamos, ¿de qué se trata?"—le pregunté. Me miró a la cara; con sencillez y sonriendo me contestó: "Tengo la religión".

Me quedé estupefacto. ¡Así es que era eso! El pasado verano un alcohólico chiflado y ahora, sospechaba, un poco más chiflado por la religión. Tenía esa mirada centelleante. Sí, el hombre ciertamente ardía en fervor. Pero, ¡que dijera disparates si así le convenía! Además, mi ginebra duraría más que sus sermones.

Pero no desvarió. En una forma muy natural me contó cómo se habían presentado dos individuos ante el juez solicitando que se suspendiera su internación. Habían expuesto una idea religiosa sencilla y un programa práctico de acción. Hacía dos meses que sucedía eso y el resultado era evidente de por sí. Surtió efecto.

Había ido para pasarme su experiencia — si yo quería aceptarla. Me sentía asustado pero a la vez interesado. Tenía que estarlo, puesto que no había más remedio para mí.

Estuvo horas hablando. Los recuerdos de la niñez acudieron a mi memoria. Me parecía estar sentado en la falda de la colina, como en aquellos tranquilos domingos, oyendo la voz del ministro; recordé la promesa del juramento de temperancia, que nunca firmé; el desprecio bonachón de mi abuelo para alguna gente de la iglesia y para sus actos; su insistencia en que los astros realmente tenían su música, y también su negación del derecho que tenía el ministro de decirle cómo interpretar las cosas; su falta de temor al hablar de esto poco antes de morir. Estos recuerdos surgían del pasado. Me hacían sentir un nudo en la garganta. Recordé aquel día en la pasada guerra, en la catedral de Winchester.

Siempre había creído en un Poder superior a mí mismo. Muchas veces me había puesto a pensar en estas cosas. Yo no era ateo. Pocas personas lo son en realidad, porque esto significa tener una fe ciega en la extraña proposición de que este universo se originó en una cifra y que marcha raudo, sin destino. Mis héroes intelectuales, los químicos, los astrónomos y hasta los evolucionistas sugerían que eran grandes leyes y fuerzas las que operaban. A pesar de las indicaciones contrarias, casi no tenía duda de que había de por medio una fuerza y un ritmo poderosos. ¿Cómo podría haber leyes tan perfectas e inmutables sin que hubiera una Inteligencia? Sencillamente, tenía que creer en un Espíritu del Universo que no reconociera tiempo ni limitaciones. Pero sólo hasta aquí.

De los clérigos y de las religiones del mundo, de eso precisamente era de lo que yo me separaba. Cuando me hablaban de un Dios personal que era amor, poder sobrehumano y dirección, me irritaba y mi mente se cerraba a esa teoría.

A Cristo le concedía la certeza de ser un gran hombre, no seguido muy de cerca por aquellos que lo reclamaban. Su enseñanza moral, óptima. Había adoptado para mí lo que me parecía conveniente y no muy difícil; de lo demás no hacía caso.

Las guerras que se habían librado, los incendios y los embrollos que las disputas religiosas habían facilitado me causaban repugnancia. Yo dudaba sinceramente de que, haciendo un balance, las religiones de la humanidad hubiesen hecho algún bien. A juzgar por lo que había visto en Europa, el poder de Dios en los asuntos humanos resultaba insignificante y la hermandad entre los hombres era una broma. Si existía el Diablo, éste parecía ser el amo universal, y ciertamente me tenía dominado. Pero mi amigo, sentado frente a mí, manifestó categóricamente que Dios había hecho por él lo que él no había podido hacer por sí mismo. Su voluntad humana había fallado; los médicos lo habían desahuciado; la sociedad estaba lista para encerrarlo. Como yo, había admitido una completa derrota. Entonces, efectivamente, había sido levantado de entre los muertos, sacado repentinamente del montón de desperdicios y conducido a un plano de vida mejor de lo que él nunca había conocido.

¿Se había originado en él este poder? Obviamente no había sido así. No había existido en él más poder del que había en mí mismo en ese momento, y en mí no había absolutamente ningún poder.

Eso me dejó maravillado. Empezó a parecerme que, después de todo, la gente religiosa tenía razón. Aquí estaba trabajando en un corazón humano algo que había hecho lo imposible. En esos mismos momentos revisé drásticamente mis ideas sobre los milagros. No importaba el triste pasado, aquí estaba un milagro, sentado a la mesa frente a mí. En voz alta proclamaba las buenas nuevas.

Me dí cuenta de que mi amigo había experimentado algo más que una simple reorganización interior. Estaba sobre una base diferente. Sus raíces habían agarrado una nueva tierra.

A pesar del ejemplo viviente de mi amigo, todavía quedaba en mí los vestigios de mi viejo prejuicio. La palabra "Dios", todavía despertaba en mí cierta antipatía, y este sentimiento se intensificaba cuando hablaba de que podía haber un Dios y que para mí fuese personal. Esta idea no me agradaba. Podía aceptar conceptos tales como Inteligencia Creadora, Mente Universal o Espíritu de la Naturaleza; pero me resistía al concepto de un Zar de los Cielos, por más amante que fuera su preponderancia. Desde entonces he hablado con decenas de personas que pensaban lo mismo.

Mi amigo sugirió lo que entonces parecía una idea original. Me dijo: *¿Por qué no escoges tu propio concepto de Dios?"*

Esto me llegó muy hondo; derritió la montaña de hielo intelectual a cuya sombra había vivido y tiritado muchos años. Por fin me daba la luz del sol.

Sólo se trataba de estar dispuesto a creer en un Poder superior a mí mismo. Nada más se necesitaba de mí para empezar. Me di cuenta de que el crecimiento podía partir de ese punto. Sobre una base de completa y buena voluntad, podría yo edificar lo que veía en mi amigo. ¿Quería tenerlo? Claro que sí, ¡lo quería!

Así me convencí de que Dios se preocupa por nosotros los humanos cuando a El lo queremos lo suficiente. Al fin de mucho tiempo, vi, sentí y creí. La venda del orgullo y el prejuicio cayó de mis ojos. Un mundo nuevo estuvo a la vista.

El verdadero significado de mi experiencia en la Catedral

se me hizo evidente de golpe. Por un breve instante había necesitado y querido a Dios. Había tenido una humilde voluntad de que estuviera conmigo, y vino. Pero su presencia fue borrada por los clamores mundanos, más aún por los que bullían dentro de mí. ¡Y así había sido siempre! ¡Qué ciego había estado yo!

En el hospital me quitaron el alcohol por última vez. Se consideró indicado el tratamiento porque daba señales de delirium tremens.

Allí me ofrecí humildemente a Dios, tal como lo concebía entonces, para que se hiciera en mí su voluntad; me puse incondicionalmente a su cuidado y bajo su dirección. Por primera vez admití que por mí mismo no era nada; que sin El estaba perdido. Sin ningún temor encaré mis pecados y estuve dispuesto a que mi recién encontrado Amigo me lo quitara de raíz. Desde entonces no he vuelto a beber ni una sola copa.

Mi compañero de escuela fue a visitarme y lo puse al tanto de mis problemas y mis deficiencias. Hicimos una lista de las personas a quienes había dañado o contra las que tenía resentimientos. Yo expresé mi completa disposición para acercarme a esas personas, admitiendo mis errores. Nunca debería criticarlas. Repararía esos daños lo mejor que pudiese.

Pondría a prueba mi manera de pensar con mi nuevo conocimiento consciente que tenía de Dios. En esta forma, el sentido común se convertiría en sentido no común. Cuando estuviera en duda, permanecería en quietud y le pediría a El dirección y fortaleza para enfrentarme a mis problemas tal y como El lo dispusiera. En mis oraciones nunca pediría para mí excepto cuando mis peticiones estuviesen relacionadas con mi capacidad para servir a los demás; solamente entonces podría yo esperar recibir; pero eso sería en gran escala.

Mi amigo prometió que cuando hiciera todo esto entraría en una nueva relación con mi Creador; que tendría los elementos de una manera de vivir que era la respuesta a todos mis problemas. La creencia en el poder de Dios, más la suficiente buena voluntad, honradez y humildad para establecer y mantener el nuevo orden de cosas, eran los requisitos esenciales.

Sencillo, pero no fácil; tenía que pagarse un precio. Significaba la destrucción del egocentrismo. En todas las cosas debía acudir al Padre de la Luz que preside sobre todos nosotros.

Estas eran proposiciones revolucionarias y drásticas, pero en el momento en que las acepté el efecto fue electrificante. Había un sentido de victoria, seguido por una paz y seguridad como nunca había conocido. Había una confianza total. Sentí que me levantaban, tal como si respirara plenitud en el aire puro de la cumbre de una montaña. Generalmente Dios llega a la mayoría de los hombres gradualmente, pero el impacto en mí fue cabalmente súbito y profundo.

Momentáneamente me alarmé y llamé a mi amigo el doctor, para preguntarle si yo todavía estaba cuerdo. Escuchó sorprendido mientras yo hablaba.

Finalmente movió la cabeza diciendo: "Le ha sucedido a usted algo que no comprendo. Pero es mejor que se aferre a ello. Cualquier cosa es mejor que lo que tenía usted." Ese buen doctor ve ahora muchos hombres que han tenido tales experiencias. Sabe que son reales.

Mientras estuve en el hospital me vino la idea de que había miles de alcohólicos deshauciados que estarían felices teniendo lo que tan gratuitamente se me había dado. Tal vez podría ayudar a algunos de ellos. Ellos a su vez podrían trabajar con otros.

Mi amigo había hecho hincapié en la absoluta necesidad de demostrar estos principios en todos los actos de mi vida. Era particularmente imperioso trabajar con otros, tal como él lo había hecho conmigo. La fe sin obras es fe muerta, me dijo ¡Y cuán cierto es, tratándose de alcohólicos! Porque si un alcohólico falla en perfeccionar y engrandecer su vida espiritual a través del trabajo y del sacrificio por otros, no podrá sobrellevar ciertas pruebas y decaimientos que vendrán más adelante. Si él no trabajaba era seguro que volvería a beber, y si bebía, seguramente moriría. La fe estaría muerta entonces. Tratándose de nosotros, es precisamente así.

Mi esposa y yo nos entregamos con entusiasmo a la idea de ayudar a otros alcohólicos a resolver su problema. Afortunadamente fue así porque las personas con las que había tenido relaciones en los negocios permanecieron escépticas por más de un año, durante el cual pude conseguir poco trabajo. No estaba muy bien entonces; me acosaban olas de autoconmiseración y de resentimiento. Esto, a veces, casi me llevaba a la bebida; pero pronto percibí que cuando todas las otras medidas me fallaban, el trabajo con otros alcohólicos salvaba el día. Estando desesperado, he ido muchas veces a mi viejo hospital. Al hablar con alguien de allí, me sentía asombrosamente reanimado, parado sobre mis propios pies. Es un designio para vivir que obra cuando las cosas se ponen duras.

Empezamos a hacer muchos amigos, y entre nosotros ha crecido una agrupación de la cual, el ser parte es algo maravilloso. Sentimos la alegría de vivir aun bajo tensiones y dificultades. He visto a cientos de familias poner sus pies en el sendero, entrar por el camino por el que sí llega a alguna parte; he visto componerse las situaciones domésticas más imposibles; peleas y amarguras de todas clases eliminadas. He visto salir de manicomios a individuos para reasumir un lugar vital en la vida de sus familias y de sus comunidades. Hombres y mujeres que recuperan su posición. No hay casi ninguna clase de dificultad y de miseria que no haya sido superada entre nosotros. En una ciudad del Oeste hay un millar de nosotros y de nuestras familias. Nos reunimos con frecuencia para que los recién llegados puedan encontrar la agrupación que ellos buscan. A estas reuniones informales suelen asistir entre 50 y 200 personas. Estamos creciendo en número así como en fortaleza.[1]

Un alcohólico en sus copas es un ser despreciable. Nues-

[1] Actualmente (1999) hay unos 96,000 grupos de A.A.

tra lucha con ellos puede ser fatigosa, cómica o trágica. Un
infeliz se suicidó en mi casa. No podía o no quería darse'
cuenta de nuestra manera de vivir.

Sin embargo, dentro de todo esto queda un amplio margen para divertirse. Me imagino que algunos pueden escan-
dalizarse ante esta mundanalidad y ligereza; pero detrás de
esto hay una gran seriedad. La fe tiene que operar en y a
través de nosotros las venticuatro horas del día, o de lo contrario pereceremos.

La mayoría de nosotros creemos que ya no necesitamos
buscar más la Utopía. La tenemos entre nosotros aquí y ahora
mismo. Aquella charla de mi amigo en la cocina de mi casa
se multiplica más, cada día, en un círculo creciente de paz en
la tierra y de buena voluntad para con los hombres.

Bill W., co-fundador de A.A.
murió el 24 de enero de 1971.

Capítulo 2

HAY UNA SOLUCION

*N*osotros, los que pertenecemos a Alcohólicos Anónimos, conocemos a miles de hombres y mujeres para quienes, como para Bill, no había remedio. Casi todos se han recuperado; han resuelto el problema de la bebida.

Somos americanos típicos. Todos los sectores de este país y muchas de las actividades que se desarrollan están aquí representadas, así como muchos de los medios políticos, sociales, económicos y religiosos. Somos gente que en circunstancias normales no nos mezclaríamos. Pero existe entre nosotros un compañerismo, una amistad y una comprensión indescriptiblemente maravillosa. Somos como los pasajeros de una gran embarcación recién salvados de un naufragio, cuando la camaradería, la democracia y la alegría prevalecen en el barco desde las bodegas hasta la mesa del capitán; pero, a diferencia del sentir de los pasajeros del barco, nuestra alegría por haber escapado del desastre no decrece al ir cada cual por su lado. La sensación de haber participado en un peligro común es uno de los poderosos elementos que nos unen. Pero eso, en sí, nunca nos hubiera mantenido unidos tal como lo estamos.

El hecho tremendo para cada uno de nosotros es que hemos descubierto una solución común. Tenemos una salida en la que podemos estar completamente de acuerdo, y a base de la cual podemos incorporarnos a la acción fraternal y armoniosa. Esta es la gran noticia, la buena nueva que este libro lleva a los que padecen del alcoholismo.

Una enfermedad de esta clase — y hemos llegado al convencimiento de que es una enfermedad — afecta a los que

16

nos rodean como no lo hace ningún otro padecimiento humano. Si una persona tiene cáncer, todos sienten pena por ella y nadie se enfada ni se siente molesto. Pero no así con el enfermo de alcoholismo, porque con este mal viene la aniquilación de todas las cosas que valen la pena en la vida; involucra a todas aquellas vidas que están relacionadas en alguna forma con la del paciente; acarrea malentendimiento, resentimiento feroz, inseguridad económica, vidas torcidas de niños que no son culpables, esposas y otros parientes apesadumbrados, amigos y patrones descontentos. Cualquiera puede aumentar esta lista.

Deseamos que este libro informe y consuele a los que están o puedan estar afectados. Hay muchos de ellos.

Psiquiatras competentes en alto grado, que han tratado con nosotros, han encontrado a veces imposible persuadir a un alcohólico para que discuta abiertamente su situación. Resulta bastante extraño que los familiares y amigos íntimos nos encuentren aún más inaccesibles que el psiquiatra o el médico.

Pero el ex bebedor que ha encontrado la solución de su problema y que está equipado adecuadamente con los hechos acerca de sí mismo, generalmente puede ganarse toda la confianza de otro alcohólico en unas cuantas horas. Mientras no se llegue a tal entendimiento, poco o nada puede lograrse.

El hecho de que el individuo que esté abordando a otro ha tenido la misma dificultad, que obviamente sabe de qué está hablando, que todo su comportamiento le dice al candidato a toda voz que tiene la verdadera respuesta, que su actitud no es de santurrón, que no le mueve absolutamente nada más que el sincero deseo de poder ayudar, que no hay cuotas ni honorarios que pagar, que no hay asperezas que limar, nadie con quien se tenga que "quedar bien", no hay sermones que soportar — estas son las condiciones que hemos encontrado más favorables. Muchos individuos, después de haber sido abordados en esta forma, dejan la cama para echarse a andar de nuevo.

Ninguno de nosotros hace una sola vocación de este trabajo, ni creemos que aumentaría su efectividad si así lo hiciéramos. Creemos que el abstenernos de beber no es más que el principio. Una demostración más importante de nuestros principios nos espera en nuestros respectivos hogares, ocupaciones y asuntos. Todos nosotros dedicamos mucho de nuestro tiempo libre al tipo de labor que vamos a describir; unos cuantos son suficientemente afortunados por estar en una situación que les permite dedicar casi todo su tiempo a ella.

Si continuamos por el camino que estamos siguiendo, no hay duda de que mucho bien se logrará; pero aun así apenas se habría arañado la superficie del problema. Los que vivimos en grandes ciudades nos sentimos anonadados al pensar que muy cerca de nosotros hay tantos que caen en el olvido todos los días. Muchos podrían recuperarse si tuvieran la misma oportunidad que nosotros. ¿Cómo entonces, podemos presentar eso que tan generosamente se nos ha dado?

Hemos optado por publicar un libro anónimo exponiendo el problema tal como lo vemos nosotros. Aportaremos a la tarea el conjunto de nuestras experiencias y de nuestros conocimientos. Esto debe sugerir un programa útil para cualquiera que esté afectado por un problema con la bebida.

Necesariamente, tendrán que discutirse asuntos médicos, psiquiátricos, sociales y religiosos. Sabemos que éstos son materia contenciosa por su misma naturaleza. Nada nos agradaría más que escribir un libro que no diera ninguna base a contenciones o discusiones. Haremos todo lo posible para lograr esta idea. La mayoría de nosotros siente que la verdadera tolerancia de los defectos y puntos de vista de los demás y el respeto a sus opiniones, son actitudes que hacen que podamos servir mejor a nuestros semejantes. Nuestras mismas vidas, como ex bebedores problema que somos, dependen de nuestra constante preocupación por otras y de la manera en que podamos satisfacer sus necesidades.

El lector probablemente ya se habrá preguntado por qué

todos nosotros nos enfermamos por la bebida. Sin duda sentirás curiosidad por descubrir cómo y cuándo, en contra de la opinión de los expertos nos hemos recuperado de una irremediable condición del cuerpo y de la mente. Si tú eres un alcohólico que quiere sobreponerse a esa condición, tal vez ya te estés preguntando: "¿Qué es lo que tengo que hacer?"

El propósito de este libro es contestar específicamente a esas preguntas. Te diremos qué es lo que nosotros hemos hecho. Pero antes de entrar en una discusión pormenorizada, conviene resumir algunos puntos tal y como los vemos.

Cuántas veces nos han dicho: "Yo puedo beber o no beber ¿Por qué no puede él?"; "Si no puedes beber como la gente decente ¿Por qué no lo dejas?"; "Este tipo no sabe beber"; "¿Por qué no bebes vino o cerveza solamente?"; "Deja la bebida fuerte"; "Debe tener muy poca fuerza de voluntad"; "El podría dejar de beber si le diera la gana"; "Es una mujer tan agradable que él debería dejar de beber por ella"; "Ya le dijo el médico que si volvía a beber se moriría y ahí está con la gran borrachera".

Estas son observaciones comunes acerca de los bebedores, que se oyen en todo momento. En el fondo de ellas hay un abismo de ignorancia, y falta de comprensión. Nos damos cuenta de que estas observaciones se refieren a personas cuyas reacciones son muy diferentes a las nuestras.

Los bebedores moderados tienen poca dificultad para dejar el licor si tienen una buena razón para hacerlo. Pueden tomarlo o dejarlo.

Luego tenemos cierto tipo: el que bebe con exceso. Puede tener el hábito en tal forma que gradualmente llegará a perjudicarle en lo físico y en lo mental. Puede causarle la muerte prematura. Si se presenta una razón suficientemente poderosa — mala salud, enamoramiento, cambio de medio ambiente, o la advertencia de un médico — este individuo puede también dejar de beber o hacerlo con moderación, aunque esto le resulte difícil o tal vez hasta necesite ayuda médica.

Pero ¿qué pasa con el verdadero alcohólico? Puede empezar como bebedor moderado; puede o no volverse un bebedor asiduo. Pero en alguna etapa de su carrera como bebedor, empieza a perder todo control sobre su consumo de licor una vez que empieza a beber.

Aquí tenemos al individuo que te ha motivado la confusión, especialmente por su falta de control. Hace cosas absurdas, increíbles, o trágicas mientras está bebiendo. Es un verdadero "Dr. Jekyll y Mr. Hyde" (El Hombre y el Monstruo). Rara vez se embriaga a medias. En mayor o menor grado, siempre tiene una borrachera loca. Mientras está bebiendo, su modo de ser se parece muy poco a su naturaleza normal. Puede ser una magnífica persona; pero, si bebe un día, se volverá repugnante, y hasta peligrosamente antisocial. Tiene verdadero talento para embriagarse exactamente en el momento más inoportuno, y particularmente cuando tiene alguna decisión importante que tomar o compromiso que cumplir. Con frecuencia es perfectamente sensato y bien equilibrado en todo menos en lo que concierne al alcohol; en este respecto es increíblemente egoísta y falto de honradez. Frecuentemente posee habilidades y aptitudes especiales, y tiene por delante una carrera prometedora. Usa sus dones para labrar un porvenir para él y los suyos echando luego abajo lo que ha construido, con una serie de borracheras insensatas. Es el individuo que se acuesta tan borracho que necesitaría dormir 24 horas; sin embargo, a la mañana siguiente busca como un loco la botella — y no se acuerda dónde la puso la noche anterior. Si su situación económica se lo permite, puede tener licor escondido por toda la casa para estar seguro de que nadie coja toda su existencia para tirarla por el fregadero. A medida que empeoran las cosas, empieza a tomar una combinación de sedantes potentes y de licor para aplacar sus nervios y poder ir a su trabajo. Entonces llega el día en que sencillamente no puede hacerlo, y se vuelve a emborrachar. Tal vez vaya al médico para que le dé morfina o algún otro sedante para irse cortando la borrachera poco a poco.

Pero entonces empieza a ingresar en hospitales y sanatorios.

Esto no es de ninguna manera un cuadro amplio del alcohólico, ya que nuestras maneras de comportarnos varían. Pero esta descripción debería identificarlo de un modo general.

¿Por qué se comporta así? Si cientos de experiencias le han demostrado que una copa significa otro desastre con todos los sufrimientos y humillaciones que lo acompañan, ¿por qué se toma esa primera copa? ¿Por qué no puede estarse sin beber? ¿Qué ha pasado con el sentido común y la fuerza de voluntad que todavía muestra con respecto a otros asuntos?

Quizá no haya nunca una respuesta completa para estas preguntas. Las opiniones varían considerablemente acerca de "Por qué el alcohólico reacciona en forma diferente de la gente normal". No sabemos por qué. Una vez que se ha llegado a cierto punto es bien poco lo que se puede hacer por él. No podemos resolver este acertijo.

Sabemos que mientras el alcohólico se aparta de la bebida, como puede hacerlo por meses o por años, sus reacciones son muy parecidas a las de otros individuos. Tenemos la certeza de que una vez que es introducido en su sistema cualquier dosis de alcohol, algo sucede, tanto en el sentido físico como en el mental, que le hace prácticamente imposible parar de beber. La experiencia de cualquier alcohólico confirma esto ampliamente.

Estas observaciones serían académicas y no tendrían objeto si nuestro amigo no se tomara nunca la primera copa, poniendo así en movimiento el terrible ciclo. Por consiguiente, el principal problema del alcohólico está centrado en su mente más que en su cuerpo. Si se le pregunta por qué empezó esa última borrachera, lo más probable es que tenga a mano una de las cien coartadas que hay para esos casos. Algunas veces estos pretextos tienen cierta plausibilidad, pero en realidad, ninguno de ellos tiene sentido a la luz del estrago que causa la borrachera de un alcohólico. Tales pre-

textos se parecen a la filosofía del individuo que teniendo
dolor de cabeza se la golpea con un martillo para no sentir
el dolor. Si se le señala lo falaz de este razonamiento a un alcohólico, lo tomará a broma o se enfadará, negándose a hablar
de ello.

De vez en cuando puede decir la verdad. Y la verdad,
extraño como parezca, es que generalmente no tiene más idea
que la que tú puedes tener de por qué bebió esa primera
copa. Algunos bebedores tienen pretextos con los que se satis-
facen parte del tiempo; pero en sus adentros no saben realmente por qué lo hicieron. Una vez que este mal se arraiga
firmemente, hace de ellos unos seres desconcertantes. Tienen
la obsesión de que algún día, de alguna manera, podrán ser
los ganadores de este juego. Pero frecuentemente sospechan
que están fuera de combate.

Pocos se dan cuenta de lo cierto que es esto. Sus familiares y sus amigos se dan cuenta vagamente de que estos
bebedores son anormales, pero todos aguardan esperanzados
el día en que el paciente saldrá de su letargo y hará valer
su fuerza de voluntad.

La trágica verdad es que, si el individuo es realmente
un alcohólico, ese día feliz puede no llegar. Ha perdido el
control. En cierto punto de la carrera de bebedor de todo
alcohólico, éste pasa a un estado en que el más vehemente
deseo de dejar de beber es absolutamente infructuoso. Esta
trágica situación se presenta prácticamente en cada caso, mucho antes de que se sospeche que exista.

*El hecho es que la mayoría de los alcohólicos, por razones
que todavía son oscuras, cuando se trata de beber, han perdido su capacidad para elegir. Nuestra llamada fuerza de voluntad se vuelve prácticamente inexistente. Somos incapaces
a veces de hacer llegar con suficiente impacto a nuestra conciencia el recuerdo del sufrimiento y la humillación de apenas un mes antes. Estamos indefensos contra la primera copa.*

Las casi seguras consecuencias que suceden después de
tomar, aunque sólo sea un vaso de cerveza, no acuden a

nuestra mente para detenernos. Si se nos ocurren estos pensamientos, son vagos y fácilmente suplantados por la vieja y usada idea de que esta vez podremos controlarnos como lo hacen los demás. Un completo fracaso, igual al que sufre el torpe que se obstina en poner la mano sobre el fuego diciéndose: esta vez no me quemaré.

El alcohólico puede decirse en la forma más natural: "Esta vez no me quemaré; así es que, ¡salud!" O tal vez no piense en nada. Cuántas veces hemos empezado a beber en esta forma despreocupada y, después de la tercera o cuarta copa, hemos golpeado el mostrador de la cantina con el puño diciéndonos: "Por el amor de Dios, ¿Cómo empecé de nuevo?" Solamente para suplantar ese pensamiento con el de "Bueno, a la sexta paro", o "¿Ahora de qué sirve nada?"

Cuando esta manera de pensar se establece plenamente en un individuo con tendencias alcohólicas, probablemente ya se ha colocado fuera del alcance de la ayuda humana y, a menos que se le encierre, puede morirse o volverse loco para siempre. Estos inflexibles y espantosos hechos han sido confirmados por legiones de alcohólicos en el transcurso del tiempo. A no ser por la gracia de Dios, habrían miles más de convincentes demostraciones. ¡Hay tantos que quieren dejar de beber, pero no pueden!

Hay una solución. A casi ninguno de nosotros le gustó el examen de conciencia, la nivelación del orgullo o la confesión de las faltas, que requiere este proceso para su consumación. Pero vimos que era efectivo en otros, y habíamos llegado a reconocer la inutilidad y la futileza de la vida tal como la habíamos estado llevando. Por consiguiente, cuando se nos acercaron aquellos cuyo problema ya había sido resuelto, lo único que tuvimos que hacer fue recoger el simple juego de instrumentos espirituales que ponían en nuestras manos. Hemos encontrado mucho del cielo y hemos sido lanzados, como en un cohete, a la cuarta dimensión de la existencia en la que ni siquiera habíamos soñado.

El hecho grandioso es éste y nada más: que hemos tenido

experiencias espirituales profundas y efectivas.[1] Que estas experiencias han revolucionado toda nuestra actitud ante la vida, hacia nuestros semejantes y hacia el universo de Dios. El hecho central en nuestras vidas es actualmente la certeza de que nuestro Creador ha entrado en nuestros corazones y en nuestras vidas en una forma ciertamente milagrosa. Ha empezado a realizar por nosotros cosas que nosotros no podríamos hacer solos.

Si tu estado alcohólico es tan grave como era el nuestro, creemos que no existe ninguna solución a medias. Nosotros estábamos en una situación en que la vida se estaba volviendo imposible, y si pasábamos a la región de la que no se regresa por medio de la ayuda humana, teníamos sólo dos alternativas: Una era la de llegar hasta el amargo fin, borrando la conciencia de nuestra intolerable situación lo mejor que pudiésemos; y la otra, aceptar ayuda espiritual. Esto último fue lo que hicimos porque honestamente queríamos hacerlo, y estábamos dispuestos a hacer el esfuerzo necesario.

Cierto hombre de negocios, apto y con buen sentido, durante años estuvo pasando de un sanatorio a otro y en consultas con los más conocidos psiquiatras norteamericanos. Luego se fue a Europa, sometiéndose al tratamiento de un célebre médico (el psicólogo Dr. Jung). Pese a que su experiencia lo había hecho escéptico, terminó el tratamiento con una confianza no habitual en él. Física y mentalmente su condición era excepcionalmente buena. Creía haber adquirido tal conocimiento del funcionamiento interior de su mente y de sus resortes escondidos, que una recaída era algo inimaginable. A pesar de esto, al poco tiempo estaba borracho. Lo más desconcertante era que no podía explicarse satisfactoriamente su caída.

Por lo tanto, regresó donde este médico y le preguntó sin rodeos, por qué no se recuperaba. Por encima de todo, quería recobrar el control de sí mismo. Parecía bastante racional y

[1] Ampliamente explicado en el Apéndice II.

bien equilibrado con respecto a otros problemas. A pesar de esto, no tenía absolutamente ningún control sobre el alcohol ¿Por qué?

Le suplicó al médico que le dijera toda la verdad, y el médico se la dijo: Era un caso desahuciado; nunca más podría recuperar su posición en la sociedad y tendría que encerrarse bajo llave o tener un guardaespaldas si esperaba vivir largo tiempo. Esa fue la opinión de un gran médico.

Pero este hombre vive todavía, y es un hombre libre. No necesita de un guardaespaldas y no está internado. Puede ir a cualquier parte del mundo como cualquier hombre libre, sin que le suceda ningún desastre, siempre que conserve la buena voluntad de mantener cierta sencilla actitud.

Algunos de nuestros lectores alcohólicos pensarán, quizá, que pueden pasarla sin ayuda espiritual. Permítasenos por lo tanto, contar el resto de la conversación que nuestro amigo tuvo con el médico.

El médico le dijo: "Tiene usted la mente de un alcohólico crónico. En los casos en los que han existido estados mentales similares al suyo, nunca he visto recuperarse a nadie." Nuestro amigo se sintió como si las puertas del infierno se hubiesen cerrado con estruendo tras él.

Preguntó al médico: "¿No hay ninguna excepción?"

"Sí — le contestó el médico — sí la hay. Las ha habido desde tiempos remotos. Aquí y allá, de vez en cuando, algunos alcohólicos han tenido experiencias espirituales vitales. Para mí estos casos son fenómenos. Parecen ser de la naturaleza de enormes desplazamientos y reajustes emocionales. Desechadas repentinamente las ideas, emociones y actitudes que fueron una vez las fuerzas directrices de las vidas de estos hombres, un conjunto completamente nuevo de conceptos y motivos empezó a dominarlos. De hecho, yo he estado tratando de producir dentro de usted un arreglo emocional de esa índole. He empleado estos métodos con muchos individuos y han dado resultados satisfactorios, pero nunca he tenido éxito con un alcohólico de sus características".[2]

Al oír esto, nuestro amigo se sintió algo tranquilizado, porque pensó que después de todo era fiel a sus prácticas religiosas. Esta esperanza se la echó abajo el doctor diciéndole que, en tanto que sus convicciones religiosas eran muy buenas, en su caso no significaban la experiencia espiritual fundamental que era necesaria.

Este era el tremendo dilema en que se encontraba nuestro amigo cuando tuvo la extraordinaria experiencia que, como hemos dicho, lo convirtió en un hombre libre.

Por nuestra parte, nosotros hemos buscado la misma salida con toda la desesperación del hombre que se está ahogando. Lo que al principio parecía un endeble junquillo ha resultado ser la amante y poderosa mano de Dios. Se nos ha dado una vida nueva o si se prefiere "un designio para vivir" que resulta verdaderamente efectivo.

El distinguido psicólogo norteamericano William James señala en su libro *Varieties of Religious Experience* (Las variedades de la Experiencia Religiosa) una multitud de modos en que los hombres han descubierto a Dios. No tenemos ninguna intención de convencer a nadie de que solamente hay una manera de adquirir la fe. Si lo que hemos aprendido, sentido y visto, significa algo, quiere decir que todos nosotros, cualquiera que sea nuestro color, raza o credo, somos criaturas de un Creador viviente con el que podemos establecer una relación basada en términos sencillos y comprensibles tan pronto como tengamos la buena voluntad y la honradez suficiente para tratar de hacerlo. Los que profesan algún credo no encontrarán aquí nada que perturbe sus creencias o su ceremonial. No hay desavenencias entre nosotros por estos motivos.

Consideramos que no nos concierne la cuestión de las agrupaciones religiosas con las que se identifican en lo individual nuestros miembros. Este debe ser un asunto enteramente personal que cada uno decida por sí mismo a la luz de

[2] Ver el Apéndice II para amplificación.

sus asociaciones pasadas o de su elección presente. No todos nosotros ingresamos en agrupaciones religiosas, pero la mayoría estamos en favor de esas afiliaciones.

En el siguiente capítulo aparece una explicación del alcoholismo, tal como nosotros lo entendemos, y luego viene un capítulo dirigido al agnóstico. Muchos de los que una vez estuvieron dentro de esa clasificación, se cuentan entre nuestros miembros. Aunque parezca sorprendente, encontramos que esas convicciones no son un gran obstáculo para una experiencia espiritual.

Más adelante se dan direcciones definidas mostrando cómo nos recuperamos. Estas van seguidas de experiencias personales.

En las historias personales, cada individuo describe con su propio lenguaje y desde su propio punto de vista, la manera en que él ha establecido su relación con Dios. Estas historias nos ofrecen una muestra representativa de nuestros miembros y una idea clara de lo que realmente ha sucedido en sus vidas.

Esperamos que nadie considere estos relatos personales como de mal gusto. Nuestra esperanza es que muchos alcohólicos, hombres y mujeres, desesperadamente necesitados, vean estas páginas, y creemos que solamente descubriéndonos a nosotros mismos y hablando francamente de nuestros problemas, ellos serán persuadidos a decir, "sí, yo soy uno de ellos también; yo debo obtener esto."

Capítulo 3

MAS ACERCA DEL ALCOHOLISMO

*L*A mayoría de nosotros hemos estado remisos a admitir que éramos realmente alcohólicos. A nadie le agrada pensar que es física y mentalmente diferente a sus semejantes. Por lo tanto, no es extraño que nuestras carreras de bebedores se hayan caracterizado por innumerables y vanos esfuerzos para probar que podíamos beber como otras personas. La idea de que en alguna forma, algún día, llegará a controlar su manera de beber y a disfrutar bebiendo, es la gran obsesión de todo bebedor anormal. La persistencia de esta ilusión es sorprendente. Muchos la persiguen hasta las puertas de la locura o de la muerte.

Llegamos a comprender que teníamos que admitir plenamente, en lo más profundo de nuestro ser, que éramos alcohólicos. Este es el primer paso hacia la recuperación. Hay que acabar con la ilusión de que somos como la demás gente, o de que pronto lo seremos.

Nosotros los alcohólicos somos hombres y mujeres que hemos perdido la capacidad para controlar nuestra manera de beber. Sabemos que no hay nadie realmente alcohólico que recupere jamás ese control. Todos nosotros creímos a veces que estábamos recobrando el control, pero esos intervalos, generalmente breves, les eran inevitablemente seguidos de todavía menos control, que con el tiempo nos llevaba a una lastimosa e inexplicable desmoralización. Unánimemente estamos convencidos de que los alcohólicos de nuestro tipo padecemos de una enfermedad progresiva. Después de cierto tiempo empeoramos, nunca mejoramos.

Somos como individuos que han perdido las piernas; a éstos nunca les salen otras. Tampoco parece haber ninguna clase de tratamiento que haga que los alcohólicos como nosotros seamos como la demás gente. Hemos probado todos los remedios imaginables. En algunos casos ha habido una recuperación pasajera, seguida siempre por una recaída más grave. Los médicos que están familiarizados con el alcoholismo están de acuerdo en que no hay tal cosa como convertir a un alcohólico en un bebedor normal. Puede ser que la ciencia lo logre algún día, pero todavía no lo ha hecho.

No obstante todo lo que podamos decir, muchos que realmente son alcohólicos no van a creer que pertenecen a esa clase. Tratarán, a base de toda clase de ilusiones y de experimentos, de convencerse a sí mismos de que son la excepción a la regla y, por consiguiente, que no son alcohólicos. Si cualquiera que está demostrando incapacidad para controlarse con la bebida puede dar una vuelta completa y beber como un caballero, nos descubrimos ante él. ¡Sólo Dios sabe lo que hemos hecho durante tanto tiempo para beber como otras personas!

Estos son algunos de los métodos que hemos probado: Beber únicamente cerveza, limitar el número de copas, nunca beber solo, nunca beber por la mañana, beber solamente en casa, nunca tener bebida en casa, nunca beber durante las horas de trabajo, beber solamente en fiestas, cambiar una clase de licor fuerte por otro, beber solamente vinos naturales, prometer renunciar al empleo si nos volvemos a emborrachar en el trabajo, hacer un viaje, no hacer un viaje, jurar para siempre (con o sin solemnidad), hacer más ejercicio físico, leer libros conducentes a la inspiración, ir a fincas de salud y sanatorios, aceptar voluntariamente ser internados en centros de tratamiento . . . Podríamos prolongar la lista hasta el infinito.

No nos gusta decirle a un individuo que es alcohólico, pero tú mismo puedes diagnosticarte rápidamente. Entra al bar más cercano y trata de beber en forma controlada. Trata de beber y dejar de hacerlo bruscamente. Haz la prueba más de una vez. No tardarás mucho en poder decidir, si eres honrado contigo mismo. Puede valer la pena sufrir una gran temblorina, si con esto te das cuenta cabal de tu condición.

Aunque no hay manera de comprobarlo, creemos que pudimos haber dejado de beber al principio de nuestras carreras de bebedores, pero la dificultad está en que son pocos los alcohólicos que tienen suficiente deseo de dejar de beber mientras todavía les queda tiempo para hacerlo. Hemos oído de algunos casos en que individuos, con señales definidas de alcoholismo, y debido a un irresistible deseo de hacerlo, pudieron dejar de beber por un largo período.

Uno de esos casos es el de un individuo de treinta años de edad, que vivía en continuas parrandas. A la mañana siguiente de una borrachera estaba muy nervioso y se calmaba con más licor. Tenía la ambición de triunfar en los negocios, pero se daba cuenta de que nada lograría si seguía bebiendo. Una vez que empezaba, ya no tenía absolutamente ningún control. Tomó la decisión de no probar ni una gota hasta que hubiera triunfado en los negocios y se hubiera jubilado. Hombre excepcional, estuvo seco hasta los tuétanos durante veinticinco años, retirándose cuando cumplía los cincuenta y cinco, después de una carrera productiva y afortunada. Entonces fue víctima de una creencia que tiene prácticamente todo alcohólico: que su largo período de sobriedad y autodisciplina le había capacitado para beber como las demás personas. Se puso las pantuflas y descorchó la botella ... A los dos meses estaba en un hospital, confuso y humillado. Trató de regular su manera de beber durante algún tiempo mientras experimentaba algunos internamientos en el hospital. Entonces, reuniendo todas sus fuerzas, trató de dejar de beber totalmente, y se dio cuenta de que no podía. Estaban a su disposición todos los medios que podían conseguirse con dinero para resolver su problema. Todas las tentativas fallaron. A pesar de que al retirarse de los negocios era un hombre robusto, se desmoronó rápidamente y murió cuatro años después.

Este caso encierra una lección importantísima. La mayoría de nosotros hemos creído que si permanecíamos sobrios por bastante tiempo, después podríamos beber normalmente. Pero aquí tenemos el caso de un individuo que a los cincuenta años se dio cuenta de que estaba exactamente donde había quedado a los treinta. Hemos visto esta verdad demostrada una y otra vez, "Una vez alcohólico, alcohólico para siempre". Comenzando a beber después de un período de sobriedad, al poco tiempo estamos tan mal como siempre. Si estamos haciendo planes para dejar de beber, no debe haber reserva de ninguna clase, ni ninguna idea oculta de que algún día seremos inmunes al alcohol.

La experiencia del individuo antes citado puede inclinar a los jóvenes a pensar que es posible dejar de beber a base de fuerza de voluntad, tal como él lo hizo. Dudamos de que muchos puedan hacerlo porque ninguno querrá dejar de beber. Y será muy raro el que lo haga, debido a la peculiar característica mental que ya se habrá adquirido. Algunos de los de nuestra agrupación, individuos de treinta años de edad, y aun menos, habían estado bebiendo durante pocos años, pero se encontraron en una situación tan desesperada como la de los que habían estado bebiendo veinte años.

Para estar gravemente afectado no es necesario que uno haya estado bebiendo durante mucho tiempo, ni que beba tanto como lo hicimos algunos de nosotros. Esto es particularmente cierto en las mujeres. Las potencialmente alcohólicas a veces se vuelven verdaderamente tales, y en unos cuantos años su caso está muy avanzado. Ciertas bebedoras, que se sentirían gravemente ofendidas si se les llamara alcohólicas, se sorprenden de su incapacidad para dejar de beber. Nosotros que estamos familiarizados con los síntomas vemos un gran número de alcohólicos potenciales entre los jóvenes en todas partes. ¡Pero trata de hacer que ellos lo vean![1]

Mirando al pasado, nos damos cuenta de que habíamos

---

[1] Cierto, cuando se publicó este libro por primera vez. Un estudio hecho en 1996 de la comunidad en los EE.UU. y Canadá indicó que la octava parte de los A.A. tenían 30 años de edad o menos.

seguido bebiendo muchos años después del momento en que nos hubiera sido posible dejar de hacerlo a base de nuestra fuerza de voluntad. Si alguien duda de que ya haya entrado en este peligroso terreno, que haga la prueba de apartarse del licor durante un año. Si realmente es un alcohólico y su caso está muy avanzado, hay escasas posibilidades de éxito. Al principio de nuestra época de bebedores hubo ocasiones en que permanecimos sin beber por un año o más tiempo, para después transformarnos en serios bebedores. Pese a que uno pueda dejar de beber por un período considerable, puede ser, sin embargo, un alcohólico potencial. Creemos que pocos de los que sientan el llamamiento de este libro pueden permanecer sin beber aun durante un año. Algunos estarán borrachos al día siguiente de haber hecho sus resoluciones; la mayoría de ellos, en unas cuantas semanas.

Para los que no pueden beber con moderación, el problema consiste en cómo dejar de hacerlo totalmente. Nos suponemos desde luego, que el lector quiere dejar de beber. El que la persona que está en esas condiciones pueda dejar de beber sobre una base no espiritual, depende del grado en que haya perdido el poder de elegir entre beber o no beber. Muchos de nosotros creíamos que teníamos mucho carácter. Existía siempre el tremendo apremio de dejar de beber. A pesar de esto, nos resultaba imposible hacerlo. Esta es la característica desconcertante del alcoholismo, tal como lo conocemos; esta total incapacidad para dejar la bebida sin importar lo mucho o lo grande de la necesidad de hacerlo.

¿Cómo podremos, entonces, ayudar a nuestro lector a decidir, a su propia satisfacción, si es uno de nosotros? El experimento de dejar de beber por un tiempo, ayudará; pero creemos poder hacer un servicio más grande a los que padecen del alcoholismo, y tal vez incluso a la profesión médica. Por lo tanto, describiremos algunos de los estados mentales que preceden a la recaída en la bebida, porque obviamente este es el punto crucial del problema.

¿Qué clase de pensamiento predomina en el alcohólico

que repite una y otra vez el desesperante experimento de la primera copa? Los amigos que han razonado con él, después de una borrachera que lo ha llevado hasta el punto del divorcio o la bancarrota, se quedan desconcertados cuando lo ven ir directamente a la cantina. ¿Por qué lo hace? ¿En qué está pensando?

Nuestro primer ejemplo es el amigo a quien llamaremos Jim. Este individuo tiene una esposa y una familia encantadoras. Heredó una lucrativa agencia de automóviles; tiene una recomendable hoja de servicios de la Guerra Mundial; es un buen vendedor y goza de simpatías generales. Es un hombre inteligente; normal hasta donde podemos ver, excepto por su índole nerviosa. No bebió hasta los treinta y cinco. Al cabo de unos cuantos años se ponía tan violento cuando bebía, que hubo necesidad de internarlo. Al salir del centro de tratamiento se comunicó con nosotros.

Le hablamos de lo que sabíamos acerca del alcoholismo y de la solución que habíamos hallado. Puso manos a la obra. Su familia se reunió nuevamente, y empezó a trabajar como vendedor en el negocio que había perdido por sus borracheras. Todo marchó bien por algún tiempo, pero él dejó de engrandecer su vida espiritual. Para su consternación, se emborrachó media docena de veces en rápida sucesión. En cada una de estas ocasiones trabajamos con él examinando cuidadosamente lo que había sucedido. Estuvo de acuerdo en que era un alcohólico y que su condición era grave. Sabía que se enfrentaba a otra estancia en el centro de tratamiento si seguía bebiendo. Más aún, perdería su familia, por la que sentía un gran cariño.

Pese a todo esto, volvió a emborracharse. Le pedimos que nos dijera exactamente cómo había sucedido. Esta es la historia: "Fui a trabajar el martes por la mañana. Recuerdo que me sentí disgustado porque tenía que ser vendedor en un negocio del que antes había sido dueño. Crucé unas palabras con el patrón, pero no fue nada serio. Entonces decidí irme al campo en mi automóvil a ver a un posible cliente. En el campo sentí hambre y me detuve en un lugar donde hay una cantina. No tenía intención de beber; solamente pensé en comerme un sandwich. También se me ocurrió que podía encontrar algún cliente en ese lugar ya conocido porque lo había frecuentado durante años. Me senté ante una mesa y pedí un sandwich y un vaso de leche. Todavía no pensaba en beber. Luego pedí otro sandwich y decidí tomarme otro vaso de leche.

Repentinamente cruzó por mi mente la idea de que si le pusiera una onza de whisky a la leche no podría hacerme daño teniendo el estómago lleno. Pedí el whisky y se lo eché a la leche. Vagamente percibí que no estaba siendo muy vivo, pero me tranquilicé pensando que estaba bebiendo el licor con el estómago lleno. El experimento iba tan bien, que pedí otro y lo eché en más leche. Esto no pareció molestarme, así que lo repetí."

Así empezó para Jim un viaje más al centro de tratamiento. Existía ahora la amenaza del encierro, la pérdida de la familia y del empleo, sin mencionar el intenso sufrimiento físico y mental que la bebida le causaba siempre. *Se conocía bien como alcohólico. A pesar de esto, eran apartadas fácilmente todas las razones para no beber en favor de la disparatada idea de que podía tomar whisky si lo mezclaba con leche.*

Cualquiera que sea la definición precisa de la palabra, nosotros la llamamos simplemente locura. ¿Cómo puede llamársele de otro modo a semejante desproporción en la capacidad para pensar cuerdamente?

Puedes creer que este es un caso extremo. Para nosotros no lo es, porque esta manera de pensar ha sido característica de cada uno de nosotros. A veces hemos reflexionado más que Jim acerca de las consecuencias pero siempre se produjo el curioso fenómeno mental de que, paralela al razonamiento cuerdo, corrió alguna excusa insanamente trivial para tomar la primera copa. Nuestra cordura no fue suficiente para frenarnos; la idea insana predominó. Al día siguiente nos preguntábamos, con toda seriedad y sinceridad, cómo había podido suceder eso.

En algunas circunstancias hemos ido a emborracharnos deliberadamente, sintiéndonos justificados por el nerviosismo, la ira, la preocupación, la depresión, los celos o cualquier otra cosa por el estilo. Pero aun tratándose de esta forma de empezar, estamos obligados a admitir que nuestra justificación por una bebetoria fue insanamente insuficiente tomando en cuenta lo que siempre había pasado. Ahora vemos que cuando empezábamos a beber deliberadamente en vez de casualmente, durante el período de premeditación nuestra manera de pensar en lo que podrían ser las terribles consecuencias era poco seria o efectiva.

Con respecto a la primera copa nuestro proceder es tan absurdo e incomprensible como el del individuo, pongamos por caso, que tiene la manía de cruzar a media calle. Siente cierto placer en saltar frente a vehículos que van a gran velocidad. Durante unos años se divierte así, a pesar de las amistosas advertencias. Hasta aquí, tú lo calificarás como un tonto con ideas raras acerca de lo que es divertirse. Más tarde la suerte lo abandona y es lastimado levemente varias veces seguidas. Pensarías que aquel individuo, si es normal, no lo vuelva a hacer. Al poco tiempo, sin embargo, reincide, y esta vez sufre una fractura de cráneo. Después de una semana de salir del hospital le atropella un tranvía y le rompe un brazo. Te dice que ha decidido dejar de cruzar a media calle de una vez por todas, pero a las pocas semanas le rompen las dos piernas.

A través de los años continúa esta conducta, acompañada de sus promesas de ser cuidadoso y de alejarse de la calle del todo. Por fin, ya no puede trabajar, su esposa se divorcia de él y queda en ridículo ante todos. Trata por todos los medios imaginables de quitarse de la cabeza la idea de cruzar a media calle. Se encierra en un centro de tratamiento con la esperanza de enmendarse, pero el día que sale, topa con un carro de bomberos y le rompe la columna vertebral. Un individuo como éste tiene que estar loco. ¿No es así?

Puede parecerte que nuestra ilustración es muy ridícula.

Pero, ¿es así? Nosotros que hemos tenido experiencias agobiantes, tenemos que admitir que si se sustituyera "manía de
cruzar a media calle" por "alcoholismo" la ilustración encaja-
ría perfectamente en nuestro caso. Por muy inteligentes que
hayamos demostrado ser en otros aspectos, en lo que concierne al alcohol hemos sido extrañamente dementes. Este es un
lenguaje fuerte pero ¿no es cierto?

Algunos de ustedes estarán pensando: "Sí, lo que dices es
cierto, pero no del todo aplicable. Admitimos que tenemos algunos de esos síntomas, pero no hemos llegado a los extremos
que ustedes llegaron; ni parece que llegaremos, porque nosotros nos comprendemos tan bien después de lo que nos dijiste
que tales cosas no podrán volver a suceder. No hemos perdido todo en la vida por la bebida y desde luego no tenemos la
intención de que así suceda. Gracias por la información."

Eso puede ser cierto, si las personas que lo dicen no son
alcohólicas quienes, a pesar de estar bebiendo tontamente y
con exceso, pueden moderarse porque su cerebro y su cuerpo
no se han dañado como pasó con los nuestros. Pero *el que es
efectiva y potencialmente alcohólico, con casi ninguna excepción, será absolutamente incapaz de dejar de beber a base
del conocimiento de sí mismo.* Este es un punto que queremos enfatizar y reenfatizar para que les entre bien en la
cabeza a nuestros lectores alcohólicos así como se nos ha sido
revelado a nosotros a través de la amarga experiencia. Pase-
mos a otra ilustración.

Fred es socio de una bien conocida empresa de contabilidad. Sus entradas son buenas, tiene un magnífico hogar, está
casado felizmente y es padre de muchachos prometedores en
edad de la universidad. Tiene una personalidad muy atractiva que hace amistad con todos. Si ha habido un hombre de
negocios próspero, Fred lo es. Según todas las apariencias,
es un individuo estable y bien equilibrado. A pesar de todo
esto, Fred es un alcohólico. Lo vimos por primera vez hace
un año en un hospital, al que había ido a recuperarse de un
tembloroso ataque de nervios. Era su primera experiencia de

esa clase y estaba muy avergonzado de lo que le pasaba. Lejos de admitir que era alcohólico, se decía a sí mismo que había ido al hospital a descansar de sus nervios. El médico le indicó con firmeza que podía estar peor de lo que creía. Durante unos días se sintió deprimido por su condición. Tomó la resolución de dejar de beber totalmente. Nunca pensó que tal vez no lo pudiera hacer, a pesar de su carácter y de su posición. No creía ser un alcohólico y mucho menos aceptaba un remedio espiritual para su problema. Le dijimos lo que sabíamos acerca del alcoholismo. Se interesó y concedió que tenía algunos de esos síntomas, pero distaba mucho de admitir que no podía hacer nada por sí mismo. Estaba convencido de que esta humillante experiencia unida a los conocimientos que había adquirido, lo mantendría sobrio el resto de la vida. El conocimiento de sí mismo lo arreglaría todo.

No volvimos a oír de Fred por algún tiempo. Un día nos dijeron que había regresado al hospital. Esta vez estaba muy tembloroso. Pronto indicó que estaba ansioso de vernos. La historia que nos contó es sumamente instructiva, porque se trata de un individuo absolutamente convencido de que tenía que dejar de beber, que no tenía ninguna excusa para beber, que demostraba un juicio y una determinación espléndidos en todos sus otros asuntos, pero que a pesar de todo esto era impotente ante su problema.

Dejemos que sea él quien te lo cuente: "Me impresionó mucho lo que ustedes dijeron acerca del alcoholismo y francamente no creí posible que yo volviera a beber. Aprecié en algo sus ideas sobre la sutil demencia que precede a la primera copa, pero tenía confianza en que no me podía suceder a mí después de lo que había sabido. Razoné que mi caso no estaba tan avanzado como los de la mayoría de ustedes, que había tenido un éxito excepcional en vencer mis otros problemas personales y que, por consiguiente, también tendría un buen éxito donde ustedes habían fallado. Sentía que tenía todas las razones para tener confianza en mí mismo, que sólo era cuestión de ejercer mi fuerza de voluntad y de mantenerme alerta.

"En este estado de ánimo me dediqué a mis negocios y todo fue bien. No tenía dificultad en rehusar las copas que me brindaban y empecé a pensar si yo no había estado complicando un asunto tan sencillo. Un día fui a Washington para presentar unos comprobantes de contabilidad en un departamento del gobierno. Ya me había ausentado con anterioridad durante este período de abstinencia, así es que no era nada nuevo. Físicamente me sentía muy bien; tampoco tenía problemas o preocupaciones apremiantes. Mi negocio salió bien, estaba satisfecho y sabía que también lo estarían mis socios. Era el final de un día perfecto y no había ninguna nube en el horizonte.

"Me fui a mi hotel y me vestí despacio para ir a cenar. *Al cruzar el umbral del comedor me vino a la mente la idea de que sería agradable tomar un par de cocteles antes de la cena. Eso fue todo; nada más.* Pedí un coctel y mi cena; luego pedí otro coctel. Después de la cena decidí dar un paseo a pie. Cuando regresé al hotel se me ocurrió que me sentaría bien un traguito antes de acostarme; entré al bar y me tomé uno . . . Recuerdo haber tomado algunos más esa noche y bastantes el día siguiente. Tengo el recuerdo nebuloso de haber estado en un avión rumbo a Nueva York y de haber encontrado en el aeropuerto a un taxista muy servicial, en vez de a mi esposa. Aquel taxista fue una especie de cuidador mío durante varios días. Poco sé de adónde fui o de lo que oí o dije . . . por fin, me encontré en el hospital con un insoportable sufrimiento físico y mental.

"Tan pronto como recobré la capacidad de pensar, repasé cuidadosamente lo sucedido aquella noche en Washington. *No solamente había estado desprevenido sino que no había opuesto ninguna resistencia a la primera copa. Esta vez no había pensado para nada en las consecuencias.* Había empezado a beber tan descuidadamente como si los cocteles fueran simples refrescos. Recordé entonces lo que me habían dicho mis amigos alcohólicos; cómo habían vaticinado que si tenía una mentalidad de alcohólico, el tiempo y el lugar se presentarían, que volvería a beber. Habían dicho que a pesar de que opusiera resistencia, ésta se derrumbaría por fin ante cualquier pretexto trivial para beber una copa. Pues bien, eso fue precisamente lo que pasó, y algo más porque lo que había aprendido acerca del alcoholismo no me vino a la mente para nada. Desde ese momento supe que tenía una mentalidad de alcohólico. Me di cuenta de que la fuerza de voluntad *y el conocimiento de sí mismo no podrían remediar esas extrañas lagunas mentales.* Nunca había podido comprender a las personas que decían que un problema los había derrotado irremediablemente. Entonces lo comprendí. Fue un golpe demoledor.

"Dos miembros de Alcohólicos Anónimos vinieron a visitarme. Sonrieron al verme, lo cual no me agradó mucho; me preguntaron si esta vez ya creía que era un alcohólico y que estaba derrotado. Tuve que aceptar ambas cosas. Me dieron un montón de pruebas al efecto de que una mentalidad de alcohólico como la que yo había manifestado en Washington era un condición desesperada. Citaron por docenas casos basados en su propia experiencia. Este procedimiento apagó la última llama de la convicción de que yo mismo podía realizar la tarea.

"Entonces delinearon la solución espiritual y el programa de acción que cien de ellos habían seguido con éxito. A pesar de que solamente había sido miembro nominal de una iglesia, sus propuestas no me eran difíciles de aceptar, intelectualmente. Pero el programa de acción, aunque enteramente sensato, era bastante drástico; quería decir que tendría que arrojar por la ventana varios conceptos que había tenido toda mi vida. Eso no era fácil. Pero en el momento en que me decidí a poner en práctica el procedimiento, tuve la curiosa sensación de que mi condición alcohólica se aliviaba, como resultó en efecto.

"Más importante fue el descubrimiento de que serían los

principios espirituales los que resolverían mis problemas. Desde entonces he sido conducido a un modo de vivir infinitamente más satisfactorio, y espero, más provechoso que la vida que llevé antes. Mi antigua manera de vivir no tenía nada de malo, pero no cambiaría sus mejores momentos por los peores que tengo ahora. No regresaría a ella ni aunque pudiera hacerlo."

La historia de Fred es elocuente por sí misma. Quisiéramos que les llegara a lo más hondo a miles como él. El llegó a sentir sólo los primeros dolores del tormento. La mayoría de los alcohólicos tienen que llegar a estar bastante destrozados antes de empezar a resolver realmente sus problemas.

Muchos médicos y psiquiatras están de acuerdo con nuestras conclusiones. Uno de éstos, miembro de la facultad de un hospital de renombre mundial, recientemente nos hizo la declaración siguiente: "Lo que dicen ustedes acerca de la irremediabilidad general de la condición del alcohólico es, en mi opinión, correcto. En lo que respecta a dos de ustedes cuyas historias he conocido, no me cabe ninguna duda de que eran ciento por ciento irremediables. Si se hubieran presentado como pacientes a este hospital, de haberlo podido evitar, no los habría aceptado. Personas como ustedes destrozan el corazón. Aunque no soy una persona religiosa, siento un respeto profundo por el enfoque espiritual en casos como los de ustedes. Para la mayoría de estos casos, prácticamente no hay otra solución."

Una vez más insistimos en que, en ciertas ocasiones, el alcohólico no tiene ninguna defensa mental efectiva contra la primera copa. Excepto en unos cuantos casos raros, ni él ni ningún otro ser humano puede proveer tal defensa. Su defensa tiene que venir de un Poder Superior.

Capítulo 4

NOSOTROS LOS AGNOSTICOS

*E*n los capítulos anteriores has aprendido algo sobre el alcoholismo. Nuestro deseo es que hayamos establecido con claridad la diferencia entre el alcohólico y el que no lo es. Si cuando deseándolo honestamente te das cuenta de que no puedes dejarlo del todo, o si cuando bebes, tienes poco control de la cantidad que tomas, probablemente eres alcohólico. Si este es el caso, tú puedes estar sufriendo de una enfermedad que sólo puede ser vencida por una experiencia espiritual.

A aquel que se considera ateo o agnóstico, tal experiencia le parece imposible, pero seguir siendo como es significa el desastre, especialmente si es un alcohólico de la variedad que no tiene remedio. Estar condenado a una muerte por alcoholismo o vivir sobre una base espiritual no son siempre alternativas fáciles de encarar.

Pero no es tan difícil. Casi la mitad de los miembros de nuestra agrupación original eran exactamente de ese tipo. Al principio, algunos de nosotros tratamos de eludir el tema, esperando contra toda esperanza que no fuéramos realmente alcohólicos. Pero después de algún tiempo tuvimos que enfrentarnos al hecho de que teníamos que encontrar una base espiritual para nuestra vida, o de otro modo, atenernos a lo que sucediera. Tal vez este sea tu caso. Pero alégrate, casi la mitad de nosotros nos considerábamos ateos o agnósticos. Nuestra experiencia demuestra que no debes sentirte desconsolado.

Si un mero código de moral o una mejor filosofía de la vida fueran suficientes para superar el alcoholismo, muchos de nosotros ya nos hubiéramos recuperado desde hace largo tiempo. Pero descubrimos que tales códigos y filosofías no nos salvaban, por mucho empeño que pusiéramos. Podíamos desear ser morales, podíamos desear ser confortados filosóficamente; en realidad, podíamos desear todo esto con todo nuestro ahínco, pero el poder necesario no estaba ahí. Nuestros recursos humanos bajo el mando de nuestra voluntad no eran suficientes; fallaban completamente.

Falta de poder; ese era nuestro dilema. Teníamos que encontrar un poder por el cual pudiéramos vivir, y tenía que ser un *Poder superior a nosotros mismos*. Obviamente. ¿Pero dónde y cómo íbamos a encontrar ese Poder?

Pues bien, eso es exactamente de lo que trata este libro. Su objetivo principal es habilitarte para que encuentres un Poder superior a ti mismo, que resuelva tu problema. Eso quiere decir que hemos escrito un libro que creemos es espiritual así como también moral. Y quiere decir, desde luego, que vamos a hablar acerca de Dios. Aquí surge la dificultad con los agnósticos. Muchas veces hablamos con un nuevo individuo y vemos despertarse sus esperanzas a medida que discutimos sus problemas alcohólicos y que le explicamos de nuestra agrupación. Pero frunce el ceño cuando hablamos de asuntos espirituales, especialmente cuando mencionamos a Dios, porque hemos reabierto un tema que nuestro hombre creía haber evadido diestramente o completamente ignorado.

Sabemos cómo se siente él. Hemos compartido sus sinceros prejuicios y dudas. Algunos de nosotros hemos sido apasionadamente antirreligiosos. Para otros, la palabra "Dios" traía una idea particular de El, con la que alguien había tratado de impresionarlos en su niñez. Tal vez rechazamos este concepto particular porque nos parecía inadecuado. Quizá imaginábamos que con ese rechazo habíamos abandonado por completo la idea de Dios. Nos molestaba el pensamiento de que la fe y dependencia de un Poder más allá de nosotros era en cierta forma débil y aun cobarde. Veíamos con profundo escepticismo a este mundo de individuos en guerra, de sistemas teológicos en pugna y de calamidades inexplicables. Mirábamos con recelo a cualquiera que pareciera ser piadoso. ¿Cómo podía un Ser Supremo tener algo que ver con todo esto? Y de todos modos ¿quién podía comprender a un Ser Supremo? Sin embargo, en otros momentos, al sentir el encanto de una noche estrellada pensábamos: "¿Quién, pues, hizo todo esto?" Había un momento de admiración y de asombro, pero era fugaz y pronto pasaba.

Sí, nosotros los agnósticos hemos tenido esos pensamientos y experiencias. Nos apresuramos en asegurártelo. Nos dimos cuenta de que tan pronto como pudimos hacer a un lado el prejuicio y manifestar siquiera la voluntad de creer en un Poder superior a nosotros mismos, comenzamos a obtener resultados; aunque le fuera imposible a cualquiera de nosotros definir cabalmente o comprender a ese Poder, que es Dios.

Para gran consuelo nuestro, descubrimos que no necesitábamos tomar en cuenta el concepto que cualquier otro tuviera de Dios. Nuestro propio concepto, por muy inadecuado que fuese, era suficiente para acercarnos y efectuar un contacto con El. Tan pronto como admitimos la posible existencia de una Inteligencia creadora, de un espíritu del Universo como razón fundamental de todas las cosas, empezamos a estar poseídos de un nuevo sentido de poder y dirección, con tal de que diéramos otros pasos sencillos. Encontramos que Dios no impone condiciones muy difíciles a quienes le buscan. Para nosotros, el Reino del Espíritu es amplio, espacioso, siempre inclusivo nunca exclusivo o prohibitivo para aquellos que lo buscan con sinceridad. Nosotros creemos que está abierto a todos los seres humanos.

Por consiguiente, cuando te hablamos de Dios, nos referimos a tu propio concepto de Dios. Esto se aplica también a otras expresiones espirituales que puedes encontrar en este libro. No dejes que ningún prejuicio que puedas tener en contra de los términos espirituales te impida preguntarte a ti mismo lo que significan para ti. Al principio, esto era todo lo que necesitábamos para comenzar el desarrollo espiritual, para efectuar nuestra primera relación consciente con Dios, tal como lo concebíamos. Después, nos encontramos aceptando muchas cosas que entonces parecían inaccesibles. Eso era ya un adelanto. Pero si queríamos progresar, teníamos que empezar por alguna parte. Por lo tanto, usamos nuestro propio concepto a pesar de lo limitado que fuese.

Solamente necesitábamos hacernos una breve pregunta: "¿Creo ahora, o estoy dispuesto a creer siquiera, que hay un Poder superior a mí mismo?" Tan pronto como una persona pueda decir que cree o que está dispuesta a creer, podemos asegurarte enfáticamente que ya va por buen camino. Repetidamente se ha comprobado entre nosotros que sobre esta primera piedra puede edificarse una maravillosamente efectiva estructura espiritual.[1]

Esa fue una gran noticia para nosotros porque habíamos supuesto que no podíamos hacer uso de principios espirituales a menos de que aceptáramos muchas cosas sobre la fe que parecían difíciles de creer. Cuando nos presentaban enfoques espirituales, cuántas veces dijimos: "Yo quisiera tener la fe que tiene esa persona; estoy seguro de que me daría resultado si creyera como ella cree. Pero no puedo aceptar como una verdad segura muchos artículos de fe que son tan claros para él." Así que fue reconfortante aprender que podíamos empezar en un plano más sencillo.

Además de una aparente incapacidad para aceptar mucho sobre la fe, frecuentemente nos encontrábamos impedidos por obstinación y prejuicios irracionales. Muchos de nosotros hemos sido tan suspicaces que hasta la referencia casual a cosas espirituales nos hacía encrespar de antagonismo. Esta manera de pensar tuvo que ser abandonada. Aunque algunos de nosotros nos resistimos, no encontramos muy difícil desechar tales sentimientos. Viéndonos frente a la destrucción, pronto nos volvimos tan receptivos con los asuntos espiritua-

---

[1] Te suplicamos que no dejes de leer el Apéndice sobre "Experiencia Espiritual".

les como habíamos tratado de serlo con otras cuestiones. En este aspecto, el alcohol fue un instrumento efectivo de persuasión. Finalmente a base de golpes nos hizo entrar en razón. A veces resultaba un proceso tedioso; no le deseamos a nadie que dure con sus prejuicios tanto tiempo como nosotros.

Puede ser que el lector todavía se pregunte por qué debe creer en un Poder superior a él mismo. Creemos que hay buenas razones para ello. Vamos a examinar algunas:

El individuo práctico de hoy en día da mucha importancia a los hechos y a los resultados. A pesar de eso, en el siglo veinte se aceptan fácilmente teorías de todas clases, siempre que estén sólidamente basadas en hechos. Tenemos numerosas teorías; acerca de la electricidad, por ejemplo. Todos creen en ellas sin un reproche ni una duda. ¿Por qué esta fácil aceptación? Sencillamente, porque es imposible explicar lo que vemos, sentimos, dirigimos y usamos, sin una suposición razonable como punto de partida.

En la actualidad todos creen en docenas de suposiciones de las que hay buena evidencia, pero ningún testimonio visual perfecto. Y, ¿no demuestra la ciencia que el testimonio visual es el más inseguro? Constantemente se está demostrando, a medida que se va estudiando el mundo material, que las apariencias externas no son de ninguna manera la realidad interior. Ilustraremos esto:

La prosaica viga de acero es una masa de electrones girando uno alrededor del otro a una velocidad increíble. Estos cuerpos insignificantes son gobernados por leyes precisas, y estas leyes son válidas en todo el mundo material. La ciencia nos dice que así es; no tenemos ninguna razón para dudarlo. Pero cuando se sugiere la perfectamente lógica suposición de que, detrás del mundo material, tal como lo vemos, hay una Inteligencia Todopoderosa, Dirigente, y Creadora, ahí mismo salta a la superficie nuestra perversa vanidad y laboriosamente nos dedicamos a convencernos de que no es así. Leemos libros atiborrados de pedante erudición y nos enfrascamos en discusiones pomposas pensando que no necesitamos de ningún Dios para explicarnos o comprender este universo. Si fuesen ciertas nuestras pretensiones, resultaría de ellas que la vida se originó de la nada, que no tiene ningún significado y que va hacia la nada.

En vez de considerarnos como agentes inteligentes, puntas de flechas de la siempre progresiva Creación de Dios, nosotros los agnósticos y los ateos preferimos creer que nuestra inteligencia humana es la última palabra, Alfa y Omega, principio y fin de todo. ¿No parece algo vanidoso de nuestra parte?

Nosotros, los que recorrimos este ambiguo camino, te suplicamos que hagas a un lado los prejuicios, incluso hasta aquellos contra la religión organizada. Hemos aprendido que cualesquiera que sean las debilidades humanas de los distintos credos, esos credos han proporcionado un propósito y una dirección a millones de seres. La gente de fe, tiene una idea lógica del propósito de la vida. En realidad, no teníamos absolutamente ningún concepto razonable. Nos divertíamos criticando cínicamente las creencias y prácticas espirituales en vez de observar que la gente de todas las razas, colores y credos estaba demostrando un grado de estabilidad, felicidad y utilidad que nosotros mismos debíamos haber buscado.

En vez de hacerlo, mirábamos a los defectos humanos de estas personas y a veces nos basábamos en sus faltas individuales para condenarlas a todas. Hablábamos de intolerancia mientras que nosotros mismos éramos intolerantes. Se nos escapaba la belleza y la realidad del bosque porque nos distraía la fealdad de algunos de sus árboles. Nunca escuchamos con imparcialidad las cosas relativas a la parte espiritual de la vida.

En nuestras historias individuales puede encontrarse una amplia variación en la forma en que cada uno de los relatores, enfoca y concibe a un Poder que es superior a él mismo. El que estemos de acuerdo o no con determinado enfoque o concepto, parece que tiene poca importancia. La experiencia nos ha enseñado que para nuestro propósito, estos son asuntos acerca de los cuales no necesitamos preocuparnos. Son asuntos que cada individuo resuelve por sí mismo. Sin embargo, hay un asunto en el que estos hombres y mujeres están sorprendentemente de acuerdo. Cada uno de ellos ha encontrado un Poder superior a él mismo y ha creído en El. Este Poder ha logrado en cada caso lo milagroso, lo humanamente imposible. Como lo ha expresado un célebre estadista americano: "Veamos el expediente".

He aquí a miles de hombres y mujeres, con experiencia de la vida, ciertamente. Declaran categóricamente que desde que empezaron a creer en un Poder superior a ellos mismos, a tener cierta actitud hacia ese Poder y hacer ciertas cosas sencillas, ha habido un cambio revolucionario en su manera de pensar y de vivir. Ante el derrumbamiento y desesperación, ante el fracaso completo de sus recursos humanos, encontraron que un poder nuevo, una paz, una felicidad y un sentido de dirección afluía en ellos. Esto les sucedió poco después de haber cumplido de todo corazón con unos cuantos sencillos requisitos. Antes confundidos y desconcertados por la aparente futilidad de su existencia, demuestran las razones subyacentes por las que les resultaba difícil la vida. Dicen por qué les resultaba tan insatisfactorio vivir. Demuestran cómo se produjo el cambio en ellos. Cuando muchos cientos de personas pueden decir que el conocimiento consciente de la Presencia de Dios es hoy el hecho más importante de sus vidas, están presentando una poderosa razón por la que uno debe tener fe.

Este mundo nuestro ha realizado en un siglo más progresos materiales que en todos los miles de años anteriores. Casi todos conocen la razón. Los investigadores de la historia antigua nos dicen que la inteligencia de los hombres de entonces era igual a la de los de la actualidad. A pesar de eso, en la antigüedad era penosamente lento el progreso material. El espíritu moderno de indagación, investigación e inventiva científica era casi desconocido. En el dominio de lo material, la mente del hombre estaba encadenada por la superstición, la tradición y toda clase de obsesiones. Algunos de los contemporáneos de Colón consideraban como algo absurdo el que la tierra fuera redonda. Otros estuvieron a punto de dar muerte a Galileo por sus herejías astronómicas.

Nosotros nos preguntamos lo siguiente: ¿No somos tan irrazonables y estamos tan predispuestos en contra del dominio del espíritu como lo estaban los antiguos respecto al dominio de lo material? Aún en el presente siglo, los periódicos americanos tuvieron miedo de publicar el relato del primer vuelo venturoso que los hermanos Wright hicieron en Kitty Hawk. ¿No habían fracasado todos los intentos de volar? ¿No se había hundido en el río Potomac la máquina voladora del profesor Langley? ¿No era cierto que los más grandes matemáticos habían comprobado que el hombre no podría volar nunca? ¿No había dicho la gente que Dios había reservado ese privilegio para los pájaros? Solamente treinta años después, la conquista del aire era historia antigua y los viajes en avión estaban en pleno apogeo.

Pero en la mayoría de los terrenos, nuestra generación ha presenciado una completa liberación de nuestra manera de pensar. Si se le enseña a cualquier estibador un periódico en el que se informe un proyecto para llegar a la luna en un cohete, exclamará: "Apuesto a que lo harán, y pronto." ¿No se caracteriza nuestra época por la facilidad con que se cambian viejas ideas por nuevas, con que desechamos una teoría o un aparato que ya no sirve por otros que sí sirven?

Tuvimos que preguntarnos por qué no aplicábamos a nuestros problemas humanos esa aptitud para cambiar nuestro punto de vista. Teníamos dificultades en nuestras relaciones interpersonales, no podíamos controlar nuestra naturaleza emocional, éramos presa de la miseria y de la desesperación, no encontrábamos un medio de vida, teníamos la sensación de ser inútiles, estábamos llenos de temores, éramos infelices, parecía que no podíamos servirles para nada a los demás. ¿No era más importante la solución básica de estos tormentos que la posibilidad de ver la noticia de un viaje a la luna? Desde luego que lo era.

Cuando vimos a otros resolver sus problemas mediante una confianza sencilla en el espíritu del Universo, tuvimos que dejar de dudar en el poder de Dios. Nuestras ideas no servían; pero la idea de Dios sí.

La casi infantil fe de los hermanos Wright en que podían construir un aparato que volara, fue el principal móvil de su realización. Sin eso, nada hubiera pasado. Los que éramos agnósticos y ateos nos estuvimos aferrando a la idea de que la autosuficiencia resolvería nuestros problemas. Cuando otros nos demostraron que la "suficiencia de Dios" trabajaba en ellos, empezamos a sentirnos como aquellos que insistieron en que los hermanos Wright nunca volarían.

La lógica es una gran cosa. Nos gustaba. Todavía nos gusta. No se nos dio por casualidad la facultad de razonar, de examinar la evidencia de nuestros sentidos y de llegar a conclusiones. Este es uno de los atributos magníficos del ser humano. Los que nos inclinamos al agnosticismo no nos sentiríamos satisfechos con una proposición que no se preste a abordarla o a interpretarla. De ahí que nos esforcemos tanto por explicar por qué creemos que nuestra fe actual es razonable, por qué pensamos que es más saludable creer que no creer; por qué decimos que nuestra antigua manera de pensar era débil y exageradamente sentimental cuando, llenos de duda, levantábamos las manos diciendo: "No sabemos".

Cuando nos volvimos alcohólicos, aplastados por una crisis que nosotros mismos nos habíamos impuesto y que no podíamos posponer o evadir, tuvimos que encarar sin ningún temor el dilema de que Dios lo es todo o de otra manera El no es nada. Dios es, o no es. ¿Qué íbamos a escoger?

Llegados a este punto, nos encontramos cara a cara con la cuestión de la fe. No pudimos evadir el asunto. Algunos de nosotros ya habíamos andado un buen trecho sobre el Puente de la Razón con rumbo a la deseada ribera de la fe. El delineamiento y la promesa de la Nueva Tierra habían dado brillo a nuestros ojos fatigados y nuevo valor a nuestros postrados espíritus. Manos amistosas se habían tendido para darnos la bienvenida. Estábamos agradecidos de que la Razón nos hubiera llevado tan lejos. Pero de cualquier manera, no podíamos bajar a tierra. Quizá en la última milla estábamos apoyándonos demasiado en la Razón y no queríamos perder nuestro apoyo.

Eso era natural, pero permítasenos pensarlo con un poco más de detenimiento. ¿No habríamos sido conducidos, sin saberlo, hasta donde estábamos, por determinada clase de fe? Porque, ¿no creíamos en nuestro propio razonamiento? ¿No teníamos confianza en nuestra propia capacidad para pensar? ¿Qué era eso, sino cierta clase de fe? Sí, habíamos tenido fe, una fe abyecta en el Dios de la Razón. Por lo tanto, descubrimos en una forma u otra que la fe había tenido que ver con todo, todo el tiempo.

También descubrimos que habíamos sido adoradores. ¡La emoción que esto nos producía! ¿No habíamos adorado indistintamente a personas, objetos, dinero y a nosotros mismos? Y, por otra parte y con mejor razón, ¿No habíamos contemplado con adoración la puesta del sol, el mar o una flor? ¿Quién de entre nosotros no había amado a alguna persona o alguna cosa? ¿Cuánto tenían que ver con la razón pura esos sentimientos, ese amor, esa adoración? Poco o nada, como pudimos ver por fin. ¿No eran estas cosas los hilos que formaban el tejido de nuestras vidas? ¿No determinaban estos sentimientos, después de todo, el curso de nuestra existencia? Era imposible decir que no teníamos capacidad para la fe, para el amor y la adoración. En una u otra forma habíamos estado viviendo por la fe, y casi por nada más.

¡Imagínate la vida sin la fe! Si no hubiera nada más que razón pura, no sería vida. Pero creíamos en la vida — ¡claro que creíamos en ella! No podíamos comprobarla en el sentido en que se puede comprobar que la distancia más corta entre dos puntos es la línea recta; pero sin embargo, ahí estaba. ¿Podíamos decir todavía que todo no era más que una masa de electrones creada de la nada, sin ningún significado, girando hacia un destino que es la nada? Desde luego que no podíamos. Los mismos electrones parecían demostrar mayor inteligencia. Cuando menos eso nos aseguraba la Química.

De allí que nos dimos cuenta de que la razón no lo es todo. Tampoco es la razón, en la forma que la mayoría de nosotros la usamos, algo de lo que se pueda depender por completo aunque venga de las mentes más privilegiadas. Y ¿qué de los que probaron que el hombre jamás volaría?

Sin embargo, habíamos estado viendo otra clase de vuelo: una liberación espiritual de este mundo, gente que se elevaba por encima de sus problemas. Decían que Dios hacía posibles estas cosas, y nosotros sólo sonreíamos. Habíamos visto la liberación espiritual, pero nos gustaba decirnos a nosotros mismos que no era verdad.

En realidad, nos estábamos engañando a nosotros mismos, porque en lo más profundo de cada hombre, mujer y niño, está la idea fundamental de Dios. Puede ser oscurecida por la calamidad, la pompa o la adoración de otras cosas; pero en una u otra forma, allí está. Porque la fe en un Poder superior al nuestro y las demostraciones milagrosas de ese poder en las vidas humanas, son hechos tan antiguos como el mismo hombre.

Nos dimos cuenta, por fin, de que la fe en alguna clase de Dios era parte de nuestra manera de ser, como puede serlo el sentimiento que tenemos para con algún amigo. Algunas veces tuvimos que buscar sin temor, pero allí estaba El. El era un hecho tan real como lo éramos nosotros. Encontramos la Gran Realidad en lo más profundo de nosotros mismos. En última instancia, solamente allí es donde El puede ser encontrado. Así sucedió con nosotros.

Nosotros podemos solamente aclarar el terreno un poco. Si nuestro testimonio ayuda a barrer el prejuicio, te permite pensar honestamente y te estimula a buscar diligentemente dentro de ti mismo, entonces puedes, si así lo deseas, unirte a nosotros en la Amplia Vía. Con esta actitud, no puedes fallar. El conocimiento consciente de tu creencia te llegará con seguridad.

En este libro leerás algo sobre la experiencia de un individuo que creía ser un ateo. Su historia es tan interesante, que algo de ella debe hacerse referencia ahora. El cambio que se operó en su corazón fue dramático, convincente y conmovedor.

Nuestro amigo era hijo de un ministro. Asistió a una escuela de su iglesia en donde se rebeló contra lo que creía ser una dosis excesiva de educación religiosa. Durante años después las dificultades y frustraciones lo persiguieron. Fracasos en los negocios, demencia, enfermedades graves, suicidio — todas estas calamidades ocurridas entre sus familiares cercanos lo amargaron y deprimieron. La desilusión de la postguerra, un alcoholismo cada vez más grave, el inminente colapso físico y mental, lo llevaron al punto de autodestrucción.

Una noche, estando confinado en un hospital, se le acercó un alcohólico que había tenido una experiencia espiritual. Sintiéndose harto de aquello, gritó amargamente: "Si es que hay un Dios, no ha hecho nada por mí." Pero más tarde, estando solo en su cuarto, se preguntó: "¿Es posible que estén equivocadas todas las personas religiosas a quienes he conocido?" Mientras estuvo tratando de contestarse, se sintió muy mal; pero de pronto, como un rayo, le vino una idea que opacó todo lo demás:

"*¿Quién eres tú para decir que no hay Dios?*"

Este individuo relata que se levantó precipitadamente de la cama para caer de rodillas. Al cabo de unos segundos se sintió abrumado por la convicción de la Presencia de Dios. Lo saturó la seguridad y majestuosidad de una marea creciente. Las barreras que había construido a través de los años fueron arrolladas. Estaba ante la Presencia del Poder Infinito y del Amor. Había pasado del puente a la orilla. Por primera vez vivía en compañía consciente con su Creador.

Así fue colocada en su lugar la piedra angular de nuestro

amigo. Ninguna vicisitud posterior le ha hecho temblar. Le fue removido su problema alcohólico. Esa misma noche, hace años, el problema desapareció. Salvo algunos breves momentos de tentación, el pensamiento de beber nunca le ha vuelto a su mente; y en esos momentos de tentación ha sentido una gran revulsión. Es aparente que no podría beber, ni aun queriendo hacerlo. Dios le ha devuelto la cordura.

¿Qué es esto sino un milagro de recuperación? Sin embargo, sus elementos son sencillos. Las circunstancias hicieron que estuviera dispuesto a creer. Humildemente se ofreció a su Hacedor — entonces supo.

Asimismo, Dios nos ha devuelto la cordura. Para este individuo, la revelación fue súbita. A algunos de nosotros nos llega más lentamente. Pero El ha llegado a todos los que lo han buscado honestamente.

Cuando nosotros nos acercamos a El, El se nos reveló.

Capítulo 5

COMO TRABAJA

*R*ARA vez hemos visto fracasar a una persona que haya seguido concienzudamente nuestro camino. Los únicos que no se recuperan son los individuos que no pueden, o no quieren entregarse de lleno a este sencillo programa; generalmente son hombres y mujeres incapaces, por su propia naturaleza, de ser honrados consigo mismos. Hay seres desventurados como éstos. No son culpables; por lo que parece, han nacido así. Por su naturaleza, son incapaces de entender y de realizar un modo de vida que exige la más rigurosa honradez. Para éstos, las probabilidades de éxito son pocas. Existen también los que sufren graves trastornos emocionales y mentales, aunque muchos de ellos logran recuperarse si tienen capacidad suficiente para ser honrados.

Nuestras historias expresan de un modo general cómo éramos, lo que nos aconteció y cómo somos ahora. Si tú has decidido que quieres lo que nosotros tenemos y estás dispuesto a hacer todo lo que sea necesario para conseguirlo, entonces estás en condiciones de dar ciertos pasos.

Nosotros nos resistimos a algunos de ellos. Creímos que podríamos encontrar un camino más fácil y cómodo. Pero no pudimos. Es por ello que, con todo el ahínco que pueda animarnos, te suplicamos que seas valiente y concienzudo desde el mismísimo comienzo. Algunos de nosotros tratamos de aferrarnos a nuestras viejas ideas y el resultado fue nulo hasta que nos deshicimos de ellas sin reserva.

Recuerda que tratamos con el alcohol: astuto, desconcertante y poderoso. Sin ayuda resulta demasiado para nosotros.

Pero, hay Uno que tiene todo el poder — Dios. ¡Ojalá Le encuentres!

Las medidas parciales no nos sirvieron para nada. Estábamos en el punto de cambio. Entregándonos totalmente, le pedimos a Dios su protección y cuidado.

He aquí los pasos que dimos, y que se sugieren como programa de recuperación:

1. Admitimos que éramos impotentes ante el alcohol, que nuestras vidas se habían vuelto ingobernables.

2. Llegamos a creer que un Poder superior a nosotros mismos podría devolvernos el sano juicio.

3. Decidimos poner nuestras voluntades y nuestras vidas al cuidado de Dios, *como nosotros lo concebimos*.

4. Sin temor, hicimos un minucioso inventario moral de nosotros mismos.

5. Admitimos ante Dios, ante nosotros mismos, y ante otro ser humano, la naturaleza exacta de nuestros defectos.

6. Estuvimos enteramente dispuestos a dejar que Dios nos liberase de todos estos defectos de carácter.

7. Humildemente le pedimos que nos liberase de nuestros defectos.

8. Hicimos una lista de todas aquellas personas a quienes habíamos ofendido y estuvimos dispuestos a reparar el daño que les causamos.

9. Reparamos directamente a cuantos nos fue posible, el daño causado, excepto cuando el hacerlo implicaba perjuicio para ellos o para otros.

10. Continuamos haciendo nuestro inventario personal y cuando nos equivocábamos lo admitíamos inmediatamente.

11. Buscamos, a través de la oración y la meditación, mejorar nuestro contacto consciente con Dios, *como nosotros lo concebimos,* pidiéndole solamente que nos

dejase conocer su voluntad para con nosotros y nos diese la fortaleza para cumplirla.

12. Habiendo obtenido un despertar espiritual como resultado de estos pasos, tratamos de llevar este mensaje a otros alcohólicos y de practicar estos principios en todos nuestros asuntos.

Muchos de nosotros exclamamos: "¡Vaya tarea! Yo no puedo llevarla a cabo". No te desanimes. Ninguno de nosotros ha podido mantenerse apegado a estos principios en forma ni siquiera aproximada a la perfección. No somos santos. Lo importante es que estamos dispuestos a desarrollarnos de una manera espiritual. Los principios que hemos establecido son guías para nuestro curso. Lo que pretendemos es el progreso espiritual y no la perfección espiritual.

Nuestra descripción del alcohólico, el capítulo sobre los agnósticos y nuestras aventuras personales antes y después, ponen en claro tres ideas pertinentes:

a) Que éramos alcohólicos y que no podíamos gobernar nuestras propias vidas.

b) Que probablemente ningún poder humano hubiera podido remediar nuestro alcoholismo.

c) Que Dios podía remediarlo y lo remediaría, si Le buscábamos.

Llegados a este convencimiento, *estábamos en el Tercer Paso,* lo cual quiere decir que pusimos nuestra vida y nuestra voluntad al cuidado de Dios, tal como cada cual lo concibe. Exactamente, ¿qué es lo que queremos decir con eso, y qué es justamente lo que haremos?

El primer requisito es que estemos convencidos de que una vida llevada a base de fuerza de voluntad, difícilmente puede ser venturosa. Sobre esa base siempre estamos en conflicto con algo o con alguien, aunque nuestros motivos sean buenos. La mayoría de la gente trata de vivir por "auto-propulsión". Cada persona es como un actor que quiere dirigir todo el espectáculo; que siempre está tratando de arreglar luces, el ballet, el escenario y los demás actores según sus propias ideas. Si las cosas quedaran como él quiere y las personas hicieran lo que él desea, el espectáculo resultaría magnífico. Todos, incluso él mismo, estarían satisfechos; la vida sería maravillosa. Al tomar estas disposiciones nuestro actor puede ser bastante paciente, hasta modesto y dispuesto a sacrificarse. Por otra parte, puede ser vil, egoísta, interesado y falso. Pero, como en la mayoría de los seres humanos, es probable que sus características varíen.

¿Qué es lo que generalmente pasa? El espectáculo no da muy buen resultado. Empieza a pensar que la vida no lo trata bien. Decide esforzarse nuevamente. En esta ocasión es más exigente o más condescendiente, según sea el caso. A pesar de todo, la función no le parece bien. Admitiendo que en parte puede estar errado, está seguro de que otros son más culpables. Se encoleriza, se indigna y se llena de autoconmiseración. ¿Cuál es su dificultad básica? ¿No es un individuo que busca para sí mismo aun cuando está tratando de ser bondadoso? ¿No es víctima de la ilusión de que puede arrancarle satisfacciones y felicidad a este mundo, si lo hace bien? ¿No es evidente para todos los demás actores que estas son las cosas que él quiere? ¿Y sus acciones no hacen que cada uno de ellos quiera desquitarse sacando del espectáculo todo lo que pueda? ¿No es él, hasta en sus mejores momentos, una fuente de confusión y no de armonía?

Nuestro actor está concentrado en sí mismo, es un egocéntrico como dice la gente en la actualidad. Es como el hombre de negocios retirado que está tendido al sol en Florida durante el invierno y se lamenta de la mala situación que hay en el país; como el ministro de una religión que suspira por los pecados del siglo veinte; como los políticos y reformistas que están seguros de que todo sería utopía si el resto del mundo se portara bien; como el proscrito descerrajador de cajas fuertes que cree que la sociedad lo ha maltratado o como el alcohólico que lo ha perdido todo y está encarcelado. Cualesquiera que sean nuestras protestas — ¿No estamos la mayoría preocupados por nosotros mismos, por nuestros resentimientos y nuestra autoconmiseración?

¡Egoísmo — concentración en sí mismo! Creemos que esta es la raíz de nuestras dificultades. Acosados por cien formas de temor, de vana ilusión, de egoísmo, de autoconmiseración, les pisamos los pies a nuestros compañeros y éstos se vengan. A veces nos hieren aparentemente sin provocación, pero invariablemente encontramos que alguna vez en el pasado tomamos decisiones egoístas que más tarde nos colocaron en posición propicia para ser lastimados.

Así es que nuestras dificultades, creemos, son básicamente producto de nosotros mismos; surgen de nosotros, y el alcohólico es un ejemplo extremo de la obstinación desbocada, aunque él piense que no es así. Por encima de todo, nosotros los alcohólicos tenemos que librarnos de ese egoísmo. ¡Tenemos que hacerlo o nos mata! Dios hace que esto sea posible. Y frecuentemente parece que no hay otra manera de librarse completamente del "yo" más que con su ayuda. Muchos de nosotros teníamos gran cantidad de convicciones morales y filosóficas, pero no podíamos vivir a la altura de ellas a pesar de que hubiéramos querido hacerlo. Tampoco podíamos reducir nuestra concentración en nosotros mismos con sólo desearlo y tratar de hacerlo a base de nuestro propio poder. Tuvimos que obtener la ayuda de Dios.

Este *es el cómo y el porqué de ello.* Ante todo, tuvimos que dejar de "jugar a ser Dios". No resultaba. Después, decidimos que en lo sucesivo, en este drama de la vida, Dios iba a ser nuestro Director. Es el jefe; nosotros somos Sus agentes. El es el Padre y nosotros Sus hijos. La mayoría de las buenas ideas son sencillas y este concepto fue la piedra clave del nuevo arco triunfal por el que pasamos a la libertad.

Cuando asumimos sinceramente esa actitud, toda clase de cosas admirables sucedieron. Teníamos un nuevo Patrón. Siendo Todopoderoso, El proveía todo lo que necesitábamos si nos manteníamos cerca de El y desempeñábamos bien Su trabajo. Establecidos sobre esta base, empezamos a interesarnos cada vez menos en nosotros mismos, en nuestros planes y en nuestros proyectos. Nos interesamos cada vez más en darnos cuenta de qué era con lo que podíamos contribuir a la vida. A medida que sentimos afluir en nosotros un poder nuevo, que gozamos de tranquilidad mental, que descubrimos que podíamos encarar la vida satisfactoriamente, que llegamos a estar conscientes de Su Presencia, empezamos a perder nuestro temor al hoy, al mañana o al futuro. Renacimos.

Estábamos ahora en el Tercer Paso. Muchos de nosotros le dijimos a nuestro Creador, *tal como lo concebimos*: "Dios, me ofrezco a Ti para que obres en mí y hagas conmigo Tu voluntad. Líbrame de mi propio encadenamiento para que pueda cumplir mejor con Tu voluntad. Líbrame de mis dificultades y que la victoria sobre ellas sea el testimonio para aquellos a quien yo ayude de Tu Poder, Tu Amor y de la manera que Tú quieres que vivamos. Que siempre haga Tu Voluntad". Pensamos detenidamente antes de dar este paso, cerciorándonos de que estábamos listos para hacerlo; que finalmente podíamos abandonarnos completamente a El.

Encontramos muy conveniente dar este paso espiritual con una persona comprensiva, tal como nuestra esposa, nuestro mejor amigo o nuestro consejero espiritual. Pero es mejor reunirse con Dios solo, que con alguien que tal vez no comprenda. Las palabras eran, desde luego, completamente opcionales, siempre que expresáramos la idea sin ninguna reserva. Este fue solamente el principio, pero cuando se hacía honrada y humildemente, se sentía inmediatamente un efecto a veces muy grande.

Después nos encaminamos por un derrotero de acción vigorosa, en el que el primer paso consiste en una limpieza personal de nuestra casa, la cual muchos de nosotros nunca habíamos intentado. Aunque nuestra decisión fue un paso fundamental y decisivo, su efecto permanente no podía ser mucho a menos de que fuera seguido inmediatamente por un esfuerzo enérgico para encarar las cosas que había en nosotros, que nos estaban obstaculizando y desprendernos de ellas. El licor que bebíamos no era más que un síntoma; por lo tanto teníamos que ir a las causas y las condiciones.

Consecuentemente, empezamos a hacer un inventario personal. *Este era el Cuarto Paso.* Un negocio del cual no se hace inventario con regularidad, va generalmente a la quiebra. El inventario comercial es un proceso para encontrar y encarar los hechos. Es un esfuerzo para encontrar la realidad de la existencia de las mercancías que se tienen. Uno de los fines es encontrar cuál es la mercancía deteriorada o inservible que hay para deshacerse prontamente de ella sin lamentarlo. Si ha de tener éxito el propietario del negocio, no podrá engañarse acerca del valor de su mercancía.

Nosotros hicimos exactamente lo mismo con nuestras vidas. Hicimos inventario honradamente. Primero, buscamos las fallas de nuestro carácter que causaron nuestro fracaso. Estando convencidos de que el ego, manifestado en distintas formas, nos había vencido, consideramos sus manifestaciones comunes.

El resentimiento es el ofensor número uno. Destruye más alcohólicos que cualquiera otra cosa. De éste se derivan todas las formas de enfermedad espiritual, ya que nosotros hemos estado no solamente física y mentalmente enfermos, sino también espiritualmente. Cuando es superado el mal espiritual, nos componemos mental y físicamente. Cuando tratamos los resentimientos los escribimos en un papel. Hicimos una lista de personas, instituciones o principios con los que estábamos molestos, y nos preguntamos el por qué. En la mayoría de los casos se descubrió que nuestro amor propio, nuestra cartera, nuestras relaciones personales (incluyendo las sexuales) estaban lastimados o amenazados. Así es que estábamos furiosos.

En nuestra lista de rencores pusimos frente a cada nombre los daños que nos causaban. ¿Eran nuestro amor propio, nuestra seguridad, nuestras ambiciones, nuestras relaciones personales o sexuales, las que habían sido molestadas? Generalmente fuimos tan precisos como en el siguiente ejemplo:

Estoy resentido con	*La causa*	*Afecta mi(s):*
El Sr. B.	Sus atenciones hacia mi esposa	Relaciones sexuales Amor propio (Temor)
	Contó a mi esposa lo de mi querida.	Relaciones sexuales Amor propio (Temor)
	El señor B. puede ocupar mi puesto en la oficina.	Seguridad. Amor propio (Temor)
La Sra. C.	Es una maniática. Me hizo un desaire. Internó a su esposo en un hospital por beber. El es mi amigo. Ella es una chismosa.	Relaciones personales Amor propio (Temor)
Mi patrón	Es irrazonable, injusto, dominante. Me amenaza con despedirme por beber e inflar mi cuenta de gastos.	Amor propio Seguridad (Temor)
Mi esposa	Mal interpreta las cosas y regaña. Le cae bien el Sr. B. Quiere que la casa se ponga a su nombre.	Orgullo—Relaciones sexuales y personales—. Seguridad (Temor)

Miramos en retrospectiva nuestras vidas. Solamente contaban la entereza y la honradez. Cuando terminamos, consideramos cuidadosamente el resultado. La primera cosa aparente fue que este mundo y su gente frecuentemente estaban muy equivocados. Llegar a la conclusión de que los demás estaban equivocados fue hasta donde llegamos la mayoría. El resultado común era que la gente continuaba siendo injusta con nosotros y que seguíamos molestos. A veces era remordimiento y entonces nos molestábamos con nosotros mismos. Cuanto más luchábamos por amoldar el mundo a nuestro deseo, más empeoraban las cosas. Como en la guerra, el victorioso solamente *parecía* ganar. Nuestros momentos de triunfo eran de corta duración.

Es evidente que una vida en la que hay resentimientos profundos sólo conduce a la futileza y a la infelicidad. En el grado exacto en que permitimos que esto ocurra, malgastamos unas horas que pudieron haber sido algo que valiera la pena. Pero con el alcohólico, cuya esperanza es el mantenimiento y el desarrollo de una experiencia espiritual, este asunto de los resentimientos es infinitamente grave. Nosotros nos dimos cuenta de que es fatal porque cuando estamos abrigando estos sentimientos nos cerramos a la luz del espíritu. La locura del alcohol regresa y volvemos a beber; y para nosotros beber es morir.

Si íbamos a vivir, teníamos que estar libres de la ira. El descontento y los excesos violentos de locura temporal no eran para nosotros. Pueden ser un dudoso lujo para personas normales, pero para los alcohólicos estas cosas son veneno.

Regresamos a la lista que habíamos hecho, porque contenía la clave del futuro. Estábamos preparados para examinarla desde un punto de vista enteramente diferente. Empezamos a percibir que el mundo y la gente que hay en éste en realidad nos dominaban. En ese estado, las maldades de otros, imaginarias o reales, tenían el suficiente poder para matar. ¿Cómo podíamos salvarnos? Nos dimos cuenta de que había que dominar estos resentimientos. ¿Pero cómo? No podíamos hacerlo con sólo desearlo, como tampoco podíamos hacerlo en el caso del alcohol.

Este fue el curso que seguimos: Nos dimos cuenta de que la gente que era injusta con nosotros tal vez estuviera enferma espiritualmente. A pesar de que no nos parecían bien sus síntomas y la forma en que éstos nos disturbaban, ellos, como nosotros mismos, también estaban enfermos. Le pedimos a Dios que nos ayudara a demostrar la misma tolerancia, paciencia y compasión que gustosamente tendríamos para con un amigo enfermo. Cuando alguien ofendía nos de-

cíamos a nosotros mismos: "Está enfermo ¿Cómo ayudarlo?
Dios me libre de enojarme. Hágase Tu Voluntad".
Evitamos el desquite o la discusión. No trataríamos así a
quien estuviese enfermo. Si lo hacemos, destruimos la oportunidad que tenemos de ayudar. No podemos ayudar a toda
la gente, pero cuando menos Dios nos mostrará cómo ver con
tolerancia a todos y cada uno de nuestros semejantes.

Refiriéndonos una vez más a nuestra lista, quitando de
nuestras mentes los errores que los demás habían cometido,
buscamos resueltamente nuestras propias faltas. ¿Cuándo
habíamos sido egoístas, faltos de honradez y habíamos tenido miedo? Aunque no enteramente culpables de una
situación, tratamos de hacer a un lado completamente a la
otra persona involucrada en ella. ¿En qué estaba nuestra
culpabilidad? El inventario era nuestro inventario y no del
otro. Cuando nos dábamos cuenta de nuestras faltas, las
apuntábamos. Las poníamos frente a nosotros en "blanco y
negro". Admitíamos honradamente nuestras faltas y estábamos dispuestos a enmendarlas.

Fíjese el lector en que la palabra "temor" está entre pa-
réntesis a un lado de las dificultades con el Sr. B., la Sra. C.,
el patrón y la esposa. Esta corta palabra (temor) toca de un
modo u otro casi todos los aspectos de nuestra vida. Era una
hebra maligna y corrosiva; la trama de nuestra existencia la
llevaba entrecruzada. Ponía en movimiento una sucesión de
circunstancias que nos acarreaban desgracias que no creíamos merecernos. Pero ¿no fuimos nosotros mismos los que
echamos a rodar la pelota? A veces creemos que el temor
debería clasificarse junto con el robo. Parece que causa aún
más daño.

Analizamos concienzudamente nuestros temores. Los escribimos en el papel aunque no tuviésemos resentimientos
relacionados con ellos. Nos preguntamos por qué los teníamos.
¿No era porque la confianza en nosotros mismos nos había fallado? La confianza en uno mismo era buena pero no bastaba.
Algunos de nosotros tuvimos alguna vez gran confianza en

nosotros mismos pero ésta no resolvía completamente nuestro problema con el temor, ni ningún otro. Cuando esta confianza nos volvía engreídos, la cosa era peor.

Tal vez haya una forma mejor — nosotros así lo creemos. Porque ahora estamos basándonos en algo diferente: nos basamos y confiamos en Dios. Confiamos en Dios Infinito en vez de en nuestros "egos" limitados. Estamos en el mundo para desempeñar el papel que El nos asigne. Justamente, hasta el punto en que obramos como creemos que El lo desea y humildemente confiamos en El, así El nos capacita para enfrentarnos con serenidad ante las calamidades.

Nunca nos excusamos ante nadie por depender de nuestro Creador. Podemos reírnos de aquellos que creen que la espiritualidad es la senda de la debilidad. Paradójicamente, es la senda de la fortaleza. El veredicto de los siglos es que la fe significa fortaleza. Los que tienen fe, tienen valor; confían en su Dios. Nosotros nunca hacemos apología de Dios. En vez de ello, dejamos que El demuestre, a través de nosotros, lo que El puede hacer. Le pedimos a El que nos libre de nuestro temor y guíe nuestra atención hacia lo que El desea que seamos. Inmediatamente comenzamos a superar el temor.

Ahora lo referente al sexo. Muchos de nosotros necesitábamos una revisión en este sentido. Pero por encima de todo, tratamos de ser sensatos en esta cuestión. ¡Es tan fácil descarrilarse! Aquí encontramos opiniones humanas que van a los extremos, quizá extremos absurdos. Una serie de voces clama que el sexo es un apetito de lo más bajo de nuestra naturaleza; una necesidad básica de procreación. Luego tenemos las voces que claman por sexo y más sexo; las que deploran la institución del matrimonio; las que creen que la mayoría de las dificultades de la raza humana tienen su causa en motivos de la sexualidad. Creen que no tenemos suficiente, o que no es de una índole apropiada. Ven su significado por todas partes. Una escuela no le permite al hombre sazonar sus viandas y la otra quiere que todos estemos a dieta ininterrumpida de pimienta. Nosotros queremos estar fuera de la controversia. No queremos ser árbitros de la conducta sexual de nadie. Todos tenemos problemas sexuales. Difícilmente seríamos humanos si no los tuviéramos. ¿Qué podemos hacer con ellos?

Examinamos nuestra conducta de los años pasados. ¿En qué habíamos sido egoístas, faltos de honradez o desconsiderados? ¿A quiénes habíamos herido? ¿Despertamos injustificadamente celos, sospechas o resentimientos? ¿En qué habíamos sido culpables, y qué pudimos haber hecho para evitarlo? Escribimos todo esto en un papel y lo examinamos.

De esta manera tratamos de formarnos un ideal cuerdo y sólido de nuestra futura vida sexual. Pusimos cada relación a esta prueba: ¿Era egoísta o no? Le pedimos a Dios que moldeara nuestros ideales y nos ayudara a vivir a la altura de ellos. Recordamos siempre que Dios nos había dado nuestros poderes sexuales y por consiguiente eran buenos, no para ser usados a la ligera o egoístamente, ni para ser menospreciados o aborrecidos.

Cualquiera que resulte ser nuestro ideal, tenemos que estar dispuestos a que se arraigue en nosotros. Tenemos que estar dispuestos a hacer reparaciones en los casos en que hayamos causado daño, siempre y cuando al hacerlo no causemos más daño aún. En otras palabras, tratamos el problema sexual como lo haríamos con cualquier otro. En meditación, preguntamos a Dios lo que debemos hacer en cada asunto determinado. Si lo deseamos, nos llegará la respuesta correcta.

Solamente Dios puede juzgar nuestra situación sexual. Es conveniente consultar a otras personas, pero dejamos que la decisión final sea la de Dios. Nos damos cuenta de que algunas personas son tan fanáticas con el sexo como otras son negligentes. Evitamos pensar o recibir consejos en forma histérica.

Suponiendo que faltamos al ideal escogido y que tropezamos, ¿quiere decir esto que vamos a emborracharnos? Algunos nos dicen que así sería. Pero esto solamente es una verdad a medias. Esto depende de nosotros y de nuestros motivos. Si lamentamos lo que hemos hecho y tenemos el deseo sincero de que Dios nos conduzca a cosas mejores, creemos que seremos perdonados y que habremos aprendido nuestra lección. Si no lo lamentamos y nuestra conducta sigue dañando a otro, es seguro que beberemos. No estamos teorizando. Estos son hechos de nuestra propia experiencia.

Para resumir lo referente al sexo: Oramos sinceramente por un ideal recto, por una guía para cada situación dudosa, por cordura y por fortaleza para hacer lo que es debido. Si el sexo es muy dificultoso, nos dedicamos a trabajar más intensamente para ayudar a otros. Pensamos en sus necesidades y trabajamos para atenderlas. Esto nos hace salir de nosotros mismos; calma el impulso imperioso cuando ceder significaría un pesar.

Si hemos sido concienzudos en nuestro inventario personal, habremos puesto mucho por escrito. Hemos catalogado y analizado nuestros resentimientos; hemos empezado a ver su futilidad y fatalidad y a comprender su terrible poder destructivo. Hemos empezado a aprender la tolerancia, la paciencia y la buena voluntad hacia los hombres, aun hacia nuestros enemigos, porque los vemos como a enfermos. Hemos hecho una relación de las personas a quienes hemos ofendido con nuestro comportamiento y estamos dispuestos a reparar el pasado si podemos.

En este libro leerás una y otra vez que la fe hizo por nosotros lo que solos no pudimos hacer por nosotros mismos. Deseamos que ahora estés convencido de que Dios puede librarte de toda la obstinación que te haya separado de El. Si ya has tomado una decisión y has hecho un inventario de tus impedimentos más notorios, ya has logrado un buen comienzo. Siendo así, ya has tragado y digerido grandes trozos de la verdad sobre ti mismo.

Capítulo 6

EN ACCION

$\mathcal{D}$ESPUÉS de haber hecho nuestro inventario personal ¿qué es lo que hacemos con él? Hemos estado tratando de lograr una buena actitud, una nueva relación con nuestro Creador y de descubrir los obstáculos que hay en nuestro camino. Hemos admitido ciertos defectos; hemos determinado en forma general el mal, e indicado exactamente los puntos débiles que hay en nuestro inventario personal. Ahora estos defectos están a punto de ser descartados. Esto requiere acción de nuestra parte, lo cual significa, cuando lo hayamos consumado, que hemos admitido ante Dios, ante nosotros mismos y ante otro ser humano la naturaleza exacta de nuestros defectos. Esto nos lleva al *Quinto Paso* del programa de recuperación que se ha mencionado en el capítulo anterior.

Tal vez esto sea difícil, especialmente el hablar de nuestros defectos con otra persona. Pensamos que ya hemos hecho bastante con admitirlos nosotros mismos. Hay dudas respecto a esto. En la práctica real, generalmente encontramos que una autoadmisión solitaria no es suficiente. Muchos de nosotros creímos que era necesario ir mucho más lejos. Nos avendremos mejor a discutir sobre nosotros mismos con otra persona cuando nos demos cuenta de que hay buenas razones para hacerlo. La mejor razón es: Si saltamos este vital paso, puede ser que no superemos la bebida. Una y otra vez los recién llegados han tratado de guardarse ciertos hechos de sus vidas. Tratando de evadir esta humillante experiencia, se han acogido a ciertos métodos más fáciles. Casi invariablemente se han emborrachado. Habiendo perseverado con el resto del programa, se preguntan por qué han recaído. Creemos que la razón es que nunca acabaron su limpieza interior. Hicieron bien su inventario pero se aferraron a algunos de los peores artículos de su existencia. Solamente *creyeron* que habían perdido su egoísmo y su temor; solamente *creyeron* que habían sido humildes. Pero no habían aprendido lo suficiente sobre humildad, intrepidez y honradez, en el sentido que creemos necesario, hasta que le contaron a otro *toda* la historia de su vida.

Más que la mayoría de las personas, el alcohólico lleva una vida doble. Tiene mucho de actor. Ante el mundo exterior, representa su papel de actor. Este es el único que le gusta que vean sus semejantes. Quiere gozar de cierta reputación pero sabe en lo más íntimo de su ser que no se la merece.

La inconsistencia es agrandada por las cosas que hace durante sus borracheras. Al volver en sí se siente asqueado por algunos episodios que recuerda vagamente. Estos recuerdos son una pesadilla. Tiembla al pensar que alguien los pudo haber presenciado. Hasta donde puede, guarda estos recuerdos en lo más profundo de su ser. Tiene esperanzas de que no salgan a relucir nunca. Está constantemente en un estado de temor y de tensión — el cual hace que beba más.

Los psicólogos se inclinan a estar de acuerdo con nosotros. Hemos gastado miles de dólares en exámenes. Sólo conocemos pocos casos en los que les hayamos dado una oportunidad justa a estos doctores. Raramente les hemos dicho toda la verdad o seguido sus consejos. Hemos estado no muy dispuestos a ser honrados con estos hombres compasivos y no hemos sido honrados con nadie más. No es sorprendente, pues, que los de la profesión médica tengan una mala opinión de los alcohólicos y de sus oportunidades de recuperación.

Si esperamos vivir largo tiempo o felizmente en este mundo, necesariamente tenemos que ser completamente honrados con alguien. Justa y naturalmente, lo pensamos bien, antes de escoger a la persona o personas con quienes dar este paso íntimo y confidencial. Aquellos de nosotros que pertenezcamos a una religión en la que se requiere confesión, debemos y querremos acudir a la autoridad debidamente designada para recibirla. Aunque no tengamos ninguna conexión religiosa, podemos, a pesar de ello, hacer bien en hablar con alguien que esté ordenado por una religión establecida. Con frecuencia encontramos que una persona así se da cuenta rápidamente de nuestro problema y lo comprende. A veces por supuesto tropezamos con personas que no comprenden a los alcohólicos.

Si no podemos o preferimos no hacer esto, buscamos entre nuestros conocidos a algún amigo reservado y comprensivo. Puede ser que nuestro médico o psicólogo sea la persona indicada. Puede ser alguien de nuestra propia familia, pero no podemos revelar a nuestras esposas ni a nuestros padres nada que pueda lastimarlos y hacerlos desgraciados. No tenemos ningún derecho a salvar nuestro propio pellejo a costa de otro. Estas partes de nuestra historia se las contamos a alguien que comprenda pero que no resulte afectado. La regla es que debemos ser duros con nosotros mismos pero siempre considerados con los demás.

No obstante la gran necesidad de discutir sobre nosotros mismos con alguien, puede que estemos en una situación tal que no encontremos a la persona indicada. Si este fuese el caso, este paso puede posponerse siempre que nos mantengamos completamente dispuestos a realizarlo en la primera oportunidad que tengamos. Decimos esto porque estamos muy ansiosos de hablar con la persona *indicada*. Es importante que esa persona pueda guardar el secreto; que comprenda y apruebe plenamente lo que estamos proponiéndonos hacer; que no trate de cambiar nuestro plan. Pero no debemos valernos de esto como una nueva excusa para posponerlo.

Cuando decidimos quién va a escuchar nuestra historia, no perdemos tiempo. Tenemos un inventario escrito y estamos preparados para una larga conversación. Le explicamos a nuestro confidente lo que estamos a punto de hacer y por qué tenemos que hacerlo. Debe comprender que estamos empeñados en algo que es cuestión de vida o muerte. La mayoría de las personas que son abordadas en esta forma nos ayudarán gustosamente; se sentirán honradas porque ponemos en ellas nuestra confianza.

Nos despojamos de nuestro orgullo y ponemos manos a la obra, esclareciendo todos los rasgos de nuestro carácter y todos los resquicios del pasado. Una vez que hemos dado este paso, sin retener nada, nos sentimos encantados. Podemos mirar de frente al mundo; podemos estar solos y perfectamente tranquilos y en paz; nuestros temores desaparecen. Empezamos a sentir la proximidad de nuestro Creador. Podemos haber tenido ciertas creencias espirituales, pero ahora empezamos a tener una experiencia espiritual. La sensación de que el problema de la bebida ha desaparecido frecuentemente se sentirá con intensidad. Sentimos que vamos andando por el Camino Ancho tomados de la mano con el Espíritu del Universo.

Al regresar a casa buscamos la manera de estar solos durante una hora para meditar cuidadosamente sobre lo que hemos hecho. Le damos gracias a Dios desde el fondo de nuestro corazón por conocerlo mejor. Tomamos este libro y lo abrimos en la página en que están los Doce Pasos. Leyendo cuidadosamente las cinco primeras proposiciones, nos preguntamos si hemos omitido algo, porque estamos construyendo un arco por el que pasaremos para llegar a ser, por fin, hombres libres ¿Es firme lo que hemos construido hasta ahora? ¿Están las piedras en su lugar? ¿Hemos escatimado el cemento que usamos para la base? ¿Hemos tratado de hacer sin arena la mezcla de cemento?

Si podemos contestarnos satisfactoriamente, entonces vemos el *Sexto Paso*. Hemos insistido en que la buena voluntad es indispensable. ¿Estamos ahora dispuestos a dejar que Dios elimine de nosotros todas esas cosas que hemos admitido son inconvenientes? ¿Puede El, ahora, quitárnoslas todas — todas sin excepción? Si todavía nos aferramos a alguna, de la que no queremos desprendernos, le pedimos a Dios que nos ayude a tener buena voluntad para hacerlo.

Cuando estamos dispuestos, decimos algo como esto: "Creador mío, estoy dispuesto a que tomes todo lo que soy, bueno y malo. Te ruego que elimines de mí cada uno de los defectos de carácter que me obstaculizan en el camino para que logre ser útil a Ti y a mis semejantes. Dame la fortaleza para que al salir de aquí, cumpla con Tu Voluntad. Amén". Entonces hemos completado el *Séptimo Paso*.

Ahora necesitamos más acción, sin la cual encontramos que "la fe sin obras está muerta." Veamos el *Octavo* y *Noveno Pasos*. Tenemos una lista de personas a las que hemos perjudicado y estamos dispuestos a reparar esos daños. La hicimos al hacer nuestro inventario. Nos sometimos a una autoevaluación drástica. Ahora vamos a nuestros semejantes y reparamos el daño que hemos causado en el pasado. Tratamos de barrer los escombros acumulados como resultado de nuestro empeño en vivir obstinados y manejarlo todo a nuestro capricho. Si aún no tenemos la voluntad de hacerlo, la pedimos hasta que nos llegue. Recordemos que al principio estuvimos de acuerdo en *que haríamos todo lo que fuese necesario para sobreponernos al alcohol.*

Probablemente todavía queremos retroceder. Al mirar la relación de conocidos de negocios y de amigos a quienes hemos dañado, puede que sintamos desconfianza de ir a ver a algunos de ellos sobre una base espiritual. Reasegurémonos. Con algunos de ellos no necesitaremos y probablemente no tendremos que hacer énfasis en la parte espiritual la primera vez que los abordemos. Podríamos prejuzgarlos. Por el momento tratamos de poner en orden nuestras vidas; pero esto no es una finalidad en sí. Nuestro verdadero propósito es ponernos en condiciones para servir al máximo a Dios y a los que nos rodean. Rara vez resulta prudente abordar a un individuo que todavía está dolido por alguna injusticia nuestra para con él y comunicarle que ya nos hemos vuelto religiosos. Esto en boxeo sería dejar la mandíbula descubierta. ¿Por qué correr el riesgo de que se nos tilde de fanáticos o majaderos religiosos? Podríamos truncar una futura oportunidad para llevar un mensaje beneficioso. Pero es seguro que a nuestro hombre le impresione un deseo sincero de corregir lo que está mal. Le interesará más una demostración de buena voluntad que nuestra charla sobre descubrimientos espirituales.

No nos valemos de esto para desviarnos del tema de Dios. Cuando sea para cualquier fin bueno, estamos dispuestos a declarar nuestras convicciones con tacto y con sentido común. Surgirá el problema de cómo acercarnos al individuo que odiábamos. Puede ser que nos haya hecho más daño del que le hemos causado y que, a pesar de que ya hayamos adoptado una mejor actitud hacia él, no estemos todavía muy dispuestos a admitir nuestros defectos. A pesar de esto, cuando se trata de una persona que nos desagrada, nos espeñamos en hacerlo. Es más difícil ir a un enemigo que a un amigo, pero encontramos que es más beneficioso para nosotros. Le abordamos con el mismo deseo de ser serviciales y de perdonar, confesando nuestro antiguo rencor y expresando nuestro pesar por ello.

Bajo ningún pretexto criticamos a tal persona ni discutimos con ella. Sencillamente le decimos que nunca dejaremos de beber mientras no hayamos hecho todo lo posible por enderezar nuestro pasado. Estamos aquí para barrer nuestro lado de la calle, comprendiendo que no podremos hacer nada que valga la pena hasta que lo hagamos, nunca tratando de decirle qué es lo que él debe hacer. No se discuten sus defectos; nos limitamos a los nuestros. Si nuestra actitud es calmada, franca y abierta, quedaremos complacidos con el resultado.

En nueve de cada diez casos sucede lo inesperado. Algunas veces la persona a quien vamos a ver admite que ha tenido la culpa, acabándose así en una hora lo que ha sido una enemistad de años. Rara vez fallamos en lograr un progreso satisfactorio. Nuestros antiguos enemigos a veces alaban lo que estamos haciendo y nos desean el bien: ocasionalmente ofrecerán su ayuda. No debemos dar importancia, sin embargo, a que alguien nos eche de su oficina. Hemos hecho nuestra demostración, hemos cumplido por nuestra parte. Lo que pasó, pasó.

La mayoría de los alcohólicos deben dinero. Nosotros no esquivamos a nuestros acreedores. Al decirles lo que estamos tratando de hacer no ocultamos lo de nuestra manera de beber; de todos modos, generalmente lo saben aunque creamos lo contrario. Tampoco tememos revelar nuestro alcoholismo, basándonos en que ello puede causar un daño económico. Abordado en esta forma, el acreedor más despiadado nos sorprenderá a veces. Al concertar el mejor arreglo posible, podemos hacerles saber a estas personas lo apenados que estamos. Nuestra manera de beber nos ha hecho morosos con nuestros pagos. Tenemos que perder el miedo a los acreedores, sin importar lo mucho que necesitemos hacer para lograrlo, porque estamos expuestos a beber si tenemos miedo de encararlos.

Tal vez hayamos cometido un delito que nos pudiera hacer ir a parar a la cárcel, si llegase a conocimiento de las autoridades. Puede que hayamos malversado fondos que no podamos reponer. Quizá se lo hayamos confesado a otra persona; pero estamos seguros de que, si se nos descubriera, podríamos perder nuestro trabajo, o incluso podrían encarcelarnos. Tal vez sea un delito leve, como haber inflado nuestra cuenta de gastos. La mayoría de nosotros hemos hecho esa clase de cosas. Tal vez estemos divorciados y nos hayamos vuelto a casar pero no estemos cumpliendo con el pago de la pensión a la primera esposa. Por ese motivo, ella se ha indignado y tiene una orden de arresto contra nosotros. Este tipo de dificultad es común.

Aunque estas reparaciones tienen innumerables formas, hay algunos principios generales que nos parecen orientativos. Recordándonos a nosotros mismos que hemos decidido hacer todo lo que fuese necesario para encontrar una experiencia espiritual, pedimos que se nos dé fortaleza y se nos dirija hacia lo que es debido sin importar cuáles pudiesen ser las consecuencias personales. Podemos perder nuestra posición o nuestra reputación o afrontar la cárcel, pero estamos dispuestos. Tenemos que estarlo; no debemos amedrentarnos ante nada.

Sin embargo, generalmente hay otras personas implicadas. Por lo tanto, no hemos de ser el precipitado y tonto mártir que innecesariamente sacrifique a otros para salvarse de caer en el abismo del alcoholismo. Un individuo que conocimos se había vuelto a casar. Debido a los resentimientos y a la bebida no había pagado la pensión de divorcio a su primera esposa. Esta estaba furiosa; acudió a la Corte y consiguió una orden de arresto contra él. El había empezado a llevar nuestra manera de vivir, había asegurado una posición y empezaba a levantar cabeza. Hubiera sido de una heroicidad impresionante por su parte, presentarse ante el juez y decirle: "Aquí estoy".

Pensamos que debía estar dispuesto a hacerlo si fuese necesario, pero que estando en la cárcel no podría sufragar los gastos de ninguna de las dos familias. Le sugerimos que escribiera a la primera esposa admitiendo sus faltas y pidiéndole perdón. Así lo hizo, incluyendo también una pequeña suma de dinero. Le explicó lo que trataría de hacer en el futuro. Le dijo que estaba absolutamente dispuesto a ir a la cárcel si ella insistía. Desde luego que ella no insistió y toda esa situación quedó resuelta satisfactoriamente hace tiempo.

Antes de proceder drásticamente en algo que puede implicar a otras personas, les pedimos su consentimiento. Si lo hemos obtenido, si hemos consultado el caso con otros, si hemos pedido a Dios que nos ayude y si es indicado dar ese drástico paso, no debemos retroceder.

Esto nos trae a la memoria una historia acerca de uno de nuestros amigos. Cuando bebía, aceptó una suma de dinero de un rival suyo en los negocios a quien odiaba amargamente, sin darle ningún recibo por dicha suma. Posteriormente negó haber recibido el dinero y se valió del incidente para desacreditar a su rival. En esa forma, su propia falta la usó como medio para destruir la reputación de otro. En efecto, su rival se arruinó.

Creía que había causado un daño imposible de remediar. Si desenterraba aquel viejo asunto, ello destruiría la reputación de su socio, acarrearía deshonra a su familia y la privaría de sus medios de sustento económico. ¿Qué derecho tenía a implicar a aquellos que dependían de él? ¿Cómo sería posible hacer una declaración pública exonerando a su rival?

Después de consultar con su esposa y con su socio llegó a la conclusión de que era mejor arrostrar esos riesgos antes que comparecer ante su Creador culpable de una difamación tan funesta. Comprendía que tenía que poner el resultado en manos de Dios o pronto volvería a beber, y todo se perdería entonces. Asistió a la iglesia por primera vez en muchos años. Después del sermón se levantó y serenamente explicó lo sucedido. Su acción tuvo una aprobación general y actualmente es uno de los ciudadanos que goza de mayor confianza en esa población. Esto sucedió hace años.

Lo probable es que tengamos dificultades domésticas. Tal vez estemos enredados con mujeres en una forma que no quisiéramos que se pregone. Dudamos que los alcohólicos sean fundamentalmente peores en este sentido que las demás gentes; pero la bebida sí complica las relaciones sexuales en el hogar. Después de unos cuantos años con un alcohólico, una esposa se cansa y se vuelve resentida y poco comunicativa. ¿Cómo podría ser de otro modo? El marido empieza a sentirse solo y a compadecerse de sí mismo; comienza a buscar en centros nocturnos y otros lugares de diversión, algo más que licor. Tal vez tenga amoríos secretos y emocionantes con alguna "muchacha comprensiva". Con toda imparcialidad podemos aceptar que ella comprenda, pero ¿qué vamos a hacer con una situación como ésta? Un hombre que está enredado en esa forma frecuentemente tiene muchos remordimientos, especialmente si está casado con una mujer leal y valiente cuya vida, literalmente, ha sido un infierno por su causa.

Cualquiera que sea el caso, generalmente tenemos que hacer algo. Si estamos seguros de que nuestra esposa no está enterada, ¿debemos decírselo? Creemos que no siempre. Si ella sabe, en forma general, que hemos sido alocados, ¿debemos ponerla al tanto de los pormenores? Indudablemente debemos admitir nuestra falta. Tal vez ella insista en conocer todos los detalles, querrá saber quién es la mujer y dónde está. Nosotros pensamos que debemos contestarle que no tenemos ningún derecho a involucrar a otra persona. Sentimos lo que hemos hecho y, Dios mediante, no volverá a suceder. No podemos hacer nada más que eso; no tenemos derecho a ir más lejos. Aunque puede haber excepciones justificables y aunque no queremos fijar regla de ninguna clase, hemos encontrado que este es el mejor camino que se puede seguir.

Nuestro plan de vida no es una calle de dirección única. Es tan conveniente para la esposa como para el marido. Si nosotros podemos olvidar, también ella puede. Es mejor, sin embargo, que no nombre uno innecesariamente a una persona en la cual ella pueda desahogar sus celos.

Quizá haya algunos casos en los que se requiere la mayor franqueza. Ningún extraño puede evaluar debidamente una situación íntima. Puede ser que ambos decidan que, de acuerdo con el sentido común y la bondad del amor, lo más indicado es considerar que lo pasado ya pasó. Cada uno puede rezar por ello, pensando en primer lugar en la felicidad del otro. Es necesario tener presente siempre que estamos tratando con esa terrible emoción humana: los celos. El buen táctico militar puede decidir que se ataque el problema por el flanco en vez de arriesgarse a un combate frente a frente.

Si no tenemos complicaciones de esa clase, hay todavía mucho que hacer en casa. A veces oímos decir a algún alcohólico que la única cosa que necesita es mantener su sobriedad. Ciertamente tiene que mantenerse sobrio, porque no habría hogar si no lo hace. Pero todavía dista mucho de estar haciendo bien a la esposa o a los padres, a quienes por años ha tratado espantosamente. Rebasa toda comprensión la paciencia que madres y esposas han tenido con los alcohólicos. De no haber sido así, muchos de nosotros hoy en día no tendríamos hogares y tal vez estuviéramos muertos.

El alcohólico es como un huracán rugiente que pasa por las vidas de otros. Se destrozan corazones. Mueren las dulces relaciones. Los afectos se desarraigan. Hábitos egoístas y desconsiderados han tenido el hogar en un constante alboroto. Creemos que es un irreflexivo el hombre que dice que le basta con abstenerse de beber. Esa actitud es como la del campesino que, después de la tormenta, sale de su escondite y sin poner atención a su hogar arruinado dice a su mujer: "No te fijes: aquí no ha pasado nada. Lo bueno es que el viento ha cesado."

Sí, hay por delante un largo período de reconstrucción. Tenemos que tomar la delantera. Musitar llenos de remordimientos que estamos arrepentidos es algo que de ninguna manera será suficiente. Debemos sentarnos con nuestros familiares a analizar francamente el pasado tal como lo vemos ahora, teniendo mucho cuidado de no criticarlos a ellos. Sus defectos pueden ser muy notorios, pero es probable que nuestros propios actos sean parcialmente la causa de éstos. Así que dejamos todo en claro con la familia, pidiendo cada mañana que nuestro Creador nos enseñe el camino de la paciencia, de la tolerancia, de la bondad y del amor.

La vida espiritual no es una teoría. *Tenemos que practicarla.* A menos que la familia de uno exprese el deseo de vivir sobre una base de principios espirituales, no debemos apurarlos. No debemos hablarles incesantemente de asuntos espirituales. Ya cambiarán con el tiempo. Nuestro comportamiento les convencerá mejor que nuestras palabras. Debemos recordar que diez o veinte años de borracheras hacen que cualquiera se vuelva escéptico.

Puede haber ciertos agravios que hayamos hecho que nunca puedan repararse completamente. Si podemos decirnos honradamente que los repararíamos si pudiéramos, no nos preocupamos por ellos. Hay personas a quienes no podemos ver y por lo tanto les enviamos una carta sincera. Y en algunos casos puede haber una razón válida para posponer este paso. Pero no nos demoramos, si podemos evitarlo. Debemos tener sentido común y tacto, ser considerados y humildes, sin ser serviles o rastreros. Como criaturas de Dios nos paramos en nuestros propios pies; no nos arrastramos ante nadie.

Si nos esmeramos en esta fase de nuestro desarrollo, nos sorprenderemos de los resultados antes de llegar a la mitad del camino. Vamos a conocer una libertad y una felicidad nuevas. No nos lamentaremos por el pasado ni desearemos cerrar la puerta que nos lleva a él. Comprenderemos el significado de la palabra serenidad y conoceremos la paz. Sin importar lo bajo a que hayamos llegado, percibiremos cómo nuestra experiencia puede beneficiar a otros. Desaparecerá ese sentimiento de inutilidad y lástima de nosotros mismos. Perderemos el interés en cosas egoístas y nos interesaremos en nuestros compañeros. Se desvanecerá la ambición personal. Nuestra actitud y nuestro punto de vista sobre la vida cambiarán. Se nos quitará el miedo a la gente y a la inseguridad económica. Intuitivamente sabremos manejar situaciones que antes nos desesperaban. De pronto comprenderemos que Dios está haciendo por nosotros lo que por nosotros mismos no podíamos hacer.

¿Son éstas promesas extravagantes? No lo creemos. Están cumpliéndose entre nosotros — a veces rápidamente, a veces lentamente, pero siempre se realizarán si trabajamos para obtenerlas.

Este pensamiento nos lleva al *Décimo Paso*, el cual sugiere continuar con nuestro inventario personal y seguir enmendando todas las nuevas faltas que cometamos. Vigorosamente comenzamos a llevar este nuevo modo de vida a medida que rectificamos nuestro pasado. Hemos entrado al mundo del Espíritu. Nuestra siguiente tarea es crecer en entendimiento y eficacia. Este no es asunto para resolver de la noche a la mañana. Es una tarea para toda nuestra vida. Continuamos vigilando el egoísmo, la deshonestidad, el resentimiento y el miedo. Cuando estos surgen, enseguida le pedimos a Dios que nos libre de ellos. Los discutimos inmediatamente con alguien y hacemos prontamente las debidas reparaciones a quien hayamos ofendido. Entonces, resueltamente encaminamos nuestros pensamientos hacia alguien a quien podamos ayudar. El amor y la tolerancia para con otros son nuestro código.

Y hemos cesado de pelearnos con todo y con todos, aún con el alcohol; porque para entonces se habrá recuperado el sano juicio. Rara vez nos interesaremos por el licor; si sentimos tentación, nos alejamos como si se tratara de una llama candente. Reaccionamos juiciosa y normalmente, y percibimos que esto ha sucedido automáticamente. Comprenderemos que nuestra nueva actitud ante el alcohol nos ha sido otorgada sin pensamiento o esfuerzo algunos de nuestra parte. Sencillamente ha llegado. Ahí está el milagro. No estamos ni peleando ni evitando la tentación. Nos sentimos como si hubiéramos sido colocados en una posición de neutralidad — seguros y protegidos. Ni siquiera hemos hecho un juramento. En lugar de eso, el problema ha sido eliminado. Ya no existe para nosotros. No somos engreídos ni estamos temerosos. Esa es nuestra experiencia. Así es como reaccionamos, siempre que nos mantengamos en buena condición espiritual.

Es fácil descuidarnos en el programa espiritual de acción y dormirnos en nuestros laureles. Si lo hacemos, estamos buscando dificultades porque el alcohol es un enemigo sutil. No estamos curados del alcoholismo. Lo que en realidad tenemos es una suspensión diaria de nuestra sentencia, que depende del mantenimiento de nuestra condición espiritual. Cada día es un día en el que tenemos que llevar la visión de la voluntad de Dios a todos nuestros actos: "Cómo puedo servirte mejor; hágase Tu Voluntad (no la mía.)" Estos son pensamientos que deben acompañarnos constantemente. En este sentido podemos ejercitar la fuerza de voluntad todo lo que queramos. Este es el uso adecuado de la voluntad.

Mucho se ha dicho acerca de recibir fortaleza, inspiración y dirección de El, que tiene todo el conocimiento y el poder. Si hemos seguido detenidamente las instrucciones, hemos empezado a sentir dentro de nosotros mismos el flujo de Su Espíritu. Hasta cierto grado hemos obtenido un conocimiento consciente de Dios. Hemos empezado a desarrollar este vital sexto sentido. Pero tenemos que ir más lejos, y esto significa más acción.

El *Paso Undécimo* sugiere la oración y la meditación. Hombres mejores que nosotros las emplean constantemente. Funcionan, si tenemos la debida actitud y nos empeñamos en usarlas. Sería fácil andarse con vaguedades sobre este asunto; sin embargo, creemos que podemos hacer algunas sugerencias precisas y valiosas.

Por la noche, cuando nos acostamos, revisamos constructivamente nuestro día: ¿Estuvimos resentidos, fuimos egoístas, faltos de honradez o tuvimos miedo? ¿Hemos retenido algo que debimos haber discutido inmediatamente con otra persona? ¿Fuimos bondadosos y afectuosos con todos? ¿Qué cosa hubiéramos podido hacer mejor? ¿Estuvimos pensando la mayor parte del tiempo en nosotros mismos? o ¿estuvimos pensando en lo que podríamos hacer por otros, en lo que podríamos aportar al curso de la vida? Pero tenemos que tener cuidado de no dejarnos llevar por la preocupación, el remordimiento o la reflexión mórbida porque eso disminuiría nuestra capacidad para servir a los demás. Después de haber hecho nuestra revisión, le pedimos perdón a Dios y averiguamos qué medidas correctivas deben tomarse.

Al despertar, pensemos en las veinticuatro horas que tenemos por delante. Consideremos nuestros planes para el día. Antes de empezar, le pedimos a Dios que dirija nuestro pensamiento, pidiendo especialmente que esté disociado de motivos de autoconmiseración, falta de honradez y de egoísmo. Bajo estas condiciones podemos usar nuestras facultades mentales confiadamente porque, después de todo, Dios nos ha dado el cerebro para usarlo. El mundo de nuestros pensamientos estará situado en un plano mucho más elevado cuando nuestra manera de pensar esté libre de motivos falsos.

Al pensar en nuestro día tal vez nos encontremos indecisos. Tal vez no podamos determinar el curso a seguir. En este caso le pedimos a Dios inspiración, una idea intuitiva o una decisión. Procuramos estar tranquilos y tomamos las cosas con calma, no batallamos. Frecuentemente quedamos sorprendidos de cómo acuden las respuestas acertadas después de haber ensayado esto durante algún tiempo. Lo que antes era una "corazonada" o una inspiración ocasional gradualmente se convierte en parte operante de la mente. Carentes aún de experiencia y recién hecho nuestro contacto consciente con Dios, es probable que no recibamos inspiración todo el tiempo. Tal vez paguemos esta presunción con toda clase de ideas y actos absurdos. Sin embargo, encontramos que a medida que transcurre el tiempo, nuestra manera de pensar está más y más al nivel de la inspiración. Llegamos a confiar en ello.

Generalmente concluimos el período de meditación orando porque se nos indique a través de todo el día cuál ha de ser nuestro paso, que se nos conceda lo que fuese necesario para atender esos problemas. Pedimos especialmente liberación de la obstinación y nos cuidamos de no pedir sólo para nosotros. Sin embargo, podemos pedir para nosotros siempre que esto ayude a otros. Nos cuidamos de no orar nunca para nuestros propios fines egoístas. Muchos de nosotros hemos perdido mucho tiempo haciéndolo, y no resulta. Fácilmente puedes ver el porqué.

Si las circunstancias lo permiten, pedimos a nuestras esposas o a nuestros amigos que nos acompañen en la meditación de la mañana. Si pertenecemos a alguna religión en la que se requiera asistir a actos de devoción en la mañana, también asistimos. Si no se es miembro de ningún organismo religioso, a veces escogemos y memorizamos unas cuantas oraciones que ponen de relieve los principios que hemos estado discutiendo. También hay muchos libros que son muy útiles.

Nuestro sacerdote, ministro o rabino puede hacernos sugerencias en este sentido. Prepárate para darte cuenta en dónde están en lo cierto las personas religiosas. Haz uso de lo que ellos te brindan.

A medida que transcurre el día, hacemos una pausa si estamos inquietos o en duda, y pedimos que se nos conceda la idea justa o la debida manera de actuar. Constantemente recordamos que ya no somos el director del espectáculo, diciéndonos humildemente a nosotros mismos muchas veces al día: "Hágase Tu Voluntad". Entonces corremos menos peligro de excitarnos, de tener miedo, ira, preocupación, o de tomar disparatadas decisiones. Nos volvemos mucho más eficientes. No nos cansamos con tanta facilidad porque no estamos desperdiciando energías tontamente, como lo hacíamos cuando tratábamos de hacer que la vida se amoldara a nosotros.

Funciona, realmente funciona.

Nosotros los alcohólicos somos indisciplinados. Por lo tanto, dejamos que Dios nos discipline en la forma que se acaba de delinear.

Pero eso no es todo. Hay acción y más acción. "La fe sin obras es fe muerta". El siguiente capítulo está dedicado enteramente al *Paso Doce*.

Capítulo 7

TRABAJANDO CON LOS DEMAS

*L*A experiencia práctica demuestra que no hay nada que asegure tanto la inmunidad a la bebida como el trabajo intensivo con otros alcohólicos. Funciona cuando fallan otras actividades. Esta es nuestra *duodécima sugerencia*: ¡Llevar este mensaje a los alcohólicos! Tú puedes ayudar cuando nadie más puede. Tú puedes ganarte la confianza de ellos cuando otros fracasan. Recuerda que están muy enfermos.

La vida tendrá un nuevo significado. Ver a las personas recuperarse, verlas ayudar a otras, ver cómo desaparece la soledad, ver una agrupación desarrollarse a tu alrededor, tener una multitud de amigos — esta es una experiencia que no debe perderse. Sabemos que no querrás perdértela. El contacto frecuente con recién llegados y entre unos y otros es el punto luminoso de nuestras vidas.

Tal vez no conozcas a bebedores que quieran recuperarse. Puedes encontrar fácilmente a algunos de ellos preguntando a unos cuantos doctores, sacerdotes y ministros, o en los hospitales. Te ayudarán con mucho gusto. No tomes actitudes de evangelista o de reformador moralista. Desafortunadamente hay muchos prejuicios. Estarás en desventaja si los despiertas con esas actitudes. Los clérigos y los médicos son personas competentes y si tú quieres, puedes aprender mucho de ellos, pero ocurre que por tu propia experiencia con la bebida, puedes ser singularmente útil a otros alcohólicos. Así es que, coopera; no critiques nunca. Ser servicial es nuestro único propósito.

Cuando descubras a un candidato para Alcohólicos Anónimos, averigua todo lo que puedas sobre él. Si no quiere dejar de beber, no pierdas el tiempo tratando de persuadirlo. Puedes echar a perder una oportunidad posterior. Este consejo es también para la familia. Deben tener paciencia, dándose cuenta de que están tratando con una persona enferma.

Si hay alguna indicación de que quiere dejar de beber, ten una conversación amplia con quien esté más interesado en él — generalmente su esposa. Fórmate una idea de su comportamiento, sus problemas, su medio ambiente, la gravedad de su estado y sus inclinaciones religiosas. Necesitas ésta información para ponerte en su lugar, para darte cuenta de cómo querrías que él te abordara si los papeles estuvieran invertidos.

A veces es prudente esperar a que agarre una borrachera. La familia puede objetar a esto pero, a menos de que esté en una condición física peligrosa, es mejor arriesgarse. No trates con él cuando esté muy borracho a menos de que se ponga de tal forma que la familia necesite tu ayuda. Espera a que la borrachera llegue a su fin o cuando menos que tenga un intervalo de lucidez. Entonces deja que su familia o un amigo le pregunte si quiere dejar de beber de una vez por todas, y si estaría dispuesto a tomar medidas extremas para realizarlo. Si dice que sí, entonces debe procurarse que se fije en ti como persona recuperada. Debes hablarle de tu persona como de alguien que pertenece a una agrupación, cuyos miembros tratan de ayudar a otros como parte de su propia recuperación, y decirle que tendrías mucho gusto en hablar con él en caso de que le interese verte.

Si no quiere verte, no trates nunca de forzar la situación. Tampoco debe la familia suplicarle histéricamente que haga nada ni hablarle mucho de ti. Deben esperar a que termine su próxima borrachera. Mientras tanto, podría dejarse este libro donde él pueda verlo. Aquí no se puede dar ninguna regla específica. La familia es la que tiene que decidir estas cosas. Pero recomiéndales que no se inquieten demasiado, porque esto podría echar a perder las cosas.

Usualmente la familia no debe tratar de contar tu historia. Siempre que sea posible, evita conocer a un individuo alcohólico a través de su familia. Es mejor el acercamiento a través de un médico o de una institución. Si el individuo alcohólico necesita hospitalización, debe ser internado, pero sin forzarlo a menos que esté violento. Deja que sea el médico, si a él le parece, quien le diga que tiene algo para él, que es una solución para su problema.

Cuando el enfermo se sienta mejor, el doctor puede sugerir que uno lo visite. A pesar de que hayamos hablado con la familia, no la menciones en la primera entrevista. En esas condiciones, el entrevistado verá que no está bajo presión. Sentirá que puede tratar contigo sin verse acosado por la familia. Visítalo cuando esté más nervioso. Puede que sea más receptivo estando deprimido.

De ser posible, aborda a tu candidato cuando esté solo. Al principio conversa con él en forma general. Después de un rato lleva la conversación a alguna fase de la bebida. Háblale lo suficiente sobre tus costumbres de bebedor, síntomas y experiencias, para animarlo a que hable de él mismo. Si quiere hablar, deja que lo haga. Así te formarás una idea mejor de cómo debes proceder. Si no es comunicativo, hazle un resumen de tu carrera de bebedor hasta que dejaste de beber. Pero por el momento no le digas nada acerca de cómo lo conseguiste. Si él se demuestra serio e interesado, háblale de las dificultades que te causó el alcohol, teniendo cuidado de no moralizar o sermonear. Si está alegre, cuéntale algún episodio jocoso de tu carrera de bebedor. Haz que él te cuente uno de los suyos.

Cuando él se dé cuenta de que tú lo sabes todo en el terreno de la bebida, empieza a describirte a ti mismo como un alcohólico. Háblale de lo desconcertado que estuviste, cómo supiste finalmente que estabas enfermo. Cuéntale de las luchas que tuviste para dejar de beber. Hazle ver la peculiaridad mental que conduce a la primera copa de una borrachera. Te sugerimos que hagas esto tal como nosotros lo hemos hecho en el capítulo sobre alcoholismo. Si él es un alcohólico, te entenderá enseguida. Comparará tus inconsistencias mentales con algunas de las suyas propias.

Si estás convencido de que él es un alcohólico, empieza a recalcar la característica incurable del mal. Demuéstrale de acuerdo con tu propia experiencia, cómo la extraña condición mental que impulsa a esa primera copa impide el funcionamiento normal de la fuerza de voluntad. En esta primera etapa no te refieras a este libro, a menos que él ya lo haya visto y quiera discutirlo. *Y ten cuidado de no tildarlo de alcohólico.* Deja que él saque sus propias conclusiones. Si se obstina en la idea de que todavía puede controlar su manera de beber, dile que es posible si su alcoholismo no está muy avanzado. Pero insiste en que si está gravemente afectado, puede haber muy pocas probabilidades de que se recupere por sí solo.

Sigue hablando del alcoholismo como una enfermedad, como un mal fatal. Háblale de las condiciones físicas y mentales que la acompañan. Mantén su atención centrada principalmente en tu propia experiencia personal. Explícale que hay muchos que están sentenciados a muerte y que nunca se dan cuenta de su situación. Los médicos tienen razón de estar poco dispuestos a decírselo todo a sus pacientes alcohólicos a menos que sirva para un buen fin. Pero tú puedes hablarle a él de lo incurable del alcoholismo, porque le ofreces una solución. Pronto tendrás a tu amigo admitiendo que tiene muchos, si no todos, los rasgos del alcohólico. Si su propio médico está dispuesto a decirle que es un alcohólico, mucho mejor. A pesar de que tu protegido puede no haber admitido plenamente su condición, ya siente mucha más curiosidad por saber cómo te pusiste bien. Déjale que te lo pregunte. *Dile exactamente qué fue lo que te sucedió.* Haz hincapié sin reserva en el aspecto espiritual. Si el hombre fuese un agnóstico o ateo, dile enfáticamente que *no tiene que estar de acuerdo con el concepto que tú tienes de Dios.* Puede escoger el concepto que le parezca, siempre que tenga sentido para él. *Lo principal es que esté dispuesto a tener fe en un Poder superior a él mismo, y que viva de acuerdo a principios espirituales.*

Cuando trates con este tipo de individuo, es mejor que uses un lenguaje corriente para describir principios espirituales. No hay necesidad de suscitar ningún prejuicio que pueda tener él contra ciertos términos teológicos y conceptos acerca de los cuales puede estar confundido. No provoques discusiones de esta índole, cualesquiera que sean tus convicciones.

Puede ser que tu candidato pertenezca a alguna denominación religiosa. Puede ser que su educación y disciplina religiosas sean muy superiores a las tuyas. En ese caso él se preguntará cómo podrás agregar algo a lo que él ya sabe. Pero sentirá curiosidad por saber por qué sus propias convicciones no le han dado resultado y por qué las tuyas parecen darlo. El puede ser un ejemplo de lo cierto que es que la fe por sí sola es insuficiente. Para ser vital, la fe tiene que estar acompañada por la abnegación, por la acción generosa y constructiva. Deja que se dé cuenta de que tú no tienes la intención de instruirlo en religión. Admite que probablemente él sepa más de religión de lo que tú sabes, pero señálale el hecho de que por profundos que sean su fe y sus conocimientos, él no pudo aplicarlos, pues, de haberlo hecho, él no bebería. Tal vez tu historia le ayude a ver en dónde ha fallado en aplicar y practicar los mismos preceptos que conoce tan bien. Nosotros no representamos ningún credo o denominación religiosa determinada. Estamos tratando solamente de principios generales, comunes a la mayoría de las denominaciones religiosas.

Delinéale el programa de acción, explicándole cómo hiciste tu propio inventario personal, cómo desenredaste tu pasado y por qué estás ahora tratando de ayudarlo. Es importante para él que se dé cuenta de que tu tentativa de pasarle esto a él, desempeña un papel vital en tu propia recuperación. En realidad, él puede estar ayudándote más de lo que tú le estés ayudando. Pon de manifiesto que él no tiene ninguna obligación contigo; que solamente esperas que él trate de ayudar a otros alcohólicos cuando salga de sus propias dificultades. Indícale lo importante que es anteponer el bienestar de otros al suyo propio. No debes ofenderte si él quiere suspender la entrevista, porque él te ha ayudado más a ti que tú a él. Si tu conversación ha sido razonable, serena y llena de comprensión humana, tal vez hayas hecho un amigo. Tal vez lo hayas inquietado en lo de la cuestión del alcoholismo. Todo esto es para bien. Mientras más desesperado se sienta, mejor. Habrá más probabilidades de que acepte tus sugerencias.

Tu candidato puede dar razones de por qué él no necesita seguir todo el programa. Puede que se rebele al pensar en un arreglo drástico de su propia vida, que le requiere cambiar impresiones con otra gente. No contradigas sus puntos de vista sobre el particular. Explica que tú también tuviste el mismo modo de pensar y sentir, pero que dudas de que hubieras progresado mucho de no haber puesto manos a la obra. En tu primera visita háblale de la agrupación de Alcohólicos Anónimos. Si muestra interés, préstale tu ejemplar de éste libro.

A menos que tu amigo quiera seguir hablando de él mismo, no lo canses con tu visita. Dale la oportunidad para volver a pensarlo. Si te quedas, déjalo que lleve la conversación en el sentido que desee. A veces el candidato está ansioso de proceder con rapidez y tú puedes sentir la tentación de permitírselo. Esto es a veces un error. Si tiene dificultades más adelante, es probable que diga que tú lo precipitaste . . . Tendrás más éxito con los alcohólicos si no exhibes ninguna pasión por las cruzadas o reformas. Nunca le hables a un alcohólico desde una cumbre moral o espiritual; sencillamente muéstrale el equipo de instrumentos espirituales para que él los inspeccione. Demuéstrale cómo funcionaron para ti. Ofrécele tu amistad y compañerismo. Dile que si quiere ponerse bien, tú harás cualquier cosa por ayudarlo.

Si no está interesado en tu solución, si espera que actúes

como banquero para sus dificultades económicas o como enfermero en sus borracheras, puede que tengas que dejarlo hasta que cambie de modo de pensar. Puede que lo haga después de haberse lastimado algo más.

Si él está sinceramente interesado y quiere verte otra vez, pídele que lea éste libro antes. Después de que lo haga, deberá decidir por él mismo si quiere proseguir. No debe ser empujado ni incitado a hacerlo por ti, su esposa o sus amigos. Si él va a encontrar a Dios, el deseo debe venir de adentro.

Si él cree que puede hacerlo de alguna otra forma, o prefiere algún otro enfoque espiritual, aliéntalo a seguir el dictado de su propia conciencia. No tenemos ningún monopolio de Dios; únicamente tenemos un enfoque que nos ha dado buen resultado. Pero indícale que nosotros los alcohólicos tenemos mucho en común y que tú quisieras, en cualquier caso, ser su amigo. Deja la cosa así.

No te desanimes si tu candidato no responde enseguida. Busca a otro alcohólico y trata otra vez. Seguro que encontrarás alguno que esté tan desesperado que acepte ansioso tu oferta. Creemos que es una pérdida de tiempo andar tras un individuo que no puede o que no tiene voluntad para cooperar contigo. Si dejas solo a un individuo como éste, puede suceder que pronto se convenza de que no puede recuperarse por sí mismo. Gastar demasiado tiempo en una determinada situación es negarle a otro alcohólico la oportunidad de vivir y ser feliz. Uno de los de nuestra agrupación fracasó con sus primeros seis candidatos. Frecuentemente dice que si hubiera seguido trabajando con ellos, podría haber privado de la oportunidad a muchos otros que desde entonces se han recuperado.

Supongamos ahora que tú estás haciendo una segunda visita a un individuo. El ha leído este volumen y dice que está preparado para llevar a la práctica los Doce Pasos del programa de recuperación. Habiendo tenido ya tú mismo esa experiencia, puedes hacerle indicaciones prácticas. Hazle saber que estás disponible si quiere tomar una decisión y contar su historia, pero no insistas en esto si él prefiere consultarle a otro.

Tal vez esté sin dinero y no tenga hogar. Si es así, puedes ayudarlo a conseguir trabajo o darle alguna pequeña ayuda económica. Pero para hacerlo no debes privar del dinero que les corresponde a tus familiares y acreedores. Tal vez desees tenerlo en tu casa por unos días; pero sé discreto. Asegúrate de que tu familia lo recibirá bien y de que él no está tratando de embaucarte para obtener dinero, relaciones y alojamiento. Permíteselo y solamente lo estarás perjudicando a él mismo. Estarías haciéndole posible el no ser sincero. Eso sería contribuir a su destrucción más que a su recuperación.

Nunca eludas estas responsabilidades, pero si las asumes, asegúrate de que estás haciendo lo correcto. Ayudar a otros es la piedra fundamental de tu propia recuperación. Un acto bondadoso de vez en cuando no es suficiente. Tienes que hacer de Buen Samaritano todos los días si fuese necesario. Esto puede significar la pérdida de muchas noches de sueño y frecuentes interrupciones en tus distracciones y negocios. Puede significar compartir tu dinero y tu hogar, aconsejar a esposas y otros familiares desesperados, visitar comisarías, sanatorios, hospitales, cárceles y manicomios.

Tu teléfono puede sonar a cualquier hora del día o de la noche. Tu esposa puede decir a veces que te olvidas de ella. Algún borracho puede romperte los muebles de tu casa o quemar un colchón. Quizá tengas que pelear con él si se pone violento. Algunas veces tendrás que llamar al médico y dar a tu candidato sedantes bajo su dirección. Otras veces puede ser que tengas que llamar a la policía o a una ambulancia. Ocasionalmente tendrás que enfrentarte a esas situaciones.

Nosotros rara vez le permitimos a un alcohólico vivir en nuestra casa por mucho tiempo. No es bueno para él y algunas veces crea serias complicaciones para la familia.

A pesar de que un alcohólico no responda, no hay razón para que olvides a su familia. Debes seguir siendo amigable y ofrecerle a esa familia tu propio modo de vida. Si aceptan y practican principios espirituales, las probabilidades de que el jefe de la misma se recupere serán mayores. Y aunque éste continúe bebiendo, la familia tendrá una vida más llevadera.

Tratándose del tipo de alcohólico capaz y deseoso de mejorarse es muy poca la caridad que, en el sentido ordinario de la palabra, se necesita o se requiere. Los individuos que lloran por dinero o alojamiento antes de haberse sobrepuesto al alcohol, van por mal camino. Sin embargo, cuando tales acciones son justificadas, nosotros nos esforzamos grandemente por darnos estas mismas cosas los unos a los otros. Esto puede parecer contradictorio, pero nosotros creemos que no lo es.

No se trata de una cuestión de dar, sino de cuándo y cómo hacerlo. En esto está frecuentemente la diferencia entre el éxito y el fracaso. En el momento en que le damos a nuestro trabajo carácter de servicio, el alcohólico comienza a atenerse a nuestra ayuda en vez de a la de Dios. Clama por esto o aquéllo sosteniendo que no puede dominar el alcohol mientras no sean atendidas sus necesidades materiales. Tonterías. Algunos de nosotros hemos recibido golpes muy fuertes para aprender esta verdad: Con empleo o sin empleo, con esposa o sin esposa, sencillamente no dejamos de beber mientras antepongamos la dependencia de otras personas a la dependencia de Dios.

Graba en la conciencia de cada individuo el hecho de que se puede poner bien a pesar de cualquier otra persona. La única condición es que confíe en Dios, y haga una limpieza de su interior.

Ahora, el problema doméstico: Puede haber divorcio, separación o relaciones tirantes. Cuando tu candidato haya hecho a sus familiares las reparaciones que haya podido, y les haya explicado detenidamente los nuevos principios de acuerdo con los cuales está viviendo, debe proceder a llevar a la práctica esos principios en su casa. Eso sí, si es afortunado en tener un hogar. Aunque su familia esté equivocada en muchos aspectos, esto no debe importarle. Debe concentrarse en su propia demostración espiritual. Las discusiones y el encontrar defectos deben evitarse como si fuesen la peste. Esto es algo muy difícil de lograr en muchos hogares pero hay que hacerlo si se espera algún resultado. Si se persevera en ello durante unos cuantos meses, es seguro que el efecto que causará en la familia del individuo será grande. Las personas más incompatibles descubren que tienen una base sobre la cual pueden estar de acuerdo. Poco a poco, la familia puede ver sus propios defectos y admitirlos. Estos pueden discutirse entonces en un ambiente de ayuda y amistad.

Después de que hayan visto resultados palpables, los familiares tal vez quisieran proseguir. Estas cosas sucederán naturalmente y a su debido tiempo, siempre que el alcohólico continúe demostrando que puede estar sobrio y ser considerado y servicial a pesar de lo que cualquiera diga o haga. Por supuesto, no llegamos a este nivel frecuentemente; pero debemos tratar de reparar la avería inmediatamente, de lo contrario pagamos la pena con una borrachera.

Si hubiese divorcio y separación, la pareja no debe darse demasiada prisa para volver a unirse. El individuo debe estar seguro de su recuperación; la esposa debe comprender plenamente el nuevo modo de vivir de él. Si su relación anterior ha de reanudarse, tiene que ser sobre una base mejor, ya que la anterior no resultó satisfactoria. Esto significa una actitud y un ánimo nuevo en todo sentido. A veces resulta muy positivo que una pareja permanezca separada. Es obvio que no puede darse una regla fija. Hay que dejar que el alcohólico continúe día a día con su programa. Cuando llegue el momento oportuno de que vuelvan a vivir juntos, éste será evidente para ambos.

No dejes que ningún alcohólico te diga que no puede recuperarse a menos de que recupere a su familia. Esto simplemente, no es así. En algunos casos, por una u otra razón, la esposa no regresará nunca. Recuérdale al candidato que su recuperación no depende de la gente, sino de su relación con Dios. Hemos visto ponerse bien a individuos que nunca recobraron su familia; hemos visto recaer a otros cuya familia regresó demasiado pronto.

Tanto tú como el principiante tienen que ir día a día por el camino del progreso espiritual. Si perseveras, sucederán cosas admirables. Cuando miramos hacia atrás, nos damos cuenta de que las cosas que recibimos cuando nos pusimos en manos de Dios eran mejores de lo que nos hubiésemos imaginado. Sigue los mandatos de un Poder Superior y pronto vivirás en un mundo maravilloso, no importa cuál sea tu situación actual.

Cuando estés tratando de ayudar a un individuo y a su familia, debes cuidarte de no participar en sus disputas. Si lo haces, puedes perder la oportunidad de ayudar. Pero recomienda mucho a los familiares del alcohólico que no olviden que éste ha estado muy enfermo y que es necesario tratarlo como corresponde. Debes prevenirlos para que no susciten el resentimiento o los celos. Debes señalar que sus defectos de carácter no van a desaparecer de la noche a la mañana. Demuéstrales que ha entrado en un período de desarrollo. Cuando se impacienten, diles que recuerden el hecho bendito de su sobriedad.

Si has tenido éxito al resolver tus propios problemas domésticos, cuéntales a los familiares del principiante cómo lo lograste. De esta forma puedes orientarlos debidamente sin criticarlos. La historia de cómo tú y tu esposa arreglaron sus dificultades vale por toda la crítica.

Dado que estamos preparados espiritualmente, podemos hacer toda clase de cosas que se supone no deben hacer los alcohólicos. La gente ha dicho que no debemos ir a lugares donde se sirve licor; que no debemos tenerlo en nuestra casa; que debemos huir de los amigos que beben; que debemos evitar las películas en las que hay escenas donde se bebe; que no debemos ir a las cantinas; que nuestros amigos deben esconder las botellas cuando vamos a su casa; que no se nos debe recordar para nada el alcohol. Nuestra experiencia demuestra que esto no es necesariamente así.

Tropezamos con estas situaciones todos los días. Un alcohólico que no puede encararlas, todavía tiene una mentalidad alcohólica; algo le pasa a su estado espiritual. La única probabilidad de sobriedad para él sería que estuviera en el casquete glaciar de Groenlandia, y aun allí podría aparecer un esquimal con una botella de licor, lo que echaría a perder todo. Pregúntale a alguna mujer que haya enviado a su marido a algún lugar lejano basándose en la teoría de que así escaparía del problema de la bebida.

En nuestra opinión, cualquier plan para combatir el alcoholismo que esté basado en escudar al enfermo contra la tentación, está condenado al fracaso. Si un alcohólico trata de escudarse, puede tener éxito por algún tiempo, pero generalmente acaba explotando más que nunca. Hemos probado esos métodos. Los intentos de hacer lo imposible siempre nos ha fallado.

Por lo tanto, nuestra norma no es evitar los lugares donde se bebe, *si tenemos una razón legítima para estar allí*. Estos incluyen cantinas, centros nocturnos, bailes, recepciones, bodas e incluso fiestecitas informales. A una persona que haya tenido experiencia con un alcohólico, puede que esto le parezca tentar a la Providencia, pero no es así.

Notarás que hemos hecho un requerimiento importante. Por consiguiente, en cada ocasión, pregúntate a ti mismo: "¿Tengo alguna buena razón personal, de negocios o social para ir a ese lugar?" o "¿Estoy esperando robar un poco de placer indirecto del ambiente de esos sitios?" Si se contesta satisfactoriamente estas preguntas, no hay por qué sentir aprensión. Entra o aléjate de ellos según te parezca apropiado. Pero asegúrate de que pisas un terreno espiritual firme antes de ir allí y de que tu motivo para ir sea enteramente bueno. No pienses en lo que vayas a sacar de la situación; piensa en lo que puedes aportar a ella. Pero si vacilas, es mejor que busques a otro alcohólico.

¿Para qué ir a sentarse con cara de mártir en lugares donde se bebe, suspirando por "aquellos buenos tiempos"? Si es una ocasión feliz, trata de ser más placentero para los que están presentes; si es una reunión de negocios, ve y trata el tuyo con entusiasmo; si estás con una persona que quiere ir a comer a una cantina, ¡acompáñala! Hazles saber a tus amigos que no han de cambiar sus costumbres por ti. En el lugar y el momento oportunos, explícales a tus amigos por qué no te sienta bien el alcohol. Si haces esto concienzudamente, serán pocos los que te inviten a beber. Mientras estuviste bebiendo, ibas retirándote de la vida poco a poco; ahora estás regresando a la vida social de este mundo. No empieces a retirarte otra vez sólo porque tus amigos beben licor.

Tu tarea ahora consiste en estar donde puedas dar ayuda a otros. Así que no vaciles en ir a donde sea si allí puedes ayudar; no debes titubear en ir al lugar más sórdido si es con ese fin. Mantente en la línea de fuego de la vida por esos motivos, y Dios te conservará sano y salvo.

Muchos de nosotros acostumbramos a tener licor en nuestras casas. A veces lo necesitamos para aplacar los severos temblores de algún nuevo candidato, después de una gran borrachera. Algunos de nosotros lo servimos a nuestros amigos, siempre que no sean alcohólicos. Pero otros de los nuestros creen que no debemos servirlo a nadie. Nunca discutimos este punto. Creemos que cada familia, debe decidirlo a la luz de sus propias circunstancias.

Tenemos mucho cuidado de no demostrar nunca intolerancia u odio por la bebida como parte de la sociedad. La experiencia demuestra que esa actitud no ayuda a nadie. Cada uno de los alcohólicos recién llegados busca esa actitud entre nosotros y siente un alivio enorme cuando se da cuenta de que no somos tan puritanos. Un espíritu de intolerancia repelería a alcohólicos, a quienes podría habérseles salvado la vida de no haber sido por semejante estupidez. Ni siquiera le haríamos ningún bien a la causa de la bebida en moderación, porque no hay un alcohólico entre mil al que le guste que le diga algo del alcohol alguien que lo odia.

Esperamos que algún día Alcohólicos Anónimos ayude al

público a darse mejor cuenta de la gravedad del problema alcohólico; pero serviremos de poco si nuestra actitud es una de amargura y hostilidad. Los bebedores nunca la tolerarán.

Después de todo, nosotros creamos nuestros problemas. Las botellas fueron solamente un símbolo. Además, hemos dejado de pelear contra todos y contra todo. ¡Tenemos que hacerlo!

Capítulo 8

A LAS ESPOSAS*

*C*ON pocas excepciones, hasta aquí en nuestro libro sólo se ha tratado de hombres; pero lo que hemos dicho es igualmente aplicable a las mujeres. Nuestras actividades en favor de las mujeres van en aumento. Existe toda evidencia de que las mujeres recobran la salud tan prontamente como los hombres, cuando ensayan nuestras indicaciones.

Pero por cada hombre que bebe hay otras personas implicadas; la esposa que tiembla de miedo a la próxima borrachera; la madre y el padre que ven al hijo consumiéndose.

Entre nosotros hay esposas, parientes y amigos cuyo problema ha sido resuelto, así como algunos que todavía no han encontrado una feliz solución. Queremos que las esposas de los Alcohólicos Anónimos se dirijan a las esposas de individuos que beben demasiado. Lo que dicen a continuación es aplicable a casi todas las personas que estén ligadas a un alcohólico por lazos de sangre o de afecto.

Como esposas de Alcohólicos Anónimos, quisiéramos que usted se dé cuenta de que nosotros comprendemos el problema como tal vez pocos puedan. Queremos analizar errores que hemos cometido. Queremos que se quede usted con la sensación de que ninguna situación es demasiado difícil y ninguna infelicidad demasiado grande para ser superadas.

No cabe duda que hemos recorrido un camino rocoso. He-

---

* Escrito en 1939, en una época en la que había pocas mujeres miembros de A.A., este capítulo supone que el alcohólico en el hogar es en la mayoría de los casos el marido. No obstante, muchas de las sugerencias hechas al respecto pueden adaptarse para ayudar a la persona que vive con una mujer alcohólica — sea que aún esté bebiendo o esté ya recuperándose en A.A. Al final del capítulo se menciona otro recurso.

mos tenido largas citas con el amor propio lastimado, la frustración, la autoconmiseración, la desavenencia y el miedo. Estos no son compañeros agradables. Nos hemos dejado llevar a una compasión sensiblera y a amargos resentimientos. Algunas de nosotras hemos ido de un extremo al otro, siempre con la esperanza de que nuestros seres queridos volvieran a ser ellos mismos.

Nuestra lealtad y el deseo de que nuestros maridos levantaran cabeza y fueran como otros hombres, han originado toda clase de situaciones difíciles. Hemos sido desprendidas y abnegadas. Hemos dicho infinidad de mentiras para proteger nuestro orgullo y la reputación de nuestros maridos. Hemos rezado, hemos suplicado, hemos sido pacientes. Hemos herido con malignidad, hemos huido o hemos estado histéricas. Algunas de nosotras, por vengarnos, hemos tenido intrigas amorosas con otros hombres.

Muchas noches nuestras casas se han vuelto campos de batalla. A la mañana siguiente nos hemos reconciliado. Se nos ha aconsejado abandonar a nuestros maridos y lo hemos hecho muy decididas, sólo para regresar al poco tiempo, siempre con esperanza. Nuestros maridos han jurado con gran solemnidad que nunca volverían a beber; nosotras les hemos creído cuando nadie más quería o podía hacerlo. Luego, después de días, semanas o meses, lo emprendían de nuevo.

Rara vez recibíamos a nuestras amistades en casa, porque no sabíamos nunca cómo y cuándo se presentarían los hombres de la casa. Nuestros compromisos sociales eran reducidos; llegamos a vivir casi solas. Cuando nos invitaban a ir a alguna parte, nuestros maridos se tomaban tantos tragos a escondidas que echaban a perder la ocasión. Si, por otra parte, no bebían nada, su autoconmiseración los volvía unos aguafiestas.

Nunca había seguridad económica. Siempre corrían peligro de perder sus puestos o los perdían. Ni un carro blindado hubiera sido suficiente para que la paga llegara a casa. Los fondos de la cuenta del banco se derretían como la nieve en junio.

A veces había otras mujeres; ¡qué desconsolador era descubrirlo; qué cruel que le dijeran a una que ellas los comprendían como no podíamos nosotras!

Cobradores, policías, choferes enojados, vagos y amigotes llamaban a la puerta y a veces incluso traían mujeres a casa. ¡Y nuestros maridos creían que nosotras no éramos hospitalarias! "Aguafiestas, regañona," decían de nosotras. Al día siguiente volvían a ser ellos mismos, y nosotras los perdonábamos, y tratábamos de olvidar.

Hemos tratado de mantener vivo el cariño de nuestros hijos para con su padre. Decíamos a nuestros hijos pequeños que su padre estaba enfermo lo cual se aproximaba a la verdad mucho más de lo que creíamos. Les pegaban a los niños, pateaban las puertas, rompían la loza, arrancaban las teclas al piano. En medio de toda esa batahola, salían amenazando con irse a vivir definitivamente con la otra mujer. De tan desamparadas que estábamos, a veces también nos emborrachábamos. El resultado inesperado era que aquello parecía gustarles.

Tal vez al llegar a este punto nos divorciábamos y llevábamos a los niños a vivir a casa de nuestros padres. Entonces nuestros suegros nos criticaban con dureza por el abandono. Generalmente no nos íbamos; nos quedábamos. Finalmente conseguíamos empleo, en vista de que la miseria nos amenazaba.

Empezamos a buscar consejo médico a medida que las borracheras se repetían más frecuentemente. Los alarmantes síntomas físicos y mentales, la cada vez mayor tristeza por el remordimiento, la depresión y el sentimiento de inferioridad que se apoderaba de nuestros seres queridos: todas estas cosas nos aterrorizaban y perturbaban. Como animales en una rueda de ardilla, pacientes y cansadas trepábamos para caer exhaustas después de cada vano esfuerzo por pisar terreno firme. La mayoría de nosotras hemos llegado a la etapa final con los internamientos en casas de salud, sanatorios, hospitales y cárceles. A veces se presentaban el delirio y la locura. La muerte frecuentemente rondaba cerca.

En estas circunstancias, naturalmente cometíamos equivocaciones. Algunas eran causadas por la ignorancia acerca del alcoholismo. A veces percibíamos vagamente que estábamos tratando con hombres enfermos. De haber comprendido cabalmente la naturaleza de la enfermedad podríamos habernos comportado en forma diferente.

¿Cómo podían ser tan irreflexivos, tan duros y tan crueles esos hombres que querían a sus esposas y a sus hijos? Pensábamos que no podía haber amor en tales personas. Y precisamente cuando estábamos convencidas de su falta de corazón, nos sorprendían con nuevos propósitos y con atenciones. Por algún tiempo volvían a ser afables como antes, sólo para romper en pedazos otra vez la nueva estructura de afecto. Si se les preguntaba por qué habían vuelto a beber, salían con excusas tontas o no contestaban. ¡Eso era tan desconcertante y desalentador! ¿Podíamos habernos equivocado tanto en los hombres con quienes nos casamos? Cuando bebían eran extraños. Algunas veces eran tan inaccesibles que parecían estar rodeados por una muralla.

Y, aunque no quisieran a sus familias ¿cómo podrían estar tan ciegos acerca de ellos mismos? ¿Qué había pasado con su capacidad de discernir, su sentido común, su fuerza de voluntad? ¿Por qué no podían ver que la bebida significaba su ruina? ¿Por qué era que cuando se les señalaba el peligro, lo reconocían y aun así se emborrachaban inmediatamente?

Estas son algunas de las preguntas que pasan por la mente de toda mujer que tiene un marido alcohólico. Tenemos la esperanza de que este libro haya contestado algunas de ellas. Tal vez su marido haya estado viviendo en ese extraño mundo del alcoholismo en el que todo está distorsionado y exagerado. Puede usted darse cuenta de que él la quiere con lo mejor de su ser. Desde luego existe la incompatibilidad, pero casi en todos los casos el alcohólico sólo parece ser desafectuoso y desconsiderado; es, generalmente, por estar apartado del camino recto y ser un enfermo por lo que dice y hace cosas espantosas. En la actualidad, la mayoría de nuestros hombres son mejores maridos y padres de lo que nunca fueron.

Trate de no condenar a su marido alcohólico, a pesar de lo que diga o haga. Sencillamente, es una persona muy enferma e irrazonable. Trátelo, cuando pueda, como si tuviera pulmonía. Cuando la enoje, recuerde que está muy enfermo.

Hay una excepción muy importante a lo anterior. Nos damos cuenta de que algunos hombres son completamente malintencionados, que por más paciencia que haya, no se cambia nada. Un alcohólico de esta índole puede valerse enseguida de este capítulo como arma contra usted. No deje que lo haga. Si está completamente segura de que es de ese tipo, puede parecerle que lo mejor es abandonarlo. ¿Es correcto, acaso, dejarlo arruinar la vida de usted y la de sus niños? Especialmente cuando tienen disponible una manera de dejar de beber y de cometer abusos, si es que quiere pagar el precio.

El problema con el cual usted lucha, generalmente, pertenece a una de estas cuatro categorías.

Uno: Puede que su marido sea solamente una persona que bebe mucho. Puede ser que beba constantemente o que solamente lo haga con exceso en ciertas ocasiones. Tal vez gasta mucho en licor. Puede que la bebida lo esté deteriorando física y mentalmente, sin que él se dé cuenta. A veces pone en situaciones penosas a usted y a sus amistades. El se siente seguro de que puede controlarse cuando bebe, que no hace daño a nadie, que beber es algo necesario en sus negocios. Probablemente se sentirá insultado si se le llama alcohólico. Este mundo está lleno de personas como él. Algunos llegan a moderarse o dejar de beber completamente, y otros no. De los que siguen bebiendo, un buen número se vuelven alcohólicos después de algún tiempo.

Dos: Su marido está demostrando falta de control, porque no puede apartarse de la bebida ni cuando quiere hacerlo.

Frecuentemente se pone desenfrenado cuando bebe. Lo admite, pero está seguro de que la próxima vez lo hará mejor. Ha empezado a probar, con o sin su ayuda, distintas maneras de moderarse o de mantenerse sin beber. Tal vez esté empezando a perder amigos. Puede ser que sus negocios estén sufriendo las consecuencias. Se siente preocupado a veces y comienza a percibir que no puede beber como otras personas. A veces bebe por la mañana, y también durante todo el día para mantener a raya sus nervios. Se siente arrepentido después de las borracheras y dice que quiere dejar de hacerlo. Pero cuando se le pasa, empieza a pensar de nuevo en cómo poder hacer para beber con moderación la próxima vez. Creemos que esta persona corre peligro. Tiene las condiciones inequívocas de un verdadero alcohólico. Tal vez pueda todavía atender sus negocios bastante bien. No lo ha arruinado todo, de ninguna manera. Como decimos entre nosotros: *"Quiere querer dejar de beber."*

Tres: Este marido ha ido mucho más lejos que el número dos. Aunque una vez estuvo como éste, se puso mucho peor. Sus amigos han huido, su casa es casi una ruina y no puede conservar ningún puesto. Tal vez ya se haya llamado al médico y haya empezado la fatigosa peregrinación a sanatorios y hospitales. Admite que no puede beber como otras personas, pero no ve por qué. Se aferra a la idea de que todavía encontrará la manera de hacerlo. Puede que haya llegado al punto en que desesperadamente quiere dejar de beber pero no puede. Usted puede tener bastantes esperanzas en un caso como éste.

Cuatro: Puede ser que esté completamente desesperanzada con su marido. Ha sido internado una y otra vez. Es violento o parece completamente loco cuando está borracho. A veces bebe en el camino cuando se le lleva al hospital. Tal vez haya tenido un delirium tremens. Tal vez los médicos hayan perdido toda esperanza y le hayan dicho que lo interne. Tal vez se haya visto obligada a encerrarlo. Este cuadro puede que no sea tan sombrío como parece. Muchos de nuestros maridos estaban así de avanzados. A pesar de eso, se mejoraron.

Volvamos ahora al marido número uno. Aunque parezca extraño, frecuentemente es difícil de tratar. Disfruta con la bebida; despierta su imaginación; se siente más cerca de sus amigos bebiendo con ellos. Tal vez usted misma disfrute bebiendo con él, mientras no se pasa de la raya. Ustedes han pasado juntos noches felices charlando junto a la chimenea. Tal vez a los dos les gusten las fiestas, que resultarían aburridas sin licor. Nosotras mismas hemos gozado de noches como esa: nos divertíamos. Sabemos lo que es el licor como lubricante social. Algunas, no todas, creemos que tiene sus ventajas cuando se usa moderadamente.

El primer principio para el éxito consiste en no enojarse nunca. Aunque su marido se vuelva insoportable y tenga que dejarlo temporalmente, debe irse sin rencor, si puede hacerlo. La paciencia y la ecuanimidad son sumamente necesarias.

Pensamos que no debe usted decirle nunca qué es lo que él debe hacer sobre su manera de beber. Si se le mete en la cabeza la idea de que es usted una regañona y una aguafiestas, serán pocas las probabilidades que tenga usted de lograr algún resultado. Eso le servirá a él de motivo para beber más. Dirá que no se le comprende. Esto puede conducir a que pase noches muy solas. Puede que busque a otra persona para que lo consuele — no siempre otro hombre.

Esté decidida a que la manera de beber de su marido no va a estropear las relaciones de usted con sus niños y con sus amistades. Ellos necesitan su ayuda y su compañía. Es posible que tenga una vida plena y feliz, pese a que su marido siga bebiendo. Conocemos a mujeres que no sienten temor aun estando en esas circunstancias tan infelices. No ponga todo su afán en reformar a su marido. Por mucho que se esfuerce en hacerlo, puede ser que usted sea incapaz de lograrlo.

Sabemos que estas indicaciones son difíciles de seguir a veces, pero se ahorrará muchos pesares si logra observarlas.

Su marido puede llegar a apreciar su razonamiento y su paciencia. Esto puede preparar el terreno para una conversación con él sobre su problema alcohólico. Trate de que sea él mismo el que saque a relucir el tema. Esté segura de no criticar en una charla de esas. En vez de esto, trate de ponerse en el lugar de él. Haga usted que se dé cuenta de que quiere ayudarlo y no criticarlo.

Cuando surja una conversación, puede sugerirle que lea este libro o cuando menos el capítulo sobre alcoholismo. Dígale que ha estado preocupada aunque tal vez innecesariamente; que usted cree que debe conocer mejor el tema ya que todos deben comprender con claridad el riesgo que corren si beben demasiado. Demuéstrele que tiene usted confianza en que puede dejar de beber o moderarse. Dígale que no quiere ser una aguafiestas; que solamente quiere que cuide su salud. Así, tal vez logre interesarlo en el alcoholismo.

Probablemente haya varios alcohólicos entre las amistades de él. Puede sugerirle que ustedes dos se interesen en ellos. A los bebedores les gusta ayudar a otros bebedores. Su marido puede estar dispuesto a hablar con alguno de ellos.

Si este enfoque del asunto no atrae la atención de su marido, puede ser mejor dejar el tema; pero después de una charla amistosa, su marido será generalmente el que vuelva a tocarlo. Esto puede requerir esperar pacientemente, pero bien valdrá la pena. Mientras tanto, usted puede tratar de ayudar a la esposa de otro bebedor que esté mal. Si obra usted de acuerdo a estos principios, su marido puede dejar de beber o moderarse.

Supongamos, sin embargo, que su marido se ajusta a la descripción del número *dos*. Deben practicarse los mismos principios que se aplican en el caso número *uno*. Pero después de su siguiente borrachera, pregúntele si realmente quiere librarse de la bebida para siempre. No le pida que lo haga por usted ni por nadie más. Unicamente, si le *gustaría* hacerlo.

Lo probable es que quiera hacerlo. Muéstrele su ejemplar

de este libro y dígale qué es lo que ha descubierto sobre alcoholismo. Demuéstrele que, como alcohólicos, los que escribieron este libro lo comprenden. Háblele sobre algunas de las historias interesantes que usted ha leído. Si cree que puede desconfiar de un remedio espiritual, dígale que le dé una ojeada al capítulo sobre alcoholismo. Tal vez se interese entonces en continuar.

Si se entusiasma, la cooperación suya significará mucho. Si su actitud es tibia o cree que no es alcohólico, le sugerimos que lo deje solo. Evite apremiarlo a seguir el programa. La semilla se ha sembrado en su mente. Sabe que miles de hombres que son como él en muchos aspectos se han recuperado. Pero no le recuerde esto después de que haya estado bebiendo porque puede enojarse. Tarde o temprano es posible que lo vea usted volviendo a leer este libro. Espere a que sus repetidos tropiezos lo convenzan de que tiene que actuar; porque mientras más lo apremie, más se puede demorar su recuperación.

Si tiene un marido como el número tres, puede que sea afortunada. Estando segura de que quiere dejar de beber, puede usted ir a él con este libro tan contenta como si le hubiera tocado la lotería. Tal vez él no comparta su entusiasmo, pero es casi seguro que leerá este libro y puede ser que se decida enseguida a probar el programa. Si no fuese así, es probable que no tenga usted que esperar mucho. Una vez más, no debe presionarlo; deje que sea él mismo el que decida. Ayúdelo de buen grado a salir de sus borracheras. No le hable de su condición ni de este libro más que cuando él saque a relucir el tema. En algunos casos puede ser preferible que sea alguien fuera de la familia quien le dé este libro. Pueden urgirlo a poner manos a la obra sin suscitar hostilidad. Si su marido es una persona normal en otros sentidos, en este caso existirán bastantes probabilidades para la recuperación.

Tal vez usted suponga que los hombres que están dentro de la clasificación número cuatro no tienen ningún remedio, pero no es así. Muchos de los Alcohólicos Anónimos eran así.

Todos los habían deshauciado. La derrota parecía segura. Sin embargo, estos individuos frecuentemente tenían una recuperación firme y espectacular.

Hay excepciones. Algunos hombres se han deteriorado tanto por el alcohol que ya no pueden dejar de beber. A veces se presentan casos en los que el alcoholismo está complicado con otros desórdenes. Un buen médico o psiquiatra puede determinar si esas complicaciones son serias. En cualquier caso, procure que su marido lea este libro. Su reacción puede ser de entusiasmo. Si ya está internado en alguna institución, pero puede convencerles a usted y a su médico de que está dispuesto a tomar la cosa en serio, déle una oportunidad para probar nuestro método, a menos de que el médico opine que su condición mental es demasiado anormal o peligrosa. Hacemos esta recomendación con cierta confianza. Durante años hemos estado tratando alcohólicos internados en instituciones. Desde que se publicó por primera vez este libro, A.A. ha sacado de manicomios y hospitales de todas clases a miles de alcohólicos. La mayoría no han regresado nunca. El poder de Dios llega muy lejos.

Puede ser que le encuentre en una situación diametralmente distinta. Tal vez su marido ande suelto pero debiera estar internado. Algunos hombres no quieren o no pueden superar el alcoholismo. Creemos que cuando se vuelven demasiado peligrosos, encerrarlos es un acto de bondad; pero desde luego siempre debe consultarse con un médico. Las esposas y los hijos de estos individuos sufren horrorosamente, pero no más que ellos mismos.

Algunas veces ocurre que usted tiene que empezar su vida de nuevo. Conocemos a mujeres que lo han hecho. Si las mujeres que están en esta situación adoptan una manera espiritual de vivir, su tarea será más fácil.

Si su marido es un bebedor, probablemente usted se preocupa por lo que está pensando la gente y odia encontrarse con sus amigos. Se encierra en sí misma más y más y cree que todos están hablando de las condiciones que prevalecen en su hogar. Elude el tema de la bebida hasta cuando habla con sus propios padres. No sabe qué decir a sus hijos. Cuando su marido está mal, se convierte en una reclusa temblorosa, deseando que nunca se hubiera inventado el teléfono. Encontramos que casi todas estas turbaciones son innecesarias. Por una parte, no tiene que hablar prolijamente de lo que le sucede a su marido; pero por otra parte, puede explicar discretamente la naturaleza de su enfermedad. Sin embargo, necesita tener cuidado de no turbar o dañar a su marido.

Cuando haya explicado cuidadosamente a esas personas que él es un enfermo, habrá creado un ambiente nuevo. Las barreras que habían surgido entre usted y sus amistades desaparecerán con el desarrollo de una compasión simpatizante. Dejará de sentirse cohibida y de creer que tiene que excusar a su marido como si fuese un débil de carácter. Puede que él sea todo, menos eso. El valor y buen genio recién adquiridos por usted, y el no sentirse cohibida, le darán maravillosos resultados socialmente.

Los mismos principios son aplicables para el trato con los hijos. A menos de que realmente necesiten ser protegidos contra su padre, es mejor no ponerse de ningún lado en cualquier discusión que surja entre él y ellos mientras el padre esté bebiendo. Emplee todas sus energías para promover un mejor entendimiento entre todos. Así disminuirá esa terrible tensión que se apodera del hogar de un bebedor problema.

Con frecuencia se ha visto obligada a decirle al patrón y a los amigos de su marido que éste estaba enfermo, cuando en realidad estaba borracho. Evite, todo lo que pueda, contestar a esa clase de preguntas; cuando sea posible, deje que su marido dé las explicaciones. El deseo que tiene de ayudarlo no debe ser motivo para que mienta a las personas que tienen derecho a saber dónde está y qué está haciendo. Hable de esto con él cuando no esté bebiendo y esté de buen humor. Pregúntele qué es lo que debe usted hacer si la pone en tal situación otra vez. Pero tenga cuidado de no estar resentida por la última vez que se lo hizo.

Hay otro temor que resulta paralizante: Quizá tenga usted miedo a que su marido pierda su puesto y esté pensando en las desgracias y en los días difíciles que eso les acarrearía a usted y a sus hijos. Esto puede llegar usted a experimentarlo, o tal vez le haya sucedido ya varias veces. De volver a sucederle, considérelo desde un punto de vista diferente. ¡Tal vez resulte ser una bendición! Ya que puede convencer a su esposo de que quiera dejar de beber para siempre, y ahora sabe usted que puede dejar de beber si quiere hacerlo. Una y otra vez, esta aparente calamidad ha resultado ser una dádiva que se nos otorga, porque ha abierto el camino que conduce al descubrimiento de Dios.

Ya hemos comentado anteriormente lo mucho mejor que es la vida cuando se vive en un plano espiritual. Si Dios puede resolver el antiquísimo enigma del alcoholismo, también puede resolver los problemas de usted. Nosotras las esposas encontramos que, como todos los demás, padecíamos de orgullo, autoconmiseración, vanidad y todo lo que contribuye a que una persona sea egocéntrica; que no estábamos por encima del egoísmo y de la falta de honradez. A medida que nuestros maridos empezaron a aplicar en sus vidas los principios espirituales, también nosotras empezamos a ver la conveniencia de hacer lo mismo.

Al principio, algunas de nosotras no creíamos que necesitábamos esta ayuda; pensábamos que, en general, éramos mujeres bastante buenas, capaces de ser mejores si nuestros maridos dejaban de beber. Pero la idea de que éramos demasiado buenas para necesitar de Dios era bastante tonta. Ahora tratamos de emplear los principios espirituales en todos los aspectos de nuestras vidas. Cuando lo hacemos, encontramos que eso también resuelve nuestros problemas; la consecuente falta de miedo, de preocupación y de amor propio lastimado resulta algo maravilloso. Recomendamos encarecidamente que prueben nuestro programa, porque nada ayudará tanto al marido como cambiar radicalmente nuestra actitud hacia él, actitud que Dios le mostrará a usted cómo adquirir. Acompañe a su marido si le es posible.

Si usted y su marido encuentran una solución al apremiante problema de la bebida, serán muy felices sin duda, pero no todos los problemas se resolverán enseguida. La semilla ha empezado a germinar en la tierra nueva pero el crecimiento apenas ha comenzado. A pesar de su recién encontrada felicidad, habrá altas y bajas; todavía tendrá muchos de los viejos problemas. Así es como debe ser.

La fe y la sinceridad de ustedes dos serán sometidas a prueba. Estos ejercicios deben considerarse como parte de su educación, porque así estará usted aprendiendo a vivir. Cometerá errores, pero si está tomando la cosa en serio, éstos no la hundirán; por el contrario podra capitalizarlos. Un modo de vivir mejor surgirá cuando estos errores sean superados.

Algunos de los obstáculos que encontrará son la irritación, el amor propio lastimado y el resentimiento. Su marido será a veces irrazonable y usted querrá criticarlo. Una mancha insignificante en el horizonte doméstico puede convertirse en tormentosos nubarrones de disputa. Estas diferencias familiares son muy peligrosas. especialmente para su marido. A menudo tendrá usted que llevar la carga de evitarlas o de mantenerlas controladas. No olvide nunca que el resentimiento es un grave riesgo para un alcohólico. No queremos decir que tenga usted que estar de acuerdo con su marido cuando haya una sincera diferencia de opinión, únicamente que tenga cuidado de no estar en desacuerdo de una manera resentida o con un espíritu crítico.

Usted y su marido encontrarán que pueden deshacerse de los problemas serios más fácilmente que de los triviales. La próxima vez que usted y él tengan una discusión acalorada, no importa cuál sea el tema, cualquiera de ustedes dos debe tener derecho a sonreír y decir: "Esto se está poniendo serio. Siento haberme alterado. Hablemos de ello más adelante." Si su marido está tratando de vivir sobre una base espiritual, él también estará haciendo todo lo que esté dentro de sus posibilidades para evitar el desacuerdo y las disputas.

Su marido sabe que le debe a usted más que la sobriedad.

Quiere mejorar. Sin embargo, usted no debe esperar demasiado. Su manera de pensar y actuar ya son hábitos de años. Paciencia, tolerancia, comprensión y amor son la consigna. Muéstrele en usted estas cosas y las volverá a recoger después reflejadas en él. Vive y deja vivir, es la regla. Si ustedes dos demuestran buena voluntad en remediar sus propios defectos, habrá poca necesidad de criticarse el uno al otro.

Las mujeres llevamos en nosotras la imagen del hombre ideal, de la clase de individuo que quisiéramos que fueran nuestros maridos. Una vez que está resuelto su problema con la bebida, la cosa más natural del mundo es creer que entonces va a estar a la altura de ese apreciado ideal. Las probabilidades son de que no sea así, porque, como usted misma, él apenas ha empezado a desarrollarse. Tenga paciencia.

Otro sentimiento que es muy probable que abriguemos es el resentimiento de que el amor y la lealtad no pudieron curar a nuestro marido del alcoholismo. No nos gusta la idea de que el contenido de un libro o la labor de otro alcohólico haya logrado en unas cuantas semanas aquello por lo que nosotras luchamos durante años. En esos momentos olvidamos que el alcoholismo es una enfermedad sobre la que no podíamos haber tenido ningún poder. Su marido será el primero en decir que el afecto y los cuidados de usted lo llevaron al punto en el que le fue posible tener una experiencia espiritual; que sin usted, ya estaría hecho polvo hace mucho tiempo. Cuando acudan pensamientos de resentimiento, trate de hacer una pausa y enumerar las bendiciones que ha recibido. Después de todo, su familia está unida nuevamente, el alcohol ya no es un problema, y usted y su marido están trabajando juntos para un futuro nunca antes soñado.

Otra dificultad más es que puede llegar a estar celosa de las atenciones que él tenga con otras personas, especialmente alcohólicos. Ha estado usted sedienta de su compañía y sin embargo se pasa largas horas ayudando a otros hombres y a sus familiares. Usted piensa que ahora debería ser todo suyo. El hecho es que él tiene que trabajar con otros para sostener su propia sobriedad. Algunas veces estará tan interesado que se volverá muy negligente. Su casa se llenará de extraños, y tal vez no le caigan bien algunos de ellos. El se interesará en los problemas y en las dificultades de ellos, pero para nada en los de usted. De poco servirá que se lo indique y lo apremie a que le preste mayor atención. Creemos que es un verdadero error enfriar su entusiasmo en el trabajo relacionado con el alcoholismo.

Debe unirse a él todo lo que pueda en sus esfuerzos en ese sentido. Le sugerimos que dedique algunos de sus pensamientos a las esposas de sus nuevos amigos alcohólicos; ellas necesitan el cariño de una mujer que ha pasado por lo que usted ha pasado.

Probablemente sea cierto que usted y su marido hayan estado viviendo demasiado solos, porque la bebida muchas veces aísla a la esposa de un alcohólico. Por lo tanto, es probable que usted necesite nuevos intereses y una gran causa como meta en su vida, como los tiene su marido. Si usted coopera, en vez de quejarse, encontrará que el exceso de entusiasmo en él se modera. En ustedes dos se despertará un sentido de responsabilidad por los demás. Usted, lo mismo que su marido, debe pensar en lo que puede aportar a la vida en vez de en cuánto puede sacar de ella. Inevitablemente, sus vidas estarán más llenas al hacerlo. Perderá la vida antigua para encontrar una mucho mejor.

Tal vez su marido tenga un buen comienzo sobre la nueva base, pero precisamente cuando las cosas están marchando muy bien, la desconsuela llegando a casa borracho. Si usted cree que realmente quiere dejar de beber, no tiene por qué alarmarse. Aunque es infinitamente mejor que no tenga ninguna recaída, como ha sido el caso con muchos de nuestros hombres, no es de ninguna manera malo en algunos casos. Su esposo se dará cuenta enseguida de que necesita redoblar sus actividades espirituales si espera sobrevivir; usted no necesita recordarle su deficiencia espiritual. El la sabe. Anímelo y pregúntele cómo puede usted ayudarlo aún más. La más insignificante señal de miedo o de intolerancia puede mermar las probabilidades de recuperación que tenga su marido. En un momento de debilidad puede tomar la antipatía de usted hacia sus amigos de "vida alegre" como uno de esos insanos pretextos triviales para beber.

Nosotras no tratamos nunca de arreglar la vida de un hombre para protegerlo de la tentación. La más insignificante disposición de parte de usted para dirigir sus citas o sus asuntos para que no sea tentado, será notada por él. Haga que se sienta absolutamente libre de ir y venir como le parezca. Esto es importante. Si él se emborracha, no se culpe usted por ello. Dios le ha quitado su problema alcohólico, o no se lo ha quitado. Si no lo ha hecho, es mejor darse cuenta de ello enseguida; entonces podrán usted y su marido volver a examinar los fundamentos. Si ha de evitarse una repetición, pongan el problema con todo lo demás en manos de Dios.

Nos damos cuenta de que hemos estado dando muchas indicaciones y muchos consejos. Puede parecer que hemos estado sermoneando. Si es así, lo sentimos porque a nosotras mismas no siempre nos caen bien quienes nos sermonean. Pero lo que hemos relatado está basado en nuestras experiencias, algunas de ellas dolorosas. Tuvimos que aprender estas cosas de una manera muy dura. Por eso deseamos que usted comprenda y que evite las dificultades innecesarias.

Así es que, a ustedes las que están ahí fuera y que pronto pueden estar con nosotras — les deseamos buena suerte, y que Dios las bendiga.

La asociación de los Grupos Familiares de Al-Anon se formó unos trece años después de escribirse este capítulo. Aunque constituye una comunidad completamente separada de Alcohólicos Anónimos, utiliza los principios generales del programa de A.A. como guías para los esposos, esposas, parientes, amigos y otras personas íntimas de los alcohólicos. Las páginas anteriores, [aunque se dirigen solamente a las esposas] señalan los problemas con los cuales éstas tal vez tengan que enfrentarse. Alateen para los hijos adolescentes de alcohólicos, forma parte de Al-Anon.

Si el número de teléfono de Al-Anon no se encuentra inscrito en su guía de teléfonos local, puede obtener mayor información escribiendo a su Oficina de Servicio Mundial: 1600 Corporate Landing Parkway, Virginia Beach, VA 23454.

Capítulo 9

LA FAMILIA DESPUES

E N el capítulo anterior se han indicado ciertas actitudes que puede adoptar una esposa para con el marido que se está recuperando. Tal vez esas indicaciones hayan creado la impresión de que debe envolvérsele en algodones y ponerlo en un pedestal. Un reajuste satisfactorio significa justamente lo contrario. Todos los miembros de la familia deben tener como base, de común acuerdo, la tolerancia, la comprensión y el cariño. Esto supone un proceso de desinflamiento. El alcohólico, su esposa, sus hijos, sus suegros, es probable que cada uno de ellos tenga determinadas ideas acerca de la actitud de la familia hacia él o ellos mismos. Cada uno tiene interés en que se respeten sus deseos. Encontramos que cuanto más exige un miembro de la familia que se ceda a sus demandas los demás, más resentidos se vuelven. Esto contribuye a la discordia y la infelicidad.

¿Y por qué? ¿No es porque cada uno quiere llevar la delantera? ¿No está tratando cada uno de arreglar la familia de acuerdo con lo que le parece? ¿No está tratando de ver qué puede sacar de la familia, en vez de darle?

El dejar de beber no es más que el primer paso para el alejamiento de una condición tensa y anormal. Un médico nos ha dicho: "Años de convivencia con un alcohólico puede volver neuróticos a cualquier esposa o niño. Toda la familia está enferma hasta cierto grado." Hay que hacer que los familiares se den cuenta, al comenzar la jornada, de que no siempre va a hacer buen tiempo. Cada uno a su vez puede cansarse o puede rezagarse. Puede haber senderos y atajos seductores por los que pueden errar y perder su camino.

Suponga que le decimos cuáles son algunos de los obstáculos que encontrará una familia, y que le indicamos cómo pueden evitarse — incluso cómo pueden ser de utilidad para otros. La familia del alcohólico ansía el retorno de la felicidad y de la seguridad. Sus miembros recuerdan cuando papá era cariñoso, considerado y próspero. La vida de hoy se compara con la de años anteriores y, si no llega a esa altura, la familia puede sentirse infeliz.

La confianza que la familia siente en papá aumenta. Creen que pronto volverán los días buenos. ¡Algunas veces exigen que papá haga que vuelvan inmediatamente! Creen que Dios casi les debe esta recompensa por una deuda que ya venció. Pero el jefe de la casa se ha pasado años echando abajo la estructura de los negocios, el amor, la amistad, la salud — cosas que ahora están en ruinas o dañadas. Se necesitará tiempo para desescombrar las ruinas. A pesar de que los edificios viejos son reemplazados eventualmente por otros mejores, las nuevas estructuras tardarán años en ser acabadas.

Papá sabe que él tiene la culpa; tal vez le cueste años de duro trabajo reestablecerse económicamente, pero la familia no debe reprochárselo. Quizá nunca vaya a tener mucho dinero. No obstante, su comprensiva familia le admirará no por sus ambiciones económicas, sino por su empeño en transformar su vida.

De vez en cuando los familiares serán molestados por los espectros del pasado, porque la carrera de bebedor de casi todo alcohólico ha sido marcada por aventuras jocosas, humillantes, vergonzosas o trágicas. El primer impulso será el de guardar bajo llave en algún lugar escondido esos esqueletos. Quizá la familia está bajo la influencia de la idea de que la felicidad futura sólo puede basarse en el olvido del pasado. Nosotros creemos que ese punto de vista es egocéntrico y diametralmente opuesto al nuevo modo de vivir.

Henry Ford hizo una vez un atinado comentario en el sentido de que la experiencia es la cosa de valor supremo en la vida. Eso resulta cierto solamente si uno está dispuesto a aprovechar el pasado. Crecemos por nuestra buena voluntad para encarar y rectificar errores y convertirlos en logros. Así, el pasado del alcohólico se convierte en la principal posesión de la familia y frecuentemente en la única.

Este doloroso pasado puede ser de enorme valor para otras familias que todavía están luchando con su problema. Creemos que cada familia que ha sido liberada de su problema le debe algo a aquellas que no lo han sido. Y cuando lo requiera la ocasión, cada uno de sus miembros debe estar enteramente dispuesto a sacar a relucir antiguos errores, por muy penosos que sean. El mostrarle a otros que sufren cómo se nos ayudó, es precisamente lo que hace ahora que la vida nos parezca de tanto valor. Confíe en la idea de que el tenebroso pasado, estando en manos de Dios, es su más preciada posesión, clave de la vida y de la felicidad de otros. Con ella puede usted evitarles a otros la muerte y el sufrimiento.

Es posible desenterrar pasados actos de mala conducta, y que éstos nos molesten hasta convertirse en una verdadera calamidad. Por ejemplo, conocemos de situaciones en las que el alcohólico o su esposa han tenido intrigas amorosas. Llevados por la animación inicial del desarrollo espiritual, se perdonaron mutuamente y se unieron más. El milagro de la reconciliación estaba a mano. Luego, debido a una u otra provocación, el agraviado desenterraba la vieja intriga y lleno de ira aventaba sus cenizas. Unos cuantos de nosotros hemos padecido los dolores del crecimiento, y duelen mucho. Maridos y esposas se han visto a veces obligados a separarse por un tiempo hasta poder obtener una nueva perspectiva y una nueva victoria sobre el amor propio. En la mayoría de los casos el alcohólico sobrelleva esta prueba sin recaer, pero no siempre. Por lo tanto creemos que, a menos de que sirvan un buen propósito, los hechos pasados no deben discutirse.

En las familias de Alcohólicos Anónimos no escondemos los vergonzosos secretos del pasado. Cada uno conoce las dificultades que los otros tienen con el alcohol. Esta es una situación que en la vida ordinaria produciría infinidad de pesares; podría ser motivo de un chismorreo escandaloso, de risa a costa de otras personas, y de una tendencia a sacar ventaja del conocimiento de asuntos de carácter íntimo. Entre nosotros esto sólo sucede raras veces. Hablamos mucho el uno del otro, pero casi invariablemente templa esas conversaciones un espíritu de tolerancia y de afecto.

Otro principio que observamos cuidadosamente es el de no contar las experiencias íntimas de otra persona, a menos que estemos seguros de que ésta lo aprobaría. Encontramos que es mejor, cuando se puede, limitarnos a nuestra propia historia. Un individuo puede criticarse o reírse de sí mismo y esto afectará favorablemente a otros, pero cuando es otro el que lo critica o ridiculiza, se produce el efecto contrario. Los miembros de una familia deben tener especial cuidado con estas cuestiones porque se ha dado el caso de que una observación atolondrada y desconsiderada arme un lío. Nosotros los alcohólicos somos personas sensitivas; algunos tardamos mucho tiempo en superar esa desventaja.

Muchos alcohólicos son entusiastas. Se van a los extremos. Al principio de su recuperación tomarán, por regla general, una de estas dos direcciones: Puede meterse de cabeza en un esfuerzo desesperado para salir adelante en los negocios, o encontrarse con su ánimo tan dominado por su nueva vida que no hable ni piense en nada más. En cualquiera de los casos surgen ciertos problemas de familia. Hemos tenido experiencia con muchísimos de estos casos.

Creemos peligroso que se precipite de lleno a su problema económico. La familia también resultará afectada, al principio agradablemente al ver que están por resolverse sus problemas de dinero, luego no tan agradablemente cuando se sienten olvidados. El padre puede estar cansado por la noche y preocupado por el día; puede interesarse poco por los niños y enfadarse cuando se le reprochan sus actos de mala conducta. Si no está irritable, puede parecer desanimado y aburrido y no alegre ni afectuoso como la familia quisiera que fuera. La madre puede quejarse de la falta de atención.

Todos se sienten defraudados y muchas veces se lo demuestran. Simultáneamente, al comienzo de esas quejas se levanta una barrera. El está forzando sus nervios todo lo posible para recuperar el tiempo perdido; está empeñándose en recuperar su fortuna y reputación, y piensa que lo está haciendo bien.

A veces la esposa y los hijos no piensan que sea así. Como en el pasado han sido olvidados y maltratados, piensan que el padre les debe más de lo que están recibiendo. Quieren que haga la gran alharaca con ellos. Esperan que les proporcione los ratos agradables de que disfrutaban antes de que él empezara a beber tanto, y que se muestre arrepentido por lo que han sufrido. Pero papá no da de sí mismo fácilmente. Crece el resentimiento; se vuelve aún menos comunicativo. A veces explota por una menudencia. La familia está desconcertada; lo critican, señalándole cómo está decayendo en su programa espiritual.

Esta clase de cosas puede evitarse. Tanto el padre como la familia están equivocados, aunque cada parte tenga alguna justificación. De poco sirve discutir y sólo empeora el atolladero. La familia tiene que darse cuenta de que papá, aunque maravillosamente mejorado, todavía está convaleciente. Deben estar agradecidos de que se mantenga sobrio y pueda estar de nuevo en este mundo. Que elogien sus progresos; que recuerden que la bebida causó toda clase de daños y que la reparación de éstos puede tardar. Si perciben estas cosas, no tomarán tan en serio sus períodos de mal humor, depresión o apatía, los cuales desaparecerán cuando haya tolerancia, cariño y comprensión espiritual.

El jefe de la casa debe recordar que él es el principal culpable de lo que le ha sucedido a su hogar. Apenas podría saldar la cuenta en todo el curso de su vida. Pero debe ver el peligro de concentrarse demasiado en el éxito económico. Aunque la recuperación económica esté en camino para muchos de nosotros, encontramos que no podíamos anteponer el dinero a todo. Para nosotros, el bienestar material siempre siguió al espiritual; nunca lo precedió.

Dado que el hogar ha sido afectado más que ninguna otra cosa, es bueno que un hombre se esfuerce allí. No es probable que consiga mucho si no logra demostrar desprendimiento y cariño bajo su propio techo. Sabemos que hay esposas y familias difíciles, pero el individuo que esté superando el alcoholismo debe recordar que él contribuyó mucho a hacerlas así.

A medida que cada miembro de una familia resentida empieza a ver sus propios defectos y los admite ante los otros, sienta la base para una discusión provechosa. Estas conversaciones en la familia serán constructivas, si pueden tenerse sin discusión acalorada, sin autoconmiseración y sin autojustificación o crítica resentida. Poco a poco la madre y los hijos se darán cuenta de que piden demasiado y el papá se dará cuenta de que da muy poco. Dar, en vez de recibir, será el principio que sirva de guía.

Supongamos por otra parte, que el padre ha tenido al empezar un despertar espiritual. De la noche a la mañana, digamos, es un hombre nuevo. Con gran entusiasmo se vuelve devoto; no puede concentrarse en nada más. Tan pronto como se empieza a tomar su sobriedad como algo común y corriente, puede ser que la familia empiece a ver el extraño nuevo papá, primero con aprensión y luego con irritación. Hay charlas sobre asuntos espirituales día y noche. Puede ser que exija que la familia encuentre a Dios enseguida, o que demuestre una sorprendente indiferencia hacia ellos y diga que está por encima de las consideraciones mundanas. Puede ser que diga a la esposa devota durante toda su vida que ella no sabe nada del asunto y que lo mejor sería que adoptara su modo espiritual de vivir mientras tenga la oportunidad de hacerlo.

Cuando el padre actúe de esta forma, la familia puede reaccionar desfavorablemente; pueden sentirse celosos de que Dios les haya robado el cariño del padre. Aunque estén agradecidos de que él ya no beba, puede ser que no les guste la idea de que Dios haya logrado el milagro en tanto que ellos fracasaron. Frecuentemente se olvidan de que papá ya estaba fuera de toda ayuda humana. Puede ser que no vean por qué su cariño y su dedicación no lo corrigieron. Dirán que el padre no es tan espiritual, después de todo. Si tiene intenciones de reparar sus pasados errores ¿por qué tanta preocupación por todo el mundo, menos por su propia familia? Y ¿Qué pensar acerca de lo que dice, de que Dios cuidará de ellos? Sospechan que su padre está un poco "chiflado".

No está tan desequilibrado como puede suponerse. Muchos de nosotros hemos experimentado la euforia de este padre. Nos hemos entregado a esa embriaguez espiritual. Como el demacrado explorador, después de apretarse el cinturón a la barriga vacía, hemos encontrado oro. La alegría que sentimos por la liberación de toda una vida de frustraciones, no tuvo límites. Papá piensa que ha encontrado algo mejor que el oro. Durante algún tiempo puede ser que trate de abrazarse solo al nuevo tesoro. Puede ser que, de momento, no haya visto que apenas ha arañado un filón inagotable, que le dará dividendos solamente si lo trabaja el resto de su vida e insiste en regalar todo el producto.

Si la familia coopera, el padre pronto se dará cuenta de que está padeciendo de una distorsión de valores. Percibirá que un desarrollo espiritual que no incluya sus obligaciones con la familia no puede ser tan perfecto como él lo suponía. Si la familia considera que la conducta del padre no es más que una fase de su desarrollo, todo marchará bien. En el seno de una familia afín y comprensiva, estas extravagancias del desarrollo espiritual del padre desaparecerán pronto.

Lo contrario puede suceder si la familia censura y critica. El padre puede pensar que durante años, su manera de beber lo ha situado desventajosamente en cada discusión, pero que ahora, con Dios de su parte, se ha vuelto una persona superior. Si la familia insiste en la crítica, este error puede arraigarse más en él. En vez de tratarla como debería hacerlo, puede ser que se retraiga más y crea que tiene una justificación espiritual para hacerlo.

A pesar de que la familia no esté completamente de acuerdo con las actividades espirituales del padre, deben dejarle hacer lo que quiera. Aun cuando demuestre cierta despreocupación e irresponsabilidad con la familia, es bueno dejarlo que llegue al nivel que desee en su ayuda a otros alcohólicos. Durante esos primeros días de convalecencia, eso contribuirá más que nada a asegurar su sobriedad. Aunque algunas de las manifestaciones que tiene son alarmantes y desagradables, creemos que él estará sobre una base más firme que el individuo que está poniendo el éxito económico o profesional por delante del desarrollo espiritual. Será menos probable que beba de nuevo, y cualquier cosa es preferible antes que eso.

Aquellos de nosotros que hemos pasado mucho tiempo en un mundo de ensueño, eventualmente nos hemos dado cuenta de la puerilidad de ello. Ese mundo de ensueño ha sido reemplazado por un gran sentido de la determinación acompañado de una creciente conciencia del poder de Dios en nuestras vidas. Hemos llegado al convencimiento de que El quisiera que tuviéramos la cabeza con El en las nubes, pero que nuestros pies deben estar firmemente plantados en la tierra. Aquí es donde están nuestros compañeros de viaje y donde tiene que realizarse nuestro trabajo. Estas son nuestras realidades. No hemos encontrado nada incompatible entre una poderosa experiencia espiritual y una vida de sana y feliz utilidad.

Una sugerencia más: Ya sea que la familia tenga o no convicciones espirituales, sería bueno que examinase los principios con los cuales está tratando de regir su vida el alcohólico de la familia. Es difícil que puedan dejar de aprobar estos sencillos principios, aunque el jefe de la casa todavía falle algo en seguirlos. Nada puede ayudar más al individuo que se va por una tangente espiritual que la esposa que adopta el mismo programa, haciendo mejor uso práctico de ello.

Habrá otros cambios profundos en el hogar. El licor incapacitó al padre durante tantos años, que la madre se convirtió en jefe de la casa; se enfrentó a estas responsabilidades valerosamente. Por la fuerza de las circunstancias, frecuentemente se veía obligada a tratar al padre como a un niño enfermo o descarriado. Aun cuando él quería hacerse valer, no podía porque la bebida constante hacía que no tuviera razón. La madre lo planeaba y dirigía todo. Cuando el padre estaba sobrio, generalmente obedecía. En esa forma, la madre, sin tener ninguna culpa, se acostumbraba a llevar los pantalones en la familia. El padre, volviendo a la vida de repente, con frecuencia empieza a hacerse valer. Esto trae dificultades, a menos de que la familia vigile las tendencias de ambas partes y se llegue a un mutuo entendimiento amistoso.

La bebida aísla del mundo exterior a la mayoría de los hogares. Puede ser que el padre haya hecho a un lado desde hace años todas las actividades normales, tales como las de los clubes, círculos cívicos y los deportes. Cuando se renueva su interés en tales cosas, esto puede dar lugar a celos. La familia puede pensar que tiene una hipoteca tan fuerte sobre el padre que no quede ninguna cantidad para nadie más que ellos mismos. En vez de emprender nuevas actividades, la madre y los hijos exigen que él se quede en casa y supla la falta de éstas.

Desde el mismo principio la pareja debe enfrentarse al hecho de que cada uno va a tener que ceder de vez en cuando si es que la familia va a desempeñar un papel efectivo en la nueva vida. El padre necesitará pasar mucho tiempo con otros alcohólicos, pero esta actividad debe ser equilibrada. Puede hacer amistad con personas no alcohólicas y tomar en consideración sus necesidades. Los problemas de la comunidad también solicitarán su atención. Aunque la familia no tenga conexiones de carácter religioso, puede ser que sus miembros deseen tener contacto con algún organismo religioso o hacerse miembros de alguno.

A los alcohólicos que se han burlado de la gente devota, les ayudará esa clase de conexiones. Al tener una experiencia espiritual, el alcohólico encontrará que tiene mucho en común con esta gente, aunque no esté de acuerdo con ellos en muchas cuestiones. Si no discute sobre religión, hará nuevos amigos y es seguro que encuentre nuevos derroteros de utilidad y de placer. El y su familia pueden ser motivo de alegría en esas congregaciones. Puede ser que lleve nueva esperanza y nuevo valor a muchos sacerdotes, ministros o rabinos que dan todo de sí mismos para servir a este nuestro angustiado mundo. En lo anterior sólo nos anima el deseo de hacerle una sugerencia útil; no hay nada de obligatorio en ello. Como grupo no sectario no podemos tomar decisiones por otros. Cada individuo debe consultar con su propia conciencia.

Le hemos estado hablando a usted de cosas serias y a veces trágicas. Hemos estado tratando con el alcohol en su peor aspecto. Pero no somos una partida de malhumorados. Si los recién llegados no pudieran ver la alegría que hay en nuestra vida, no la desearían. Tratamos de no caer en el escepticismo en lo que se refiere a la situación de las naciones y de no llevar sobre nuestros hombros las dificultades del mundo. Cuando vemos un hombre hundiéndose en el fuego del alcoholismo, le damos los primeros auxilios y ponemos lo que tenemos a su disposición. Por su bien, relatamos y casi volvemos a vivir los horrores de nuestro pasado. Pero aquellos de nosotros que hemos tratado de cargar con todo el peso de las dificultades de otros, encontramos que pronto nos rinden.

Así es que creemos que la alegría y el sano reír contribuyen a la utilidad. Los extraños a veces se escandalizan cuando soltamos la carcajada por una aparentemente trágica experiencia del pasado. Pero ¿Por qué no hemos de reír? Nos hemos recuperado y se nos ha dado el poder para ayudar a otros.

De todos es sabido que los que están mal de salud y los que rara vez se divierten, no rién mucho. Así es que cada familia debe divertirse junta o separadamente, todo lo que las circunstanicas lo permitan. Estamos seguros de que Dios quiere que seamos felices, alegres y libres. No podemos endosar la creencia de que la vida es un valle de lágrimas, aunque en ocasiones haya sido justamente eso para muchos de nosotros. Pero es bien claro que nosotros mismos forjamos nuestra propia desgracia. Dios no lo hizo. Por lo tanto, evite forjar deliberadamente una desgracia; pero si se presentan dificultades, aprovéchelas como oportunidades para demostrar la omnipotencia de El.

Ahora, algo acerca de la salud. No es frecuente que un organismo seriamente quemado por el alcohol se recupere de la noche a la mañana, ni que los pensamientos torcidos y la depresión desaparezcan en un abrir y cerrar de ojos. Estamos convencidos de que una vida espiritual le devuelve a uno la salud. Nosotros, los que nos hemos recuperado de beber en una forma seria, somos milagros de salud mental. Pero hemos visto transformaciones notables en nuestros organismos: raro es entre nosotros el que conserva señas de disipación.

Pero esto no quiere decir que hagamos caso omiso de las medidas humanas de salud. Dios ha dado a este mundo abundancia de magníficos médicos, psicólogos y especialistas en varias ramas de la medicina. No vacile en consultar a personas como éstas acerca de su problema de salud. La mayoría de ellos dan de sí mismos generosamente para que sus semejantes puedan disfrutar de cuerpos y mentes sanos. Trate de recordar que aunque Dios ha hecho milagros entre nosotros, nunca debemos menospreciar los conocimientos de un médico o psiquiatra; sus servicios son a veces indispensables para tratar a un recién llegado y para seguir un tratamiento complementario.

Uno de los muchos médicos que tuvo oportunidad de leer el manuscrito de este libro nos dijo que frecuentemente era beneficioso para el alcohólico consumir dulces, pero siempre de acuerdo con el médico. Opinaba que todos los alcohólicos deben tener dulces de chocolate a la mano, por su valor como reconstituyente rápido de energía cuando hay cansancio; añadió que ocasionalmente se presentaba por la noche un deseo indefinido que podría satisfacerse con dulces. Muchos de nosotros hemos notado una tendencia a comer dulces y hemos encontrado que esa costumbre es beneficiosa.

Una palabra acerca de las relaciones sexuales. El alcohol estimula tanto sexualmente a algunos hombres que éstos han abusado en ese sentido. Las parejas ocasionalmente se sienten consternadas al descubrir que cuando se suspende la bebida, el hombre tiende a ser impotente. A menos de que se comprenda la razón de esto, puede presentarse un trastorno emocional. Algunos de nosotros hemos tenido esta experiencia, para disfrutar a los pocos meses de una intimidad más hermosa que nunca. Si la condición persiste, no se debe vacilar en consultar a un médico o psicólogo. No sabemos de muchos casos en los que se haya prolongado demasiado esta dificultad.

El alcohólico puede encontrar que le es difícil reanudar relaciones amigables con sus hijos; esas mentes jóvenes fueron impresionadas mientras él estuvo bebiendo. Sin decirlo, puede ser que lo odien cordialmente por lo que les ha hecho a ellos y a su madre. Muchas veces domina a los niños una dureza y un cinismo patéticos. Parece que no pueden olvidar y perdonar. Esto puede durar meses, mucho más de lo que la madre se ha demorado en aceptar la nueva manera de vivir del padre.

Con el tiempo se darán cuenta de que él es un hombre nuevo, y, a su modo, se lo harán notar. Cuando suceda esto, puede invitarlos a participar en la meditación de la mañana, y pueden tomar parte en la discusión diaria sin rencor ni predisposición. De este punto en adelante el progreso será rápido. Frecuentemente se producen resultados maravillosos después de una reconciliación como esta.

Ya sea que la familia siga sobre una base espiritual o no, el miembro que es alcohólico tiene que hacerlo si es que quiere recuperarse. Los otros tienen que estar convencidos de su nueva posición sin ninguna duda. Ver es creer para la mayoría de los miembros de una familia que han tenido que vivir con un bebedor.

Aquí tenemos un caso muy a propósito de lo que se está tratando: Uno de nuestros amigos era un bebedor de café y un fumador exagerado. No había duda de que abusaba en ese sentido. Viendo esto y con el ánimo de ayudarlo, su esposa empezó a reprenderlo. El admitió que se estaba extralimitando, pero le dijo con toda franqueza que no estaba dispuesto a dejar de hacerlo. Como su esposa es una de esas personas que realmente creen que hay algo pecaminoso en esos hábitos, lo estuvo regañando y con su intolerancia hizo que finalmente estallara en cólera. Se emborrachó.

Desde luego que nuestro amigo estaba equivocado — completamente equivocado. Tuvo que admitirlo dolorosamente y reparar sus defensas espirituales. Aunque actualmente es un miembro muy eficaz de Alcohólicos Anónimos, todavía fuma y bebe café; pero ni su esposa ni nadie más lo juzga. Ella se da cuenta de que no tenía razón en discutir acaloradamente un asunto como ese, cuando sus males más graves estaban remediándose rápidamente.

Tenemos tres pequeños lemas que son pertinentes:

Lo Primero es lo Primero
Vive y Deja Vivir
Poco a Poco se va Lejos

Capítulo 10

A LOS PATRONES

*D*E entre los muchos patrones de hoy en día, pensamos en un miembro que ha pasado una gran parte de su vida en el mundo de los grandes negocios. Ha contratado y despedido a cientos de hombres. Conoce al alcohólico desde el punto de vista del patrón. Sus opiniones actuales deben resultar excepcionalmente útiles a los hombres de negocios de todas partes.

Pero dejemos que él le hable a usted:

Una vez fui subgerente de la división de una corporación que daba empleo a seis mil seiscientos hombres. Un día mi secretaria me avisó que el señor B. insistía en hablar conmigo por teléfono. Le dije que le dijera que no me interesaba hablar con él. Le había advertido varias veces que solamente tenía una oportunidad más, y poco tiempo después me había llamado por teléfono dos días consecutivos, tan borracho que casi no podía hablar. Le dije que habíamos terminado con él definitivamente.

Regresó mi secretaria a decirme que no era el señor B. el que estaba al teléfono sino un hermano de él y que tenía un recado para mí. Todavía me esperaba que se tratara de otra súplica de clemencia, pero estas fueron las palabras que me llegaron por el auricular: "Solamente quería decirle que mi hermano se tiró por la ventana de un hotel y que dejó una nota diciendo que usted fue el mejor patrón que tuvo y que no debía culpársele de nada."

Otra vez, al abrir una carta que había sobre mi escritorio cayó de ella un recorte de periódico. Era la noticia de la defunción del mejor vendedor que había tenido. Después de dos semanas de beber, había disparado con el dedo del pie una escopeta cuyo cañón se había puesto en la boca. Seis semanas antes lo había despedido por beber.

Una experiencia más: La voz de una mujer me llegaba débilmente por teléfono, desde Virginia. Quería saber si todavía estaba en vigor el seguro que su marido tenía en la compañía. Cuatro días antes se había colgado en su leñera. Me había visto obligado a despedirlo por la bebida, a pesar de que era eficiente y alerta, uno de los mejores organizadores que había conocido.

Aquí tenemos tres casos: tres hombres excepcionales perdidos para este mundo porque yo no comprendía el alcoholismo como lo comprendo ahora. ¡Qué ironía, yo mismo me volví alcohólico! Y si no hubiera sido por la intervención de una persona comprensiva, podría haber seguido los pasos de ellos. Mi caída le costó a la comunidad de negocios quién sabe cuántos miles de dólares, porque cuesta mucho dinero adiestrar a un individuo para un puesto de ejecutivo. Esta clase de pérdidas sigue sin disminuir. Creemos que la trama de los negocios está atravesada de parte a parte por una situación que podría mejorarse mediante un buen entendimiento entre las partes interesadas.

Casi todo patrón moderno siente una responsabilidad moral por el bienestar de sus empleados y trata de cumplir con estas responsabilidades. El que no lo haya hecho siempre con el alcohólico es fácil de comprender. A él le ha parecido frecuentemente que el alcohólico es un tonto de primera magnitud. Debido a la capacidad especial del empleado o al afecto especial que siente por él, a veces el patrón conserva en su trabajo a un hombre como éste mucho más tiempo de lo razonable. Algunos patrones han probado todos los remedios que se conocen. Sólo en pocos casos ha habido falta de paciencia y de tolerancia. Y nosotros, que hemos abusado de los mejores patrones, no podemos culparlos por haber sido bruscos con nosotros.

He aquí un ejemplo típico: Un funcionario de una de las

más grandes instituciones bancarias de Norteamérica sabe que ya no bebo. Un día me habló de un ejecutivo del mismo banco, el cual de acuerdo con su descripción, era indudablemente alcohólico. Esto me pareció una oportunidad de ser servicial y estuve dos horas hablando del alcoholismo, la enfermedad, y describiendo los síntomas y los resultados lo mejor que pude. Su comentario fue, "muy interesante, pero estoy seguro de que este hombre ha terminado con la bebida. Ha regresado después de un permiso de tres meses; ha estado sometido a una cura, se le ve muy bien, y para rematarlo todo, la junta directiva le ha comunicado que esta es su última oportunidad."

La única respuesta que pude darle fue que si el individuo seguía la norma común, agarraría una borrachera mayor que las anteriores. Creía que esto era inevitable y me preguntaba si el banco no estaría cometiendo una injusticia con este individuo. ¿Por qué no ponerlo en contacto con algunos de los de nuestro grupo? Podría ser una oportunidad para él. Señalé que yo no había bebido nada en tres años, y ésto teniendo en cuenta que había tenido dificultades que hubieran conducido a beber a la gran mayoría de las personas. ¿Por qué no brindarle, cuando menos, la oportunidad de oír mi historia? "¡Ah, no!", —dijo mi amigo—, "O este hombre termina con el alcohol, o se queda sin empleo. Si tiene la fuerza de voluntad y el valor de usted, logrará su propósito."

Me sentí desconcertado porque ví que había fracasado en ayudar a comprender a mi amigo el banquero. Sencillamente él no podía creer que su colega ejecutivo sufriera una grave enfermedad. No quedaba más que esperar.

Al poco tiempo el individuo recayó y fue despedido. Después de su despido, nos pusimos en contacto con él. Sin mucho trabajo aceptó los principios y procedimientos que nos habían ayudado a nosotros; está indudablemente en vía de recuperación. Para mí, este incidente ilustra la falta de comprensión acerca de lo que realmente aflije al alcohólico, y la falta de conocimientos sobre el papel que los patrones pueden desempeñar provechosamente en la salvación de sus empleados enfermos.

Si usted desea ayudar, estaría bien que hiciera caso omiso de su propia manera de beber, o del hecho de que no bebe. Ya sea que usted beba mucho, moderadamente o no beba, puede tener ideas muy arraigadas y tal vez prejuicios. Los que beben moderadamente pueden sentirse más molestos por un alcohólico que el que no bebe; bebiendo ocasionalmente y comprendiendo sus propias reacciones, le es posible llegar a estar seguro de muchas cosas que en lo que se refiere al alcohólico no son siempre así. Como bebedor moderado puede usted tomar o dejar el licor; siempre que usted quiere, controla su manera de beber. Puede correrse una parranda moderada una noche, levantarse a la mañana siguiente, sacudir la cabeza y marcharse a su trabajo. Para usted el alcohol no es un verdadero problema; no puede ver por qué tiene que serlo para nadie, a menos que se trate de un débil o de un estúpido.

Cuando se trata con un alcohólico puede causarle una molestia natural el pensar que un hombre puede ser tan débil, estúpido e irresponsable. Aun cuando usted comprenda mejor el mal, puede que este sentimiento aumente.

Una mirada al alcohólico que está en su organización, a veces aclara muchas cosas. ¿No es, por regla general, talentoso, ágil de pensamiento, imaginativo y agradable? Cuando está sobrio, ¿no trabaja duro y tiene cierto don para hacer las cosas? ¿Si tuviera estas cualidades y no bebiera, no valdría la pena conservarlo? ¿Debe tenérsele las mismas consideraciones que a los demás empleados enfermos? ¿Vale la pena salvarlo? Si su decisión es afirmativa, ya sea por motivos humanitarios o económicos o de las dos clases, entonces las indicaciones siguientes pueden serle útiles.

¿Puede usted desechar el sentimiento de que solamente está tratando con un hábito, con una terquedad o con una voluntad débil? Si le es difícil deshacerse de estas creencias, valdría la pena releer los capítulos segundo y tercero, en los que la enfermedad del alcoholismo se discute extensamente. Usted, como hombre de negocios, quiere conocer las necesidades antes de considerar el resultado. Si concede que su empleado está enfermo, ¿puede perdonársele lo que ha hecho en el pasado? ¿Pueden echarse al olvido los actos absurdos de su pasado? ¿Puede considerarse que ha sido víctima de una manera de pensar torcida, causada directamente por la acción del alcohol en su cerebro?

Recuerdo bien el susto que recibí cuando un eminente médico de Chicago me habló de casos en los que la presión del líquido espinal causaba de hecho una ruptura del cerebro. ¡Con razón el alcohólico es tan extrañamente irracional! ¿Quién no lo sería con un cerebro tan febril? Los bebedores normales no son afectados así, ni pueden entender las aberraciones de un alcohólico.

Su hombre tal vez haya estado tratando de esconder varios líos, que probablemente están bastante enredados, y puede que sean repugnantes. Puede que usted no acierte a entender cómo un individuo aparentemente tan franco haya podido enredarse así. Pero estos líos, sin importar lo graves que sean, pueden atribuirse a la acción anormal del alcohol en su mente. Cuando está bebiendo o se le está pasando la borrachera, un alcohólico que a veces es modelo de honradez cuando está normal, hará cosas increíbles. Después tendrá una tremenda repulsión. Casi siempre, estas extravagancias no indican más que una condición temporal.

Esto no quiere decir que todos los alcohólicos sean honrados y probos cuando no están bebiendo; desde luego que no es así. Puede darse el caso de que traten de abusar de usted. Al ver los esfuerzos que usted hace por comprender y tratar de ayudar, hay quienes pretenderán aprovecharse de su bondad. Si usted está seguro de que su hombre no quiere dejar de beber, lo mejor es despedirlo y mientras más pronto, mejor. No le está haciendo ningún favor manteniéndolo en su empleo; despedir a tal individuo puede significar una bendición para él. Puede ser precisamente la sacudida que necesita.

Sé que en mi propio caso, nada de lo que la empresa hubiera hecho por mí me habría detenido porque, mientras pudiera conservar mi puesto, no me era posible darme cuenta de lo grave que era mi situación. Si me hubieran despedido primero y luego dado los pasos necesarios para que llegara a mí la solución que contiene este libro, podría haber regresado a ellos — ya estando bien — seis meses después.

Pero hay muchos hombres que quieren dejar de beber y con ellos puede usted hacer mucho. El tratamiento comprensivo de sus casos le producirá dividendos.

Tal vez ya tenga en mente a esa clase de individuo: uno que quiera dejar de beber y al que usted quiere ayudar, aunque no sea más que una cuestión de negocios. Ahora sabe usted más acerca del alcoholismo; puede darse cuenta de que él está física y mentalmente enfermo; está usted dispuesto a pasar por alto su conducta pasada. Supongamos que lo aborda así:

Manifiéstele usted que sabe cómo bebe y que necesita dejar de hacerlo. Puede decirle que estima sus aptitudes y quisiera retenerlo, pero que esto no será posible si sigue bebiendo. Una actitud firme a esta altura nos ha ayudado a muchos de nosotros.

Luego puede asegurarle que no trata de sermonearlo, moralizarlo o condenarlo; que si anteriormente hubo algo de esto fue por un malentendido. Si es posible, demuéstrele que no guarda ningún resentimiento hacia él. En este punto podría ser bueno explicarle lo que es el alcoholismo, como enfermedad; dígale que cree que él es una persona gravemente enferma, que su condición puede ser fatal y pregúntele si quiere ponerse bien; explíquele que si le hace esa pregunta es porque hay muchos alcohólicos que, apartados del camino recto e intoxicados, no quieren dejar de beber. Pero ¿quiere él? ¿Dará todos los pasos necesarios y se someterá a todo lo que se requiera para ponerse bien, y así dejar de beber para siempre?

Si dice que *sí*, ¿quiere realmente decir sí o está pensando para sus adentros que lo está engañando y que, después de un descanso y un tratamiento, podrá salirse con la suya tomándose unas copas de vez en cuando? Asegúrese de que no le esté engañando, o engañándose a sí mismo.

El que mencione este libro o no, depende del criterio suyo. Si él contemporiza y todavía cree que puede volver a beber, aunque sea una cerveza, lo mejor es despedirlo después de la próxima borrachera que, si es alcohólico, es casi seguro que pescará. Debe entender esto perfectamente bien. ¿Está usted tratando con un individuo que puede y quiere ponerse bien? Si no quiere, ¿para qué perder el tiempo con él? Esto puede parecer muy duro pero generalmente es el mejor camino.

Después de que usted se haya cerciorado de que su hombre quiere recuperarse y de que hará todo lo posible para lograrlo, puede indicarle un curso definitivo de acción. Para la mayoría de los alcohólicos que están bebiendo o acaban de salir de una borrachera, es conveniente y hasta, a veces, imprescindible cierto grado de tratamiento médico. Este es un asunto que debe, desde luego, ponerse en manos de su propio médico. Cualquiera que sea el método que se siga, su finalidad es la de dejar el organismo y la mente limpios de los efectos del alcohol. En manos competentes, esto raramente cuesta o tarda mucho. Le irá mucho mejor a su hombre si se le deja en condiciones físicas que le permitan pensar correctamente y de no sentir ansia por el licor. Si le propone usted un procedimiento como este, puede ser necesario un anticipo para cubrir el costo del tratamiento; pero creemos que debe aclarársele que cualquier gasto le será deducido de su sueldo más adelante. Es mejor para él que se sienta totalmente responsable.

Si su hombre acepta la oferta que le hace, debe señalársele que el tratamiento fisiológico no es más que una pequeña parte del procedimiento. Aunque usted le esté proporcionando la mayor atención médica, debe comprender que necesita cambiar de sentimientos. Para sobreponerse a la bebida necesitará experimentar una transformación de su manera de pensar y de su actitud. Todos tuvimos que dar prioridad a nuestra recuperación, porque sin recuperación habríamos perdido hogar y negocio, todo.

¿Puede usted sentir completa confianza en la capacidad de él para recuperarse? ¿Puede usted adoptar una actitud en el sentido de que, en lo concerniente a usted, esto será un asunto estrictamente privado y que los descuidos alcohólicos de él y el tratamiento que está por seguirse nunca serán discutidos sin el conocimiento de él? Sería bueno tener con él una amplia conversación a su regreso.

Pero volvamos a la materia de que trata este libro. Este contiene indicaciones completas para que el empleado pueda resolver su problema. Algunas de estas ideas son nuevas para usted; tal vez no simpatice del todo con el enfoque que sugerimos. De ninguna manera lo ofrecemos como algo inmejorable, pero en lo que respecta a nosotros nos ha dado resultados satisfactorios. Después de todo ¿no está usted buscando resultados más que métodos? Su empleado, aunque no le guste, conocerá la inflexible verdad acerca del alcoholismo. Eso no puede hacerle ningún mal, aunque no sea partidario de este remedio.

Le sugerimos que trate de que se fije en este libro el médico que vaya a atender a su paciente durante el tratamiento. Si el paciente lee el libro en el momento que pueda, mientras tenga una depresión aguda, puede que se dé cuenta de su condición.

Esperamos que el médico le diga la verdad al paciente acerca de su condición, cualquiera que ésta sea. Cuando el libro se ponga en manos del individuo, es mejor que nadie le diga que debe guiarse por sus indicaciones. El debe decidirlo por su cuenta.

Desde luego está usted apostando a que con su cambiada actitud más este libro, resolverá el problema. En algunos casos será así, y en otros puede que no. Pero creemos que, si persevera, el porcentaje de éxitos le dará muchas satisfacciones. A medida que se extiende nuestra labor y el número de nosotros aumenta, esperamos que sus empleados puedan ponerse directamente en contacto con algunos de nosotros. Mientras tanto, creemos que puede lograrse mucho con el sólo empleo de este libro.

Cuando regrese su empleado, hable con él. Pregúntele si cree que ya ha encontrado las respuestas. Si se siente con libertad para discutir sus problemas con usted; si sabe que usted comprende y piensa que no le desconcertará nada de lo que él quiera decir, probablemente se encamine rápidamente.

Respecto a esto, ¿puede usted conservar su serenidad si el individuo le cuenta cosas horribles? Por ejemplo, puede revelarse que ha alterado a su favor su cuenta para gastos o que ha planeado quitarle a usted sus mejores clientes. En realidad, puede decir casi cualquier cosa si ha aceptado nuestra solución, la cual, como usted sabe, exige una rigurosa honradez. ¿Puede olvidar esto como una deuda perdida y comenzar de nuevo con él? Si le debe dinero, puede ser que usted quiera llegar a un arreglo con él.

Si él habla de la situación de su hogar, es indiscutible que usted puede hacerle sugerencias útiles. ¿Puede hablar francamente con usted siempre que sea discreto respecto a los negocios y no critique a sus compañeros de trabajo? Con esta clase de empleado, tal actitud impondrá una lealtad imperecedera.

Los enemigos más grandes que tenemos los alcohólicos son los resentimientos, los celos, la envidia, la frustración y el miedo. Dondequiera que haya hombres agrupados para algún negocio, existirán rivalidades y como derivación de éstas, cierto grado de "política de oficina."Algunas veces nosotros los alcohólicos tenemos la idea de que la gente está tratando de hacernos caer. Frecuentemente no es así de ninguna manera. Pero algunas veces nuestra manera de beber se utilizará con fines políticos.

Cabe recordar el caso de un individuo malicioso que siempre estaba haciendo chistes sobre las hazañas de un alcohó-

lico cuando bebía. En esta forma estaba chismeando disimu-
ladamente. En otro caso, un alcohólico fue internado en un
hospital para su tratamiento; al principio sólo sabían esto
unos cuantos, pero al poco tiempo lo supieron todos. Naturalmente, esto disminuyó la probabilidad de recuperación del
individuo. Muchas veces el patrón puede proteger a la víctima contra esa clase de rumores. El no puede ser parcial, pero
siempre puede defender al individuo contra provocaciones
innecesarias y críticas injustas.

Como clase, los alcohólicos son gente enérgica. Trabajan
con brío y se divierten igualmente. Su hombre debe estar dispuesto a hacerlo, y lo mejor posible. Estando algo debilitado
y afrontando un reajuste físico y mental a una vida sin alcohol, puede excederse. Puede que le sea necesario refrenar su
deseo de trabajar 16 horas al día. Puede que usted tenga que
animarlo a que se divierta de vez en cuando. Puede ser que
quiera hacer mucho por otros alcohólicos y que algo de esto
surja en las horas de trabajo. Un grado razonable de libertad
le servirá de mucho. Este tipo de trabajo es muy necesario
para que conserve su sobriedad.

Después de que su hombre haya pasado sin beber unos
meses, es posible que pueda usted valerse de sus servicios
con otros empleados que le están causando dificultades, siempre que a éstos les parezca bien la intervención de un tercero.
Un alcohólico que se ha recuperado, aunque ocupe un puesto
de relativamente poca importancia, puede hablarle a uno que
ocupe uno más alto. Como ya sigue una norma de vida radicalmente diferente, nunca tratará de aprovecharse de la situación.

Debe tener confianza en él. Es natural que se sienta
desconfianza después de una larga experiencia con las excusas del alcohólico. La próxima vez que llame su esposa para
avisar que está enfermo, puede que llegue a la conclusión de
que está borracho. Si lo está, pero está tratando de recuperarse, lo admitirá, aunque signifique la pérdida de su trabajo. Porque se dará cuenta de que, si espera vivir, tiene que
ser honrado. Le agradecerá saber que usted no se preocupa

demasiado por él, que no tiene sospechas y no está tratando de controlar su vida para protegerlo contra la bebida. Si está siguiendo concienzudamente el programa de recuperación, puede ir a cualquier parte que su oficina necesite mandarlo.

En el caso de que recaiga aunque sea una vez, tendrá que decidir si lo va a despedir. Si está usted seguro de que no está tomando la cosa en serio, no cabe duda de que debe ser despedido. Si, por el contrario, está seguro de que él está haciendo todo lo que puede, es posible que quiera darle otra oportunidad. Pero no debe sentir ninguna obligación para retenerlo, porque usted ya ha cumplido con su obligación.

Hay otra cosa que posiblemente usted desee hacer. Si la organización es grande, podría poner este libro en manos de sus ejecutivos subalternos. Puede hacerles saber que no tiene nada en contra de los empleados alcohólicos de su organización. Estos ejecutivos subalternos frecuentemente están en una situación difícil. A menudo se da el caso de que sus amigos son individuos que tienen puestos inferiores a los suyos. Así que, por una u otra razón, los encubren con la esperanza de que mejoren las cosas. A veces ponen en peligro sus propios empleos tratando de ayudar a individuos que beben en exceso, a los que se debió haber despedido desde hace mucho tiempo o haberles dado una oportunidad para ponerse bien.

Después de haber leído este libro, uno de esos ejecutivos puede acercarse a nuestro individuo y decirle más o menos esto: "Mira José ¿quieres o no dejar de beber? Me pones en un aprieto cada vez que te emborrachas. Esto no es justo ni para mí ni para la empresa. He estado aprendiendo algo acerca del alcoholismo. Si eres un alcohólico como parece ser, estás muy enfermo. La firma quiere ayudarte en esto y si te interesa, hay una manera de salir de la dificultad. Si aceptas, tu pasado será olvidado y no se mencionará el hecho de que has estado ausente para someterte a un tratamiento. Pero si no puedes o no quieres dejar de beber, creo que debes renunciar a tu empleo."

Puede ser que el ejecutivo subalterno no esté de acuerdo con el contenido de este libro. No necesita y a menudo no debe enseñárselo al candidato alcohólico; pero, cuando menos, comprenderá el problema y no se dejará llevar por promesas. Podrá asumir una actitud equitativa con un individuo de este tipo. Ya no tendrá por qué encubrir más a un empleado alcohólico.

Se resume en lo siguiente: Nadie debe ser despedido sólo porque es alcohólico. Si quiere dejar de beber, debe proporcionársele una oportunidad real. Si no puede o no quiere dejar de beber, debe despedírsele. Las excepciones son pocas.

Creemos que con este enfoque se logran varias cosas. Se permitirá la rehabilitación de hombres buenos. A la misma vez, no se vacilará en librarse de aquellos que no pueden o no quieren dejar de beber. El alcoholismo puede estar causando muchos daños a su organización por pérdidas en concepto de tiempo, hombres y prestigio. Deseamos que nuestras sugerencias le ayuden a evitar estos daños, que a veces son serios. Creemos que somos sensatos al instarle a detener ese desperdicio y darle una oportunidad al empleado que se la merezca.

El otro día se abordó al vicepresidente de una empresa industrial grande. Su comentario fue éste: "Me alegro mucho de que ustedes se hayan sobrepuesto a la bebida. Pero la política de esta compañía es no intervenir en las costumbres de sus empleados. Si uno de nuestros hombres bebe tanto que perjudica su trabajo, le despedimos. No veo cómo podrían ustedes ayudarnos; porque, como ven, no tenemos ningún problema alcohólico." Esa misma compañía gasta millones cada año en investigación. El costo de su producción es calculado hasta una fracción mínima. Proporciona medios de recreo a sus empleados y los asegura. Existe un verdadero interés, tanto humano como económico, por los empleados. Pero ¿el alcoholismo? pues, sencillamente no creen que sea un problema.

Tal vez sea ésta una actitud típica. Nosotros que, colectivamente, hemos visto mucho del mundo de los negocios, cuando menos desde el punto de vista del alcoholismo, tuvimos que sonreírnos por la sincera opinión de este caballero. Podría asustarse si supiera cuánto le está costando al año a su organización el alcoholismo. En esa compañía pueden haber muchos alcohólicos de hecho o potencialmente. Nosotros creemos que los gerentes de las grandes empresas tienen poca idea de lo muy generalizado que está este problema. Aun cuando usted piense que su empresa no tiene ningún problema alcohólico, puede que valga la pena fijarse con más detenimiento. Puede que haga algunos descubrimientos interesantes.

Desde luego, este capítulo se refiere a los alcohólicos, hombres enfermos, trastornados. Lo que tenía en la mente nuestro amigo el vicepresidente era el bebedor habitual, el bebedor que lo hace para divertirse. Con este tipo de bebedor, su política resulta indudablemente muy sana, pero no hizo distinción entre esta gente y los que son alcohólicos.

No es de esperarse que a un empleado alcohólico se le dedique tiempo y atención en forma desproporcionada. No debe haber favoritismo con él. El individuo recto, el que quiere recuperarse, no querrá este tratamiento; no abusará. Lejos de eso, trabajará muy duro y le estará agradecido toda la vida.

En la actualidad soy dueño de una pequeña compañía. Hay en ella dos empleados alcohólicos que rinden lo que cinco vendedores normales. Pero ¿por qué no? Tienen una nueva actitud y han sido salvados de una muerte en vida. Ha sido un verdadero gusto para mí cada uno de los momentos que he empleado para encaminarlos a su recuperación.

Capítulo 11

UNA VISION PARA TI

*P*ARA la mayoría de la gente normal, beber significa jovialidad, grata compañía y una imaginación vívida. Quiere decir liberación de los cuidados, del fastidio y de las preocupaciones. Es alegre intimidad con los amigos y sentimientos de que la vida es buena. Pero no así para nosotros en esos días de beber excesivo. Se fueron los placeres de antes. Había un anhelo persistente de gozar de la vida como lo hicimos una vez y una dolorosa obsesión de que algún nuevo milagro de control nos permitiese hacerlo. Siempre había un intento más — y un fracaso más.

Cuanto menos nos toleraba la gente, más nos retirábamos de la sociedad, de la vida misma. Al convertirnos en vasallos del Rey Alcohol, en habitantes de su insano dominio, la fría bruma que es la soledad, se asentaba sobre nosotros ennegreciéndose cada vez más. Algunos de nosotros buscábamos lugares sórdidos, esperando encontrar compañía comprensiva y aprobación. Momentáneamente las encontrábamos — luego venía el olvido, y el terrible despertar para enfrentarse a los espantosos Cuatro Jinetes: Terror, Aturdimiento, Frustración y Desesperación. ¡Los infelices bebedores que lean estos párrafos comprenderán!

De vez en cuando, alguien que bebe mucho y está seco por el momento, exclamará: "No me hace ninguna falta el licor; me siento mejor ahora; trabajo mejor y me divierto más." Como ex bebedores problema que somos, esta salida nos hace sonreír. Sabemos que este amigo es como el niño que silba en la oscuridad para darse valor. Se está engañando. En sus adentros daría cualquier cosa por poder tomarse

139

media docena de copas y salir impune con ellas. Eventualmente hará la prueba otra vez con el viejo jueguito, porque no se siente feliz con la sobriedad que tiene. No puede concebir la vida sin alcohol. Llegará el día en que no podrá concebirla *sin* éste ni *con* éste. Entonces conocerá como pocos la soledad. Estará en el momento de dar el salto al otro lado. Deseará que llegue el fin.

Nosotros hemos demostrado cómo salimos del *fondo*. Tú dirás: "Sí, estoy dispuesto. Pero, ¿se me va a condenar a una vida en la que seré un estúpido, aburrido y malhumorado como algunas personas "virtuosas" que conozco? Sé que tengo que pasar sin alcohol, pero ¿cómo voy a hacerlo? ¿Tienen ustedes algún substituto?"

Sí, hay un substituto y es mucho más que eso. Es la Comunidad de Alcohólicos Anónimos. Allí encontrarás la liberación de las inquietudes, del aburrimiento y de la preocupación. Tu imaginación encontrará estímulos. La vida tendrá al fin un significado. Los años más satisfactorios de tu existencia están por delante. Eso encontramos en la Comunidad y tú también lo encontrarás.

"¿Cómo va a suceder eso?" — te preguntarás — "¿dónde voy a encontrar a esa gente?"

Vas a conocer a estos nuevos amigos en tu propia comunidad. Cerca de ti hay alcohólicos que se están muriendo sin ningún auxilio, como los náufragos de un barco que se hunde. Si vives en una población grande, hay cientos de ellos. De la clase alta y de la baja, ricos y pobres: estos son los futuros miembros de Alcohólicos Anónimos. Entre ellos encontrarás amigos para toda la vida. Te unirán a ellos nuevos y excelentes lazos, porque habrán escapado juntos del desastre y, hombro con hombro, iniciarán su jornada común. Entonces sabrás lo que es dar de ti mismo para que otros puedan sobrevivir y volver a descubrir la vida. Aprenderás el significado completo de "Amarás a tu prójimo como a ti mismo."

Puede parecer increíble que estos hombres vayan a ser de nuevo felices, respetados y útiles. ¿Cómo pueden sobreponerse a tanta desgracia, mala reputación, y desesperanza? La respuesta positiva es que ya que estas cosas han sucedido entre nosotros, también pueden sucederte a ti. Si las deseas por encima de todo y si estás dispuesto a valerte de nuestra experiencia, estamos seguros de que las obtendrás. Todavía vivimos en la era de los milagros. Nuestra propia recuperación lo prueba.

Nuestra esperanza es que cuando este libro sea lanzado a la mundana marea de alcoholismo, los bebedores derrotados se aprovecharán de él siguiendo sus indicaciones. Estamos seguros de que muchos se pondrán en pie por sí mismos para emprender la marcha. Ellos se acercarán a más enfermos y, así, podrán surgir refugios de alcohólicos en cada ciudad y caserío, para aquellos que tienen que encontrar una solución.

En el capítulo "Trabajando con Otros" pudiste darte una idea de cómo abordamos a otros y los ayudamos a recuperar la salud. Supongamos que a través de ti varias familias han adoptado esta manera de vivir; querrás saber algo más acerca de cómo proceder a partir de ese punto. Quizá la mejor manera de obsequiarte con un destello de tu futuro sea describir el desarrollo de la Comunidad entre nosotros. He aquí un breve relato:

Hace años, en el 1935, uno de nuestros miembros hizo un viaje a cierta ciudad del oeste. Desde el punto de vista de los negocios, el viaje le fue mal. Si hubiera tenido éxito en su empresa se habría podido levantar económicamente lo cual, entonces, parecía de vital importancia. Pero la operación terminó en un litigio y fracasó completamente. En lo sucedido hubo mucho de mala voluntad y de controversia.

Amargamente desilusionado, un día se encontró en un lugar extraño, desacreditado y casi sin un centavo. Todavía débil físicamente y sobrio sólo unos meses, se dio cuenta de que su situación era difícil. Sentía mucha necesidad de hablar con alguien; pero ¿con quién?

Una tarde triste, paseaba por el salón de entrada de su

hotel, preguntándose cómo iba a pagar su cuenta. En un rincón del lugar había una vitrina con un directorio de las iglesias locales. Al fondo del salón, una puerta daba a una atractiva cantina. En ésta encontraría compañía y liberación; pero, a menos que se tomara unas copas, no tendría valor para trabar amistad con nadie y pasaría un fin de semana muy solo.

Por supuesto que no podía beber pero ¿por qué no sentarse a una mesa con un refresco? Después de todo, ¿no había estado sobrio seis meses? Tal vez pudiera con, digamos, tres copas — ¡ni una más! El temor se apoderó de él. Su posición era débil. Otra vez esa vieja e insidiosa locura — esa primera copa. Se dirigió temblando a donde estaba el directorio de las iglesias. La música y la alegre charla le llegaban desde la cantina.

Pensó en sus responsabilidades: su familia y aquellos hombres que morirían porque no sabrían cómo ponerse bien; sí, aquellos otros alcohólicos. Sin duda había muchos de ellos en esa población. Telefonearía a algún clérigo. Le volvió la cordura y dio gracias a Dios. Después de escoger al azar una iglesia entró en la cabina y descolgó el teléfono.

Su llamada al clérigo lo llevó finalmente a cierto residente de la población, el cual, aunque había sido un hombre capaz y respetado, estaba entonces acercándose al punto más bajo de la desesperación alcohólica. La situación era la de siempre: el hogar en peligro, la esposa enferma, los hijos desorientados, las cuentas sin pagar y el crédito por los suelos. Tenía un deseo desesperado de dejar de beber, pero no encontraba la salida después de haber ensayado casi todas las vías de escape. Dolorosamente consciente de que había algo anormal en él, el hombre no podía darse cuenta cabalmente de lo que quería decir ser alcohólico.[1]

[1] Esto se refiere al primer encuentro entre Bill y el Dr. Bob. Estos dos hombres fueron más tarde los co-fundadores de A.A. El texto del libro comienza con la historia de Bill; la Sección de Experiencias empieza con la del Dr. Bob.

Cuando nuestro amigo contó su experiencia, el que lo escuchaba estuvo de acuerdo en que toda la fuerza de voluntad de que pudiera hacer acopio no podría hacerle dejar de beber por mucho tiempo. Convino en que era absolutamente necesario tener una experiencia espiritual, pero que sobre la base que se sugería, parecía demasiado alto el precio que había que pagar por ella. Habló de cómo vivía constantemente preocupado por aquellos que podían enterarse de su alcoholismo. Tenía, por supuesto, la muy conocida obsesión alcohólica de que pocos estaban enterados de su manera de beber. ¿Por qué — sostenía — había de perder lo que quedaba de su negocio, solamente para acarrear aún más sufrimiento a su familia, al admitir estúpidamente su apuro ante personas con las que ganaba su subsistencia? Dijo que él haría cualquier cosa, menos eso.

Pero como se quedó intrigado, invitó a su casa a nuestro amigo. Algún tiempo después, y justamente cuando creía que estaba logrando un control en su consumo de licor, pescó una tremenda borrachera. Para él, ésta fue la que puso fin a todas sus borracheras. Se dio cuenta de que tendría que enfrentarse a todos sus problemas con toda sinceridad para que Dios pudiera concederle el dominio necesario.

Una mañana agarró al toro por los cuernos y empezó a decirles a todos aquellos a quienes temía, cuál era el mal que padecía. Se sorprendió de lo bien que fue recibido y se enteró de que muchos sabían cómo bebía. Se subió a su coche e hizo un recorrido de las personas a quienes había perjudicado. Temblaba mientras iba del uno al otro, porque eso podría significar su ruina; especialmente tratándose de alguna persona dedicada a la misma actividad que él.

A media noche regresó a casa exhausto pero muy feliz. Desde entonces no ha bebido ni una copa. Como veremos, él significa mucho para la comunidad, y las mayores cuentas pendientes de treinta años de beber excesivamente han sido saldadas con creces.

Pero la vida no era fácil para los dos amigos. Se presentaban infinidad de dificultades. Ambos se dieron cuenta de que tenían que mantenerse activos espiritualmente. Un día llamaron a la directora de enfermeras de un hospital local; le explicaron la necesidad que tenían y le preguntaron si tenía algún candidato alcohólico de primera clase.

Ella contestó: "Sí, tenemos algo de primera. Es un individuo que acaba de golpear a dos enfermeras. Pierde la cabeza completamente cuando está bebiendo; pero es una magnífica persona cuando está sobrio, aunque ha estado aquí ocho veces en los últimos seis meses. Debo decirles que ha sido un abogado muy conocido en la ciudad, pero en estos momentos lo tenemos bien atado."[2]

Allí había un candidato, sin duda, pero por la descripción el caso no parecía muy prometedor. El empleo de principios espirituales en tales circunstancias no se comprendía tan bien como ahora. Pero uno de los dos amigos dijo: "Póngalo en un cuarto privado. Luego iremos a verlo."

Dos días después, un futuro miembro de Alcohólicos Anónimos miraba con ojos vidriosos a los extraños sujetos sentados cerca de su cama. "¿Quiénes son ustedes, y por qué estoy en este cuarto privado? Antes siempre había estado en una sala común con otros pacientes."

Uno de los visitantes le dijo, "Le estamos dando un tratamiento para el alcoholismo."

La cara del individuo demostraba a las claras una total falta de esperanza al replicar: "¡Ah! Pero de nada servirá. Nada hay que pueda componerme; soy un hombre perdido. Las últimas tres veces me emborraché saliendo de aquí para ir a mi casa. Tengo miedo de salir por esa puerta. No puedo comprenderlo."

Durante una hora los dos amigos estuvieron hablándole de sus experiencias. Y una y otra vez decía: "Ese soy yo, ese soy yo. Así bebo yo."

[2] Esta historia se refiere a la primera visita que Bill y el Dr. Bob hicieron al A.A. Número Tres. Tuvo como resultado la formación del primer grupo de A.A. en Akron, Ohio.

Se le explicó a aquel hombre que sufría una intoxicación aguda, cómo ésta deteriora el organismo de un alcohólico y cómo desvía su mente. Se habló mucho sobre el estado mental que precede a la primera copa.

"Sí, ese soy yo", repetía el enfermo, "es mi propia imagen. Ustedes entienden esto, pero no veo de qué puede servir. Cada uno de ustedes es alguien, yo también lo fui pero ahora soy un don nadie. Por lo que me dicen, sé mejor que nunca que no puedo dejar de beber". Al escuchar esto, los dos visitantes soltaron la carcajada. El futuro miembro de Alcohólicos Anónimos comentó: "¡Caramba! No veo que nada de esto sea motivo de risa."

Los dos amigos hablaron de su experiencia espiritual, y le contaron del plan de acción que llevaron a cabo.

El los interrumpió: "Yo estaba muy a favor de la Iglesia, pero eso no lo arreglará. Esas mañanas de borracheras le oraba a Dios y le juraba que no volvería a beber ni una gota, pero a las nueve de la mañana ya estaba más borracho que una cuba."

Al siguiente día el candidato estaba más receptivo.. Había estado considerándolo. "Tal vez tengan ustedes razón", les dijo, "Dios debe poder hacer cualquier cosa." Luego añadió, "Ciertamente, no hizo mucho por mí cuando estuve tratando de combatir las borracheras solo."

Al tercer día, aquel abogado decidió entregarse al cuidado de Dios y manifestó que estaba dispuesto a hacer todo lo que fuese necesario. Su esposa fue a verlo, apenas atreviéndose a tener esperanzas aunque ya creyó ver en su esposo algo diferente. Había empezado a tener una experiencia espiritual.

Ese mediodía se vistió y salió del hospital convertido en un hombre libre. Tomó parte en una campaña política, pronunciando discursos, frecuentando centros de reunión de hombres de todas las clases, y con frecuencia, pasando en vela toda la noche. Perdió sólo por un escaso margen. Pero había encontrado a Dios y, al hacerlo, se había encontrado a sí mismo.

Eso sucedió en junio de 1935. Jamás volvió a beber. El también ha llegado a ser un miembro respetado y útil de su comunidad. Ha ayudado a otros a recuperarse y es una persona respetada en su iglesia, de la cual estuvo apartado por mucho tiempo.

Así es que, como verás, había tres alcohólicos en esa población que sentían que tenían que dar a otros lo que habían encontrado o de lo contrario se hundirían. Después de varios fracasos para encontrar a otros, apareció un cuarto hombre. Había acudido por conducto de una amistad que había oído las buenas nuevas. Resultó ser un joven al que no le importaba nada y cuyos padres no podían darse cuenta de si quería dejar de beber o no. Eran personas muy devotas que estaban escandalizadas por la negativa de su hijo a tener nada que ver con la iglesia. Sufría horriblemente a consecuencia de sus borracheras, pero parecía que no se podía hacer nada por él. Sin embargo, consintió en ir al hospital en el que ocupó precisamente el cuarto que había desocupado recientemente el abogado.

Tuvo tres visitantes. Al poco rato de oírlos dijo: "La forma en que ustedes ponen la cosa espiritual tiene sentido. Estoy listo para entrar en tratos. Supongo que los viejos tenían razón, después de todo." Así se sumó uno más a la Comunidad.

Nuestro amigo, el del incidente en el hotel donde se hospedaba, permaneció en esa ciudad durante tres meses. Cuando regresó a su casa, había dejado allí al que había conocido primero, al abogado y al joven al que *"nada le importaba"*. Estos hombres habían encontrado algo completamente nuevo en la vida. Aunque sabían que tenían que ayudar a otros alcohólicos para permanecer sobrios, este motivo se volvió secundario. Fue superado por la felicidad que encontraron en darse a otros. Compartían sus casas y sus escasos recursos, y gustosamente dedicaban sus horas libres a compañeros de fatigas. Estaban dispuestos día y noche, a internar a uno nuevo en el hospital para ir a visitarlo luego. Crecieron en número. Tuvieron unos cuantos fracasos penosos, pero en esos casos se esforzaban por atraer a los familiares del individuo a una manera espiritual de vivir, aliviándose así sus preocupaciones y sufrimientos.

Año y medio más tarde, estos tres habían tenido éxito con siete más. Como se veían muy a menudo, era rara la noche que no hubiese una pequeña reunión en casa de algunos de aquellos hombres y mujeres, felices por su liberación y pensando constantemente en cómo poder dar su nuevo descubrimiento al recién llegado. Además de estas reuniones informales, se volvió costumbre apartar un día de la semana para una sesión a la que podía asistir cualquiera o todos aquellos interesados en una manera de vivir espiritual. Aparte de la compañía y la sociabilidad, el objeto primordial era el de proporcionar la ocasión y el lugar para que otros llevasen sus problemas.

Personas ajenas a la agrupación empezaron a enterarse. Un individuo y su esposa pusieron su casa, que era grande, a la disposición de este extrañamente variado conjunto. Esta pareja se ha interesado tanto desde entonces, que han dedicado su casa a esta labor. Más de una esposa aturdida ha visitado esa casa para encontrar compañía comprensiva y cariñosa entre mujeres que conocían su problema, para oír de boca de los maridos de éstas lo que les ocurría a ellos, para que se le indicara cómo su propio marido descarriado podía ser hospitalizado y abordado cuando tropezara la próxima vez.

Más de un hombre, todavía ofuscado por su experiencia en el hospital, ha traspuesto el umbral de esta casa para encontrar la libertad. Más de un alcohólico que ha entrado allí ha salido con una solución. Se ha rendido ante esa alegre turba que se reía de sus propios infortunios y comprendía los de él. Impresionado por aquellos que lo visitaron en el hospital, capituló completamente cuando escuchó después, en un cuarto de esta casa, la historia de algún individuo cuya experiencia tenía mucha concordancia con la suya. La expresión en la cara de las mujeres, ese algo indefinido en los ojos de los hombres, el ambiente estimulante y conmovedor del lugar, contribuyeron a hacerle saber que había tocado, por fin, puerto seguro.

El mismo enfoque de sus problemas, la ausencia de intolerancia de cualquier índole, la variedad, la genuina democracia y la maravillosa comprensión de esa gente, eran tan irresistibles. El y su esposa salían de allí alborozados por la idea de lo que ahora podrían hacer por algún amigo atacado de ese mal y por su familia. Sabían que tenían muchos nuevos amigos y les parecía como si estos extraños hubiesen sido sus conocidos de siempre. Habían visto milagros y uno se había realizado en ellos. Habían percibido la Gran Realidad: Su Amado y Todopoderoso Creador.

Actualmente esa casa no tiene cabida suficiente para los que la visitan semanalmente, que suman de sesenta a ochenta por lo general. Los alcohólicos son atraídos desde cerca y desde lejos. Familias de las poblaciones circunvecinas viajan para estar presente. En una de las poblaciones cercanas hay quince miembros de Alcohólicos Anónimos. Siendo ésta una ciudad bastante grande, creemos que algún día su comunidad ascenderá a centenares.[3]

Pero la vida entre los Alcohólicos Anónimos entraña algo más que la asistencia a reuniones y visitas a los hospitales. Es necesario limar viejas rencillas; ayudar a arreglar desavenencias familiares; abogar por el hijo descarriado y desheredado ante padres coléricos; prestar socorro económico y conseguir trabajo a miembros en desgracia y llevar a cabo muchos otros cometidos cuando las circunstancias lo requieran. Nadie se ha desprestigiado ni se ha hundido demasiado como para no ser bienvenido entre nuestros miembros, si es que se acerca con buenas intenciones. Distingos sociales, recelos y rivalidades son cosas que brillan por su ausencia en nuestros grupos. Habiendo naufragado en el mismo barco, habiendo sido rescatados y reunidos bajo un Dios, con corazones y mentes afines al bienestar de otros, las cosas que son tan importantes para

[3] Escrito en el año 1939.

otras personas, dejan de tener significación para nosotros. ¿Cómo habrían de tenerla?

En condiciones que son sólo ligeramente distintas, lo mismo está sucediendo en muchas ciudades del este. En una de éstas hay un conocido hospital para el tratamiento del alcoholismo y la drogadicción. Hace seis años, uno de nuestro grupo estuvo internado allí. Muchos de nosotros hemos sentido por primera vez la Presencia y el Poder de Dios dentro de sus paredes. Tenemos una deuda de gratitud con el médico responsable de ese establecimiento, porque, aunque podría perjudicar su propio trabajo, nos ha dicho de su creencia en el nuestro.

Cada dos o tres días, este doctor nos indica a uno de sus pacientes para abordarlo. Como comprende nuestra labor, puede hacer esto con buen ojo para seleccionar a aquellos que están deseosos y pueden recuperarse sobre una base espiritual. Muchos de nosotros, antiguos pacientes, vamos allí a ayudar. En esa ciudad también hay reuniones informales como las que hemos descrito y en las que ahora pueden verse docenas de miembros. Se traban amistades con la misma facilidad, existe la misma servicialidad del uno hacia el otro que se encuentra entre nuestros amigos del oeste. Se viaja mucho del este al oeste y prevemos un gran incremento de este útil intercambio.

Tenemos la esperanza de que algún día todo alcohólico que viaje encuentre en su lugar de destino una comunidad de Alcohólicos Anónimos. Esto ya es verdad hasta cierto punto. Algunos de nosotros somos vendedores y viajamos, vamos de un lado a otro. Pequeños grupos de dos, tres o cinco de nosotros han surgido en varias comunidades a través de contactos con nuestros dos grandes centros. Aquellos de nosotros que viajamos, acudimos a ellos cada vez que podemos. Esta costumbre nos permite echar una mano, a la vez que evitar ciertas seductoras atracciones del camino, sobre las que cualquier agente de ventas puede informarte.[4]

[4] Escrito en 1939. En 1999 hay unos 96,000 grupos. A.A. tiene actividades en 150 países con una afiliación total de más de 2,000,000 de miembros.

Así crecimos y así puede sucederte a ti aunque no seas más que un individuo con este libro en tus manos. Creemos y tenemos la esperanza de que éste contenga todo lo que necesitas para empezar.

Sabemos lo que estás pensando. Te estás diciendo a ti mismo: "Estoy tembloroso y me siento solo. Yo no podría hacerlo." Pero sí puedes. Se te olvida que acabas de encontrar una fuente de poder mucho más grande que tú mismo. Con este respaldo, puedes hacer lo mismo que hemos hecho nosotros. Sólo es cuestión de buena voluntad, paciencia y una labor perseverante.

Conocemos a un alcohólico que vivía en una comunidad grande. Después de estar allí apenas unas semanas, pudo darse cuenta de que en aquel lugar probablemente había un porcentaje mayor de alcohólicos que el de cualquiera otra ciudad de este país. Esto sucedía unos días antes de escribir estas palabras (año 1939). Las autoridades del lugar estaban muy preocupadas. Nuestro amigo se puso en contacto con un eminente psiquiatra que había asumido la responsabilidad de velar por la salud mental de la comunidad. Este doctor resultó ser muy capaz y estaba realmente interesado en adoptar cualquier sistema factible para poder manejar aquella situación. Por lo tanto, le preguntó a nuestro amigo cuál era la idea que tenía.

Nuestro amigo procedió a explicarle, con tan buen resultado que el doctor estuvo de acuerdo en hacer un ensayo entre sus pacientes y otros alcohólicos de una clínica que él atendía. También se hicieron arreglos con el jefe de psiquiatría de un hospital público para seleccionar otros más de entre el flujo de miseria que pasaba por esa institución.

Así es que nuestro compañero de labores pronto tendrá muchísimos amigos. Puede ser que algunos de ellos caigan, y tal vez no se levanten nunca; pero si nuestra experiencia puede servir de criterio, más de la mitad de aquellos a quienes se aborde llegarán a ser miembros de Alcohólicos Anónimos. Cuando unos cuantos individuos de esa ciudad se hayan descubierto a sí mismos y hayan descubierto la alegría de ayudar a otros a encarar la vida de nuevo, no se darán tregua hasta que todos los de dicha población hayan tenido su propia oportunidad para recuperarse, si pueden y quieren hacerlo.

Todavía podrías decir: "Pero yo no tendré la oportunidad de entrar en contacto con los que escribieron este libro." ¡Quién lo sabe! Dios será quien lo determine; así es que tienes que recordar que tu verdadera dependencia siempre recae en El. El te enseñará cómo formar la Agrupación que anhelas.[5]

Nuestra intención al escribir este libro es que su contenido tenga un carácter de sugerencia. Nos damos cuenta de lo poco que sabemos. Dios constantemente nos revelará más, a ti y a nosotros. Pídele a El en tu meditación por la mañana, que te inspire lo que puedes hacer ese día por el que todavía está enfermo. Recibirás la respuesta si tus propios asuntos están en orden. Pero, obviamente, no se puede transmitir algo que no se tiene. Ocúpate, pues, de que tu relación con El ande bien y grandes acontecimientos te sucederán a ti y a infinidad de otros. Esta es para nosotros la Gran Realidad.

Entrégate a Dios, tal como tú Lo concibes. Admite tus faltas ante El y ante tus semejantes. Limpia de escombros tu pasado. Da con largueza de lo que has encontrado y únete a nosotros. Estaremos contigo en la Fraternidad del Espíritu, y seguramente te encontrarás con algunos de nosotros cuando vayas por el Camino del Destino Feliz.

Que Dios te bendiga y conserve hasta entonces.

---

[5] Alcohólicos Anónimos tendrá mucho gusto en recibir noticias de usted. La dirección es: P.O. Box 459, Grand Central Station, New York, N.Y. 10163, U.S.A.

HISTORIAS PERSONALES

Cómo 15 alcohólicos se recuperaron
de su enfermedad.

Si tienes un problema con la bebida, esperamos que al leer una de las siguientes historias, puedas hacer una pausa y pensar: "Eso me ocurrió a mí", o "Yo también me sentía así". o, aun más importante, "Sí, creo que este programa puede funcionar también para mí."

INTRODUCCION

En las siguientes páginas, empezando con la historia del "Dr. Bob," aparecen 15 narraciones de experiencias personales. Las tres primeras, incluida la del cofundador, son de pioneros norteamericanos, traducciones de las publicadas desde su primera edición, en el Libro Grande en inglés. Les siguen cuatro relatos de pioneros borinqueños, hombres que, con el ejemplo de su propia recuperación, atestiguaban la eficacia del programa y desempeñaban un papel significativo en la primera difusión del mensaje en Puerto Rico.

Las otras ocho historias las cuentan personas hispanas de diversa procedencia nacional y social. Estos hombres y mujeres, por diferentes que fuesen, tenían en común un sufrimiento y, como todos llegarían a saber, numerosas experiencias que compartir. Casi todos insistían largo tiempo en abrigar la esperanza de poder controlar la bebida, a pesar de las repetidas y cada vez más contundentes pruebas de lo contrario. Al final, cada uno siguiendo su propio camino, todos tuvieron que admitir su derrota, lo irresistible que les era el alcohol. Algunos se creían ya perdidos; otros se dieron cuenta de que, a paso lento o apresurado, se estaban acercando a la ruina total, a la locura o a la muerte. Todos cruzaron el umbral de A.A., armados nada más que con la humilde admisión de su impotencia ante el alcohol y, una vez adentro, rodeados por sus compañeros de fatigas, encontraron la posibilidad de reponerse y de vivir una nueva vida de alegría y utilidad.

Estas historias te ayudarán, tal vez, a decidir si eres alcohólico, y si Alcohólicos Anónimos tiene algo que ofrecerte, algo que 2,000,000 de alcohólicos de todas partes del mundo aprovechan hoy día, la libertad y la oportunidad de vivir rica y plenamente en sobriedad.

LA PESADILLA DEL DOCTOR BOB

Co-fundador de Alcohólicos Anónimos. El nacimiento de nuestra Sociedad data del primer día de su sobriedad permanente: el 10 de junio de 1935.
Hasta 1950, año en que falleció, llevó el mensaje de A.A. a más de 5,000 hombres y mujeres alcohólicos, y prestó a todos ellos sus servicios sin pensar en cobrar.
En este prodigio de servicio contó con la eficaz ayuda de la Hermana Ignacia, en el Hospital Santo Tomás, de Akron, Ohio, una de las mejores amigas que podrá tener nuestra Comunidad.

NACí en un pueblo de Nueva Inglaterra, de unas siete mil almas. La norma general de moral era, según recuerdo, muy superior a la prevaleciente en aquel tiempo. No se vendía cerveza ni licor en la vecindad; solamente en la agencia del Estado había la posibilidad de conseguir una pinta si se podía convencer al agente de que uno la necesitaba realmente. Sin una prueba a ese efecto, el comprador esperanzado se veía obligado a marcharse con las manos vacías, sin nada de aquello que llegué a creer más tarde era la panacea para todos los males. Aquellos que recibían sus pedidos de licor por expreso desde Nueva York o Boston, eran vistos con mucha desconfianza y desaprobación por la mayoría de los vecinos. El pueblo estaba bien dotado de iglesias y escuelas en las que desarrollé mis primeras actividades educacionales.

Mi padre fue un profesional de reconocida capacidad, y tanto él como mi madre participaban muy activamente en asuntos de la iglesia. Ambos tenían una inteligencia que estaba por encima de lo común.

Desgraciadamente para mí, fui hijo único; lo cual tal vez

157

creó en mí el egoísmo que tuvo tanto que ver en que se presentara en mí el alcoholismo.

Desde mi niñez hasta que empecé a cursar estudios en la escuela secundaria, se me obligó más o menos a ir a la iglesia, a la doctrina y servicios dominicales nocturnos, a los servicios de los lunes y algunas veces a las oraciones de los miércoles por la noche. Por eso, decidí que, cuando estuviera libre de la tutela de mis padres, nunca volvería a pisar la puerta de una iglesia. Cumplí con constancia esta resolución durante cuarenta años, excepto cuando las circunstancias parecían indicar que sería imprudente no presentarme.

Después de la escuela secundaria estudié dos años en una de las mejores universidades del país, en la que beber parecía ser la principal actividad al margen del plan de estudios. Parecía que casi todos participaban en ella. Yo lo hice más y más, y me divertía mucho sin sufrir ni física ni económicamente. A la mañana siguiente parecía no sufrir ningún mal efecto a diferencia de otros muchos amigos que se levantaban con náuseas. Nunca en la vida he tenido un dolor de cabeza, hecho que me hace creer que fui un alcohólico casi desde el principio. Toda mi vida parecía estar concentrada alrededor de hacer lo que yo quería hacer, sin tener en cuenta los derechos, deseos o prerrogativas de nadie más; un estado de ánimo que llegó a ser más y más predominante con el transcurso de los años. Me gradué con los máximos honores ante la fraternidad de los bebedores, pero no ante el decano de la universidad.

Los siguientes tres años los pasé en Boston, Chicago y Montreal como empleado de una importante compañía manufacturera, vendiendo repuestos para ferrocarriles, máquinas de gasolina de todas clases y muchos otros artículos de ferretería pesada. Durante esos años bebí todo lo que mi bolsillo me permitía, todavía sin pagar mucho por las consecuencias, a pesar de que a veces empezaba a estar tembloroso por las mañanas. Durante estos tres años sólo perdí medio día de trabajo.

Mi paso siguiente consistió en emprender el estudio de la medicina, ingresando en una de las universidades más grandes del país. Allí me dediqué a la bebida con mucho mayor empeño del que hasta entonces había demostrado. Debido a mi enorme capacidad para beber cerveza, fui elegido como miembro de una de las sociedades de bebedores y pronto llegué a ser uno de sus principales miembros. Muchas mañanas me encaminaba a las clases y, aunque iba completamente bien preparado, regresaba a la casa de la fraternidad porque, debido a los temblores que tenía, no me atrevía a entrar al aula por miedo a hacer una escena si se me pedía que diese la lección.

Esto fue de mal en peor hasta la primavera de mi segundo año de estudios en que, después de un largo tiempo de estar bebiendo, decidí que no podía terminar el curso; hice mi maleta y me fui al sur a pasar un mes en una gran hacienda de un amigo mío. Cuando se me despejó la mente, decidí que sería una gran tontería dejar la escuela y que era mejor regresar y continuar mis estudios. Cuando llegué a la escuela descubrí que el profesor tenía otras ideas sobre el particular. Después de muchas discusiones me permitieron regresar y presentar mis exámenes, todos los cuales pasé honrosamente. Pero estaban muy disgustados y me dijeron que tratarían de pasarla sin mí. Después de muchas discusiones penosas, me dieron al fin mis créditos y me marché a otra de las principales universidades del país, entrando en ella ese otoño como estudiante del penúltimo año.

Allí empeoró tanto mi manera de beber, que los muchachos de la casa de la fraternidad donde vivía se vieron obligados a llamar a mi padre, el cual hizo un largo viaje con el inútil propósito de corregirme. Poco efecto surtió esto pues seguí bebiendo — y más licor que en años anteriores.

Al llegar a los exámenes finales, agarré una borrachera bastante grande. Cuando traté de escribir mis pruebas, me temblaban tanto las manos que no podía sostener el lápiz. Entregué tres libretas, por lo menos, completamente en blanco. Por supuesto, se me llamó a cuentas en seguida y el resultado fue que tuve que repetir dos trimestres y abstenerme completamente de beber para poder graduarme. Lo hice y tuve la aprobación del profesorado, tanto en conducta como en estudios.

Me porté tan honorablemente que pude conseguir un codiciado internado en una ciudad del oeste, en la que estuve dos años. Durante esos dos años me tuvieron tan ocupado que casi no salía del hospital para nada. Por lo tanto, no podía meterme en dificultades.

Al cabo de esos dos años puse un consultorio en el centro de la ciudad. Tenía algún dinero, disponía de mucho tiempo y padecía bastante del estómago. Pronto descubrí que un par de copas me aliviaban mis dolores gástricos por lo menos por unas horas y por lo tanto no me fue difícil volver a mis antiguos excesos.

Para entonces estaba empezando a pagarlo muy caro físicamente y, con la esperanza de encontrar alivio, me encerré voluntariamente en uno de los sanatorios locales al menos una docena de veces. Ahora estaba "entre Escila y Caribdis" porque si no bebía me torturaba mi estómago y si bebía, eran mis nervios los que me torturaban. Después de tres años de esto acabé en un hospital donde trataron de ayudarme; pero yo hacía que algún amigo me llevara licor a escondidas, o robaba el alcohol en el edificio; de manera que empeoré rápidamente.

Por fin, mi padre tuvo que mandar del pueblo a un médico que se las arregló para llevarme a casa, y estuve dos meses en cama antes de poder salir a la calle. Permanecí allí unos dos meses más y regresé a reanudar la práctica de mi profesión. Creo que debí de haber estado verdaderamente asustado de lo que había pasado, o del médico, o probablemente de las dos cosas, y por lo tanto no bebí una copa hasta que se decretó la ley seca en el país.

Con la promulgación de la "Ley Seca" me sentí bastante seguro. Sabía que todos comprarían botellas o cajas de licor, según sus posibilidades, y que pronto se acabaría. Por lo tanto no importaba mucho que yo bebiera algo. Entonces no me daba cuenta del abastecimiento casi ilimitado que el gobierno nos permitía a los médicos, ni tenía ninguna idea del contrabandista de licor que pronto apareció en escena. Al principio bebía con moderación, pero tardé relativamente poco tiempo en volver a esos hábitos que tan desastrosos resultados me habían dado antes.

Con el transcurso de unos cuantos años más, se desarrollaron en mí dos fobias: Una era el miedo a no dormir y la otra, el miedo a quedarme sin licor. No siendo un hombre de medios, sabía que si no estaba lo suficientemente sobrio para ganar dinero, se me acabaría el licor. Por eso no me tomaba ese trago que tanto ansiaba por la mañana, pero en vez de esto tomaba grandes dosis de sedantes para aplacar los temblores que tanto me angustiaban. De vez en cuando me rendía al trago de la mañana, pero cuando lo hacía, a las pocas horas ya no estaba en condiciones de trabajar. Esto disminuía las probabilidades que tenía de meter a escondidas en la casa algo de licor por la noche, lo que a la vez significaría una noche de dar vueltas en la cama en vano, seguida por una mañana de insoportables temblores. Durante los siguientes quince años tuve el suficiente sentido común para no ir nunca al hospital ni generalmente, recibir pacientes si había estado bebiendo. Por entonces adopté la costumbre de irme a veces a uno de los clubes a los que pertenecía, y a veces, acostumbraba a alojarme en algún hotel inscribiéndome con un nombre ficticio; pero generalmente mis amigos me encontraban y me iba a mi casa, si me prometían no regañarme.

Si mi esposa decidía salir por la tarde, yo compraba una buena provisión de licor, la metía a escondidas en la casa y la escondía en la carbonera, entre la ropa sucia, sobre los batientes de las puertas o en los resquicios del sótano. También me servían los baúles y cofres, el recipiente de las latas viejas e incluso el de la ceniza. Nunca usé el depósito de agua del excusado porque me parecía demasiado fácil. Después descubrí que mi esposa lo inspeccionaba frecuentemente. Cuando los días de invierno eran suficientemente oscuros, metía botellas chicas de alcohol en un guante y las tiraba al porche de atrás. El contrabandista que me surtía, escondía licor en la escalera de atrás para que yo lo tuviera a mano. Solía metérmelo en las bolsas, pero me las registraban y esto se volvió muy arriesgado. También solía meterme botellas pequeñas en los calcetines; esto dio muy buen resultado hasta que mi esposa y yo fuimos al cine a ver una película y descubrió mi truco.

No voy a relatar todas mis experiencias en hospitales y sanatorios.

Durante todo este tiempo nuestros amigos nos condenaron más o menos al ostracismo. No podían invitarnos porque era seguro que me emborracharía y mi esposa no se atrevía a invitar a nadie por la misma razón. Mi fobia por el insomnio imponía que me emborrachara cada noche, pero para poder conseguir licor para la siguiente tenía que estar sobrio por la mañana y abstenerme de beber hasta las cuatro de la tarde por lo menos. Proseguí con esta rutina durante diecisiete años con pocas interrupciones. En realidad era una pesadilla horrible ese ganar dinero, conseguir licor, meterlo a escondidas a la casa, emborracharme, temblar por las mañanas, tomar grandes dosis de sedativos para poder ganar más dinero y así *ad nauseam*. Les prometía que no volvería a beber a mi esposa, a mis hijos y a mis amigos — promesas que raramente me mantenían sobrio ni durante un día a pesar de haber sido muy sincero al hacerlas.

Para beneficio de los inclinados a los experimentos, debo mencionar el llamado experimento de la cerveza. Poco tiempo después de suspenderse la prohibición de vender cerveza, creí que estaba a salvo. La cerveza me parecía inocua; nadie se emborrachaba con la cerveza. Con el consentimiento de mi buena esposa llené de cerveza el sótano hasta los topes. Al poco tiempo estaba consumiendo cuando menos una caja y media de botellas por día. Subí de peso treinta libras en unos dos meses, parecía un cerdo y me sentía incómodo por falta de respiración. Entonces se me ocurrió que, cuando todo uno olía a cerveza, nadie podía decir lo que había bebido, así que empecé a reforzar mi cerveza con puro alcohol. Desde luego, el resultado fue muy malo, y esto puso fin al experimento de la cerveza.

Más o menos en la época de este experimento fui a dar con un grupo de personas que me atraían por su aparente equilibrio, buena salud y felicidad. Hablaban sin ninguna turbación, cosa que yo nunca podía hacer; se les veía muy reposados en cualquier ocasión y parecían muy saludables. Por encima de estos atributos, parecían felices. Me sentía cohibido e intranquilo la mayor parte del tiempo, mi salud era precaria y me sentía completamente infeliz. Tuve la sensación de que ellos tenían algo que yo no tenía y que podría aprovechar de buena gana. Supe que se trataba de algo de índole espiritual, lo cual no me atraía mucho pero pensé que no podría hacerme ningún daño. Le dediqué mucho tiempo y estudié el asunto durante dos años y medio, pero a pesar de eso me emborrachaba todas las noches. Leí todo lo que pude encontrar y hablé con todo el que creía que sabía algo acerca de ello.

Mi esposa se interesó mucho y fue su interés el que sostuvo el mío a pesar de que entonces no veía que pudiera ser una solución para mi problema con el licor. Nunca sabré cómo mi esposa conservó su fe y su valor durante todos esos años, pero lo hizo. Si no hubiera sido así, sé que desde hace mucho yo estaría muerto. Quién sabe por qué, nosotros los alcohólicos parece que tenemos el don de escoger a las mujeres mejores del mundo. Por qué han de ser sometidas a las torturas que les infligimos es algo que no puedo explicarme.

Por aquellos días una señora llamó a mi esposa un sábado por la tarde para decirle que quería que yo fuese a su casa esa noche, a conocer a un amigo de ella que podría ayudarme. Era la víspera del Día de la Madre y había llegado a casa bien borracho llevando una planta en una maceta que puse en la mesa; acto seguido subí a mi cuarto y perdí el conocimiento. Al día siguiente volvió a llamar aquella señora. Queriendo ser cortés aunque me sentía muy mal, dije: "Vamos a hacer la visita" e hice a mi esposa prometerme que no nos quedaríamos más de quince minutos.

Llegamos a su casa a las cinco y eran las once y cuarto cuando salimos. Tuve posteriormente dos conversaciones más breves con este hombre y dejé de beber repentinamente. Este período seco duró como tres semanas. Entonces fui a Atlantic City para asistir a una reunión de una sociedad nacional de la que era miembro y que duró algunos días. Me bebí todo el whisky que llevaban en el tren y compré varias botellas de camino al hotel. Esto sucedió un domingo; me emborraché esa noche, estuve sin beber el lunes hasta después de la comida y procedí a embriagarme otra vez. Bebí todo lo que me atreví a beber en la cantina y me fui a mi cuarto a terminar la borrachera. El martes empecé por la mañana y por la tarde ya estaba bien arreglado. No quise quedar mal y por eso pagué mi cuenta y me fui del hotel. En el camino a la estación del ferrocarril compré licor. Tuve que esperar algún tiempo la salida del tren. A partir de entonces no recuerdo nada sino hasta que desperté en la casa de un amigo, que estaba cerca de la mía. Esas buenas personas avisaron a mi esposa y ella mandó a mi nuevo amigo para que me llevara a mi casa. Llegó, me llevó, me acostó, me dio unas copas esa noche y una botella de cerveza el día siguiente.

Eso fue el 10 de junio de 1935, y fue mi última copa. Al escribir esto han pasado casi cuatro años.

La pregunta que podría venírsele a la mente sería: "¿Qué fue lo que dijo o hizo ese hombre que fue tan diferente de lo que otros habían dicho o hecho?" Debe recordarse que yo había leído mucho y hablado con todo aquel que sabía, o creía que sabía, algo acerca del alcoholismo. Pero este era un hombre que había pasado por años de beber espantosamente, que había tenido la mayoría de las experiencias de borracho conocidas por el hombre, pero que se había recuperado por los mismos medios que había yo estado tratando de emplear, o sea: el enfoque espiritual. Me dio información sobre el tema del alcoholismo que indudablemente fue de gran ayuda. *Sumamente más importante fue el hecho de que fuera él el primer ser humano con quien yo hablaba que supiera por experiencia personal de lo que estaba hablando cuando se refería al alcoholismo. En otras palabras, hablaba mi propio idioma.* Sabía todas las respuestas y ciertamente, no porque las hubiese sacado de sus lecturas.

Es una maravillosa bendición estar liberado de la terrible maldición que pesaba sobre mí. Mi salud es buena y he recobrado el respeto de mí mismo y el de mis colegas. Mi vida hogareña es ideal y mis negocios todo lo bueno que pueda esperarse en estos tiempos inseguros. Dedico mucho tiempo a pasar lo que aprendí a otras personas que lo quieren y necesitan mucho. Los motivos que tengo para hacerlo son:

1. Sentido del deber
2. Es un placer.
3. Porque al hacerlo estoy pagando mi deuda al hombre que se tomó el tiempo para pasármela a mí.
4. Porque cada vez que lo hago me aseguro un poco más contra una posible recaída.

A diferencia de la mayoría de nosotros, no me sobrepuse totalmente al ansia de licor durante los primeros dos años y medio. Casi siempre la sentía; pero nunca estuve ni siquiera próximo a ceder a ella. Me inquietaba terriblemente ver a mis amigos beber, sabiendo que yo no podía, pero me disciplinó a creer que, aunque una vez había tenido ese mismo privilegio, había abusado de él tan espantosamente que me había sido retirado. Así que no me corresponde protestar porque, después de todo, nadie tuvo nunca que tirarme al suelo para echarme el licor por el gaznate.

Si crees que eres un ateo, un agnóstico, un escéptico, o tienes cualquiera otra forma de orgullo intelectual que te impida aceptar lo que hay en este libro, lo siento por ti. Si crees que todavía tienes fuerzas suficientes para ganar sólo la partida, es cuestión tuya. Pero si verdaderamente quieres dejar de beber de una vez por todas, y sinceramente sientes que necesitas ayuda, sabemos que tenemos una solución para ti. Nunca falla, si uno se dedica a ello con la mitad del ahínco que tenía la costumbre de demostrar cuando estaba tratando de conseguir otra copa.

¡Tu Padre Celestial nunca te abandonará!

EL ALCOHOLICO ANONIMO
NUMERO TRES

Miembro pionero del Grupo N° 1 de Akron, el primer
grupo de A.A. en el mundo. Preservó su fe, y por esto, él
y otros muchos encontraron una vida nueva.

*U*NO de cinco hijos, nací en una granja en el condado de Carlyle, Kentucky. Mis padres eran gente acomodada y un matrimonio feliz. Mi esposa, oriunda también de Kentucky, me acompañó a Akron, donde terminé mis estudios de Leyes en la Facultad de Derecho de Akron.

El mío es en cierto modo un caso inusitado. No hubo episodios de infelicidad durante mi niñez que pudieran explicar mi alcoholismo. Aparentemente, tenía una propensión natural a la bebida. Estaba felizmente casado y, como he dicho, nunca tuve ninguno de los motivos, conscientes o inconscientes, que a menudo se citan para beber. No obstante, como indica mi historial, llegué a convertirme en un caso grave.

Antes de que la bebida me derrotara completamente, logré tener algunos éxitos apreciables, habiendo servido como miembro del consejo municipal y administrador financiero de Kenmore, un suburbio que más tarde se incorporó a la ciudad misma. Pero todo esto se fue esfumando según bebía cada vez más. Así que, cuando llegaron Bill y el Dr. Bob, mis fuerzas se habían agotado.

La primera vez que me emborraché, tenía ocho años. No fue culpa de mi padre ni de mi madre, quienes se oponían fuertemente a la bebida. Un par de trabajadores estaban limpiando el granero de la finca, y yo les acompañaba montado en el trineo. Mientras ellos cargaban, yo bebía sidra de un barril que había en el granero. Después de dos o tres recorridos, en un viaje de vuelta, perdí el conocimiento y me tuvieron que llevar a casa. Recuerdo que mi padre tenía whisky en la casa con propósitos medicinales y para servir a los invitados, y yo lo bebía cuando no había nadie a mi alrededor y luego añadía agua a la botella para que mis padres no se dieran cuenta.

Seguí así hasta que me matriculé en la universidad estatal y, pasados cuatro años, me di cuenta de que era un borracho. Mañana tras mañana me despertaba enfermo y temblando, pero siempre disponía de una botella colocada en la mesa al lado de mi cama. La cogía, me echaba un trago y, a los pocos minutos, me levantaba, me echaba otro, me afeitaba, desayunaba, me metía en el bolsillo un cuarto de litro de licor, y me iba a la universidad. En los intervalos entre mis clases, corría a los servicios, bebía lo suficiente como para calmar mis nervios y me dirigía a la siguiente clase. Eso fue en 1917.

En la segunda parte de mi último año en la universidad, dejé mis estudios para alistarme en el ejército. En aquel entonces, a esto lo llamaba patriotismo. Más tarde, me di cuenta de que estaba huyendo del alcohol. En cierto grado, me ayudó, ya que me encontré en lugares en donde no podía conseguir nada de beber, y así logré romper el hábito.

Luego entró en vigor la Prohibición, y el hecho de que lo que se podía obtener era tan malo, y a veces mortal, unido al de haberme casado y tener un trabajo que no podía descuidar, me ayudaron durante un período de unos tres o cuatro años; aunque cada vez que podía conseguir una cantidad de licor suficiente para empezar, me emborrachaba. Mi esposa y yo pertenecíamos a algunos clubs de bridge, en donde se comenzaba a fabricar y a servir vino. No obstante, después de dos o tres intentos, supe que esto no me convencía, ya que no servían lo suficiente para satisfacerme, así que rehusé beber. Ese problema, sin embargo, pronto se resolvió cuando empecé a llevarme mi propia botella conmigo y a esconderla en el retrete o entre los arbustos.

Según pasaba el tiempo, mi forma de beber iba empeorando. Me ausentaba de la oficina durante dos o tres semanas;

días y noches espantosas en las que me veía tirado en el suelo de mi casa, buscando la botella a tientas, echándome un trago y volviéndome a hundir en el olvido.

Durante los primeros seis meses de 1935, me hospitalizaron ocho veces por embriaguez y me ataron a la cama durante dos o tres días antes de que supiera dónde estaba.

El 26 de junio de 1935, llegué otra vez al hospital, y me sentí desanimado, por no decir más. Cada una de las siete veces que me había ido del hospital durante los últimos seis meses, salí resuelto a no emborracharme — por lo menos durante ocho meses. No fue así; no sabía cuál era el problema, y no sabía qué hacer.

Aquella mañana me trasladaron a otra habitación, y allí estaba mi esposa. Pensé: "Bueno, me va a decir que hemos llegado al fin." No podía culparla, y no tenía intención de tratar de justificarme. Me dijo que había hablado con dos personas acerca de la bebida. De esto me resentí mucho, hasta que me informó que eran un par de borrachos como yo. Decírselo a otro borracho no era tan malo.

Me dijo: "Vas a dejarlo." Esto valió mucho, aunque no lo creía. Luego me dijo que los borrachos con quienes había hablado, tenían un plan a través del cual creían que podían dejar de beber, y una parte del plan era el contárselo a otro borracho. Esto iba a ayudarles a mantenerse sobrios. Toda la demás gente que había hablado conmigo quería ayudarme, y mi orgullo no me dejaba escucharlos, creándome únicamente resentimientos. Me pareció, no obstante, que sería una mala persona si no escuchaba por un rato a un par de hombres, si esto les podría curar. También me dijo que no podía pagarles aunque quisiera y tuviera el dinero para hacerlo, dinero que no tenía.

Entraron y empezaron a instruirme en el programa que más tarde se conocería como Alcohólicos Anónimos, y que en aquel entonces no era muy extenso.

Los miré, dos hombres grandes, de más de seis pies de altura, y de apariencia muy agradable. (Más tarde supe que eran Bill W. y el Dr. Bob). Poco después empezamos a relatar algunos acontecimientos de nuestro beber y, naturalmente, me di cuenta rápidamente que ambos sabían de lo que estaban hablando, porque cuando se está borracho, uno puede sentir y oler cosas que no se pueden en otros momentos. Si me hubiera parecido que no sabían de lo que estaban hablando, no habría estado dispuesto en absoluto a hablar con ellos.

Pasado un rato, Bill dijo: "Bueno, has estado hablando mucho; deja que hable yo por unos minutos." Así que, después de escuchar un poco más de mi historia, se volvió hacia el Dr. Bob —creo que él no sabía que lo oía— y dijo: "Bueno, me parece que vale la pena trabajar con él y salvarle." Me preguntaron: "¿Quieres dejar de beber? Tu beber no es asunto nuestro. No estamos aquí para tratar de quitarte ningún derecho o privilegios tuyos; pero tenemos un programa a través del cual creemos que podemos mantenernos sobrios. Una parte de este programa consiste en que lo llevemos a otra persona, que lo necesite y lo quiera. Si no lo quieres, no malgastaremos tu tiempo, y nos iremos a buscar a otro."

Luego, querían saber si yo creía que podía dejar de beber por mis propios medios, sin ayuda alguna; si podía simplemente salir del hospital para no beber nunca. Si así fuera, sería una maravilla, y a ellos les agradaría conocer a un hombre que tuviera tal capacidad. No obstante, buscaban a una persona que supiera que tenía un problema que no podía resolver por sí misma y que necesitara ayuda ajena. Luego me preguntaron si creía en un Poder Superior. Eso no me causó ninguna dificultad, ya que nunca había dejado de creer en Dios, y había tratado repetidas veces de conseguir ayuda, sin lograrla. Luego me preguntaron si estaría dispuesto a recurrir a este Poder para pedir ayuda, tranquilamente y sin reservas.

Me dejaron para que reflexionara sobre esto, y me quedé echado en mi cama del hospital, pensando en mi vida pasada y repasándola. Pensé en lo que el alcohol me había hecho, en las oportunidades que había perdido, en los talentos que se me habían dado y en cómo los había malgastado; y finalmente llegué a la conclusión de que, aunque no deseara dejar de beber, debería desearlo, y que estaba dispuesto a hacer cualquier cosa para dejarlo.

Estaba dispuesto a admitir que había tocado fondo, que me había encontrado con algo con lo que no sabía enfrentarme solo. Así que, después de meditar sobre esto, y dándome cuenta de lo que la bebida me había costado, acudí a este Poder Superior, que para mí era Dios, sin reserva alguna, y admití que yo era impotente ante el alcohol, y que estaba dispuesto a hacer cualquier cosa para deshacerme del problema. De hecho, admití que estaba dispuesto, de allí en adelante, a entregar mi dirección a Dios. Cada día trataría de buscar su voluntad y de seguirla, en vez de tratar de convencer a Dios de que lo que yo pensaba era lo mejor para mí. Entonces, cuando ellos volvieron, se lo dije.

Uno de los hombres, creo que fue el Dr. Bob, me preguntó: "Bueno, ¿quieres dejar de beber?" Respondí: "Sí, me gustaría dejarlo, por lo menos durante unos seis u ocho meses, hasta que pueda poner mis cosas en orden y vuelva a ganarme el respeto de mi esposa y de algunos otros, arreglar mis finanzas, etc. . ." Y los dos con esto se echaron a reír de buena gana, y me dijeron: "Sería mejor que lo que has estado haciendo, ¿verdad?" lo que era, por supuesto, la verdad. Y me dijeron: "Tenemos malas noticias para ti. A nosotros nos parecieron malas noticias, y a ti probablemente te lo parecerán también. Aunque hayan pasado seis días, meses o años desde que tomaste tu último trago, si te tomas una o dos copas acabarás atado a la cama en el hospital, como has estado durante los seis meses pasados. Eres un alcohólico." Que recuerde yo, esta fue la primera vez que presté atención a aquella palabra. Me imaginaba que era simplemente un borracho, y ellos me dijeron: "No, sufres de una enfermedad y no importa cuánto tiempo pases sin beber, después de tomarte uno o dos tragos, te encontrarás como estás ahora." En aquel entonces, esa noticia me fue verdaderamente desalentadora.

Seguidamente me preguntaron: "Puedes dejar de beber durante 24 horas, ¿verdad?" Les respondí: "Sí, cualquiera puede dejarlo — durante 24 horas." Me dijeron: "De esto precisamente hablamos. Veinticuatro horas cada vez." Esto me quitó un peso de encima. Cada vez que comenzaba a pensar en la bebida, me imaginaba los largos años secos que me esperaban sin beber; esta idea de las veinticuatro horas, y el que la decisión dependiera de mí, me ayudaron mucho.

(En este punto, la Redacción se interpone sólo lo suficiente como para complementar el relato de Bill D., el hombre en la cama, con el de Bill W., el que estaba sentado al lado de la cama). Dice Bill W.

Este último verano hizo 19 años que el Dr. Bob y yo le vimos (a Bill D.) por primera vez. Echado en su cama del hospital, nos miraba con asombro.

Dos días antes, el Dr. Bob me había dicho: "Si tú y yo vamos a mantenernos sobrios, más vale que nos pongamos a trabajar." En seguida, Bob llamó al Hospital Municipal de Akron y pidió hablar con la enfermera encargada de la recepción. Le explicó que él y un señor de Nueva York tenían una cura para el alcoholismo. ¿Tenía ella algún paciente alcohólico con quien la pudiéramos probar? Ella conocía al Dr. Bob desde hacía tiempo, y le replicó bromeando: "Supongo que ya lo ha probado usted mismo."

Sí, tenía un paciente — y de primera clase. Acababa de llegar con delirium tremens. A dos enfermeras les había puesto los ojos morados, y ahora le tenían atado fuertemente. ¿Serviría éste? Después de recetarle medicamentos, Bob ordenó: "Ponle en una habitación privada. Le visitaremos cuando se despeje."

A Bill D. no pareció causarle mucha impresión. Con cara triste, nos dijo cansadamente: "Bueno, todo eso es para ustedes estupendo; pero para mí no puede serlo. Mi caso es tan malo que me aterra hasta la idea de salir del hospital. Y tampoco tienen que venderme la religión. Una vez fui diácono, y todavía creo en Dios. Parece que El apenas cree en mí."

Entonces, el Dr. Bob le dijo: "Bueno, quizá te sentirás mejor mañana. ¿Te gustaría vernos otra vez?"

"¡Cómo no!" respondió Bill D., "tal vez no sirva para nada — pero no obstante me gustaría verles. No cabe duda de que saben de lo que están hablando."

Al pasar más tarde por su habitación, le encontramos con su esposa Henrietta. Nos señaló con el dedo diciendo con entusiasmo: "Estos son los hombres de quienes te estaba hablando — los que entienden."

Luego Bill nos contó que había pasado casi toda la noche despierto, echado en la cama. En el abismo de su depresión nació de alguna manera una nueva esperanza. Le había cruzado por la mente como un relámpago la idea: "Si ellos pueden hacerlo yo también lo puedo hacer." Se lo dijo repetidas veces a sí mismo. Finalmente, de su esperanza surgió una convicción. Estaba seguro. Le vino entonces una profunda alegría. Sintió por fin una gran tranquilidad, y se durmió.

Antes de terminar nuestra visita, Bill se volvió hacia su esposa y le dijo: "Tráeme mis ropas, querida. Vamos a levantarnos e irnos de aquí." Bill D. salió del hospital como un hombre libre y nunca más volvió a beber.

El Grupo Número Uno de A.A. data de ese mismo día.

(A continuación sigue la historia de Bill D.

Durante los siguientes dos o tres días, llegué por fin a la decisión de entregar mi voluntad a Dios y de seguir el programa lo mejor que pudiera. Sus palabras y sus acciones me habían infundido una cierta seguridad. Aunque no estaba absolutamente seguro. No dudaba de que el programa funcionara, dudaba de que yo pudiera atenerme a él; llegué no obstante a la conclusión de que estaba dispuesto a dedicar todos mis esfuerzos a hacerlo, con la gracia de Dios, y que deseaba hacer precisamente esto. En cuanto llegué a esta decisión, sentí un gran alivio. Supe que tenía alguien que me ayudaría, en el que podía confiar, que no me fallaría. Si pudiera apegarme a El y escuchar, conseguiría lo deseado. Recuerdo que, cuando los hombres volvieron, les dije: "Acudí a este Poder Superior, y le dije que estoy dispuesto a anteponer Su mundo a todo lo demás. Ya lo he hecho, y estoy dispuesto a hacerlo otra vez ante ustedes, o a decirlo en cualquier sitio, en cualquier parte del mundo, de aquí en adelante, sin tener vergüenza." Y esto, como ya he dicho, me deparó mucha seguridad; parecía quitarme una gran parte de mi carga.

Me acuerdo haberles dicho también que iba a ser muy duro, porque hacía otras cosas: fumaba cigarrillos, jugaba al póquer y a veces apostaba a los caballos; y me dijeron: "¿No te parece que en el presente la bebida te está causando más problemas que cualquier otra cosa? ¿No crees que vas a tener que hacer todo lo que puedas para deshacerte de ella?" Les repliqué a regañadientes: "Sí, probablemente será así." Me dijeron: "Dejemos de pensar en los demás problemas; es decir, no tratemos de eliminarlos todos de un golpe, y concentrémonos en el de la bebida." Por supuesto, habíamos hablado de varios de mis defectos y hecho un tipo de inventario que no fue difícil de hacer, ya que tenía muchos defectos que eran muy obvios, porque los conocía de sobra. Luego me dijeron: "Hay una cosa más. Debes salir y llevar este programa a otra persona que lo necesite y lo desee."

Llegado a este punto, mis negocios eran prácticamente no existentes. No tenía ninguno. Durante bastante tiempo, tampoco gocé, naturalmente, de mi buena salud. Me llevó un año y medio empezar a sentirme bien físicamente. Me fue algo duro, pero pronto encontré a gente que antes habían sido amigos y, después de haberme mantenido sobrio durante un tiempo, vi a esta gente volver a tratarme como lo habían hecho en años pasados, antes de haberme puesto tan malo que no prestaba mucha atención a las ganancias económicas. Pasé la mayor parte de mi tiempo tratando de recobrar estas amistades y de compensar de alguna forma a mi mujer, a quien había lastimado mucho.

Sería difícil calcular cuánto A.A. ha hecho por mí. Verdaderamente deseaba el programa y quería seguirlo. Me parecía que los demás tenían tanto alivio, una felicidad, un no sé qué, que yo creía que toda persona debía tener. Estaba tratando de encontrar la solución. Sabía que había aún más, algo que no había captado todavía. Recuerdo un día, una o dos semanas después de que salí del hospital, en el que Bill estaba en mi casa hablando con mi esposa y conmigo. Estábamos almorzando, y yo estaba escuchando, tratando de descubrir por qué tenían ese alivio que parecían tener. Bill miró a mi esposa y le dijo: "Henrietta, Dios me ha mostrado tanta bondad, curándome de esta enfermedad espantosa, que yo quiero únicamente seguir hablando de esto y seguir contándoselo a otras gentes."

Me dije: "Creo que tengo la solución." Bill estaba muy, muy agradecido por haber sido liberado de esta cosa tan terrible y había atribuido a Dios el mérito de haberlo hecho y está tan agradecido que quiere contárselo a otras gentes. Aquella frase: "Dios me ha mostrado tanta bondad, curándome de esta enfermedad espantosa, que únicamente quiero contárselo a otras gentes", me había servido como un texto dorado para el programa de A.A. y para mí.

Por supuesto, mientras pasaba el tiempo y yo empezaba a recuperar mi salud, sentí que no tenía que esconderme siempre de la gente — y esto ha sido maravilloso. Todavía asisto a las reuniones, porque me gusta hacerlo. Me encuentro con gente con quien me gusta hablar. Otro motivo que tengo para asistir es que estoy aún tan agradecido de tener tanto el programa como la gente que lo compone, que todavía quiero participar en las reuniones —y tal vez la cosa más maravillosa que me ha enseñado el programa— lo he visto muchas veces en el "A.A. Grapevine", y muchas personas me lo han dicho personalmente, y he visto a otras muchas ponerse de pie en las reuniones y decirlo — es lo siguiente: "Vine a A.A. únicamente con el propósito de lograr mi sobriedad, pero a través del programa de A.A. he encontrado a Dios."

Esto me parece lo más maravilloso que una persona puede hacer.

LAS MUJERES TAMBIEN SUFREN

A pesar de tener grandes oportunidades, el alcohol casi terminó con su vida. Pionera en A.A., difundió la palabra entre las mujeres de nuestra etapa primera.

¿QUÉ estaba diciendo?. . . De lejos, como en un delirio, oí mi propia voz llamando a alguien, "Dorotea", hablando de tiendas de ropa, de trabajos . . . las palabras se fueron haciendo más claras . . . el sonido de mi propia voz me asustaba al irse acercando . . . y de repente, allí estaba, hablando no sé de qué, con alguien a quien no había visto nunca antes de aquel momento. De golpe, paré de hablar. ¿Dónde me encontraba?

Había despertado antes en habitaciones extrañas, completamente vestida, sobre una cama o un sofá; había despertado en mi propia habitación, dentro o sobre mi propia cama, sin saber qué hora del día era, con miedo a preguntar . . . pero esto era diferente. Esta vez parecía estar ya despierta, sentada derecha en una silla grande y cómoda, en el medio de una animada conversación con una mujer joven, que no parecía extrañarse de la situación. Ella estaba charlando, cómoda y agradablemente.

Aterrorizada, miré a mi alrededor. Estaba en una habitación grande, oscura, y amueblada de una manera bastante pobre — la sala de estar de un apartamento en el sótano de la casa. Escalofríos empezaron a recorrer mi espalda; me empezaron a castañear los dientes; mis manos empezaron a temblar y las metí debajo de mí para evitar que salieran volando. Mi miedo era real, pero no era el responsable de esas violentas reacciones. Yo sabía muy bien lo que eran — un trago lo arreglaría todo. Debía de haber pasado mucho tiempo desde mi última copa — pero no me atrevía a pedirle una a esta extraña. Tengo que salir de aquí. De cualquier forma, tengo que salir de aquí antes de que se descubra mi abismal ignorancia de cómo llegué aquí, y ella se dé cuenta de que yo estoy totalmente loca. Estaba loca — debía de estarlo.

Los temblores empeoraron y yo miré mi reloj — las seis en punto. La última vez que recuerdo mirar la hora era la una. Había estado sentada cómodamente en un restaurante con Rita, bebiendo mi sexto martini y esperando que el camarero se olvidara de nuestra comida — o, por lo menos, lo suficiente como para tomarme un par de ellos más. Me había tomado sólo dos con ella, pero había conseguido tomarme cuatro en los quince minutos que la estuve esperando, y, naturalmente, los incontados tragos de la botella según me levantaba dolorosamente y me vestía de manera lenta y espasmódica. De hecho, a la una me encontraba muy bien — sin sentir dolor alguno. ¿Qué podía haber pasado? Aquello ocurrió en el centro de Nueva York, en la ruidosa calle 42 . . . esto era obviamente una tranquila zona residencial. ¿Por qué me había traído aquí Dorotea? ¿Quién era esta mujer? ¿Cómo la había conocido? No tenía respuestas y no osaba preguntar. Ella no daba señal de que nada estuviera mal. Pero, ¿qué había estado haciendo en esas cinco horas perdidas? Mi cerebro daba vueltas. Podía haber hecho cosas terribles. ¡Y ni siquiera lo sabía!

De alguna forma, salí de allí y caminé cinco manzanas. No había ningún bar a la vista, pero encontré la estación del Metro. El nombre no me era familiar y tuve que preguntar por la línea de Grand Central. Me llevó tres cuartos de hora y dos trasbordos llegar allí — de vuelta en mi punto de partida. Había estado en las remotas zonas de Brooklyn.

Esa noche me puse muy borracha, lo cual era normal, pero recordé todo, lo que era muy extraño. Me acordé de estar en lo que, mi hermana me aseguró, era mi proceso de todas las noches, de tratar de buscar el nombre de Willie Seabrook en la guía de teléfonos. Recordé mi firme decisión de encontrarle y pedirle que me ayudara a entrar en esa "casa de recuperación", de la que había escrito. Recordé que aseguraba que iba a hacer algo al respecto, que no podía seguir... Recordé el haber mirado con ansia a la ventana como una solución más fácil, y me estremecía con el recuerdo de esa otra ventana, tres años antes, y los seis agonizantes meses en una sala de un hospital de Londres. Recordé cuando llenaba de ginebra la botella del agua oxigenada que guardaba en mi armarito de las medicinas, en caso de que mi hermana descubriera la que escondía debajo del colchón. Y recordé el pavoroso horror de aquella interminable noche en que dormí a ratos y me desperté goteando sudor frío y temblando con una total desesperación, para terminar bebiendo apresuradamente de mi botella y desmayándome de nuevo. "Estás loca, estás loca, estás loca" martilleaba mi cerebro en cada rayo de conocimiento, para ahogar el estribillo con un trago.

Todo siguió así hasta que dos meses más tarde aterricé en un hospital y empezó mi lucha por la vuelta a la normalidad. Había estado así durante más de un año. Tenía treinta y dos años de edad.

Cuando miro hacia atrás y veo ese horrible último año de constante beber, me pregunto cómo pude sobrevivir tanto física como mentalmente. Había habido, naturalmente, períodos en los que existía una clara comprensión de lo que había llegado a ser, acompañada por recuerdos de lo que había sido, y de lo que había esperado ser. El contraste era bastante impresionante. Sentada en un bar de la Segunda Avenida, aceptando tragos de cualquiera que los ofreciese, después de gastar lo poco que tenía; o sentada en casa sola, con el inevitable vaso en la mano, me ponía a recordar y, al hacerlo, bebía más de prisa, buscando caer rápidamente en el olvido. Era difícil reconciliar este horroroso presente con los simples hechos del pasado.

Mi familia tenía dinero — nunca había sido privada de ningún deseo material. Los mejores internados, y una escuela privada de educación social en Europa me había preparado para el convencional papel de debutante y joven matrona. La época en la que crecí (la era de la Prohibición inmortalizada por Scott Fitzgerald y John Held, Jr.) me había enseñado a ser alegre con los más alegres; mis propios deseos internos me llevaron a superarles a todos. El año después de mi presentación en la sociedad, me casé. Hasta aquel momento, todo iba bien — todo de acuerdo al plan indicado, como otros tantos miles. Entonces la historia empezó a ser la mía propia. Mi marido era alcohólico — yo sólo sentía desprecio por aquellos que no tenían para la bebida la misma asombrosa capacidad que yo — el resultado era inevitable. Mi divorcio coincidió con la bancarrota de mi padre, y me puse a trabajar, deshaciéndome de todo tipo de lealtades y responsabilidades hacia cualquiera que no fuera yo misma. Para mí, el trabajo era un medio para llegar al mismo fin, poder hacer aquello que quisiera.

Los siguientes diez años, hice sólo eso. Buscando más libertad y emoción me fui a vivir a ultramar. Tenía mi propio negocio, de suficiente éxito como para permitirme la mayoría de mis deseos. Conocía a toda la gente que quería conocer. Veía todos los lugares que quería ver. Hacía todas las cosas que quería hacer — y era cada vez más desgraciada. Testaruda, obstinada, corría de placer en placer y encontraba que las compensaciones iban disminuyendo hasta desvanecerse. Las resacas empezaron a tener proporciones monstruosas, y el trago de por la mañana llegó a ser de urgente necesidad. Las lagunas mentales eran cada vez más frecuentes, y rara vez me acordaba de cómo había llegado a casa. Cuando mis amigos insinuaban que estaba bebiendo demasiado, dejaban de ser mis amigos. Iba de grupo en grupo, de lugar en lugar, y seguía bebiendo. Con sigilosa insidia, la bebida había llegado a ser más importante que cualquier otra cosa. Ya no me proporcionaba placer, simplemente aliviaba el dolor; pero tenía que tenerla. Era amargamente infeliz. Sin duda había estado demasiado tiempo en el exilio; debía volver a América. Lo hice y, para sorpresa mía, mi problema empeoró.

Cuando ingresé en un hospital psiquiátrico para un tratamiento intensivo, estaba convencida de que tenía una seria depresión mental. Quería ayuda y traté de cooperar. Al ir progresando el tratamiento, empecé a formarme una idea más clara de mí misma, y de ese temperamento que me había causado tantos problemas. Había sido hipersensible, tímida, idealista. Mi incapacidad para aceptar las duras realidades de la vida me había convertido en una escéptica desilusionada, revestida de una armadura que me protegía contra la incomprensión del mundo. Esa armadura se había convertido en los muros de una prisión, encerrándome en ella con mi miedo y mi soledad. Todo lo que me quedaba era una voluntad de hierro para vivir mi propia vida a pesar del mundo exterior. Y allí me encontraba yo: una mujer aterrorizada por dentro y desafiante por fuera, que necesitaba desesperadamente un apoyo para continuar.

El alcohol era ese apoyo, y yo no veía cómo podía vivir sin él. Cuando el doctor me decía que no debía de beber nunca más, *no pude permitirme el creerle*. Tenía que insistir en mis intentos por enderezarme, tomando los tragos que necesitara, sin que se volvieran en mi contra. Además, ¿cómo podía él entender? No era bebedor, no sabía lo que era necesitar un trago, ni lo que un trago podía hacer por uno en un apuro. Yo quería vivir, no en un desierto, sino en un mundo normal. Y mi idea de un mundo normal era estar rodeada de gente que bebía; los abstemios no estaban incluidos. Estaba segura de que no podía estar con gente que bebía, sin beber. En esto tenía razón; no me sentía a gusto con ningún tipo de persona sin estar bebiendo. Nunca lo había estado.

Naturalmente, a pesar de mis buenas intenciones y de mi vida protegida tras de los muros del hospital, me emborraché varias veces y quedé asombrada — y muy trastornada.

Fue en aquel momento cuando mi doctor me dio el libro *Alcohólicos Anónimos* para que lo leyera. Los primeros capítulos fueron una revelación para mí ¡Yo no era la única persona en el mundo que se sentía y comportaba de esa manera!

No estaba loca, ni era una depravada; era una persona enferma. Padecía una enfermedad real que tenía un nombre
y unos síntomas, como los de la diabetes o el cáncer. ¡Y una
enfermedad era algo respetable, no un estigma moral! Pero
entonces encontré un obstáculo. No tragaba la religión y no
me gustaba la mención de Dios o de cualquiera de las otras
mayúsculas. Si aquella era la salida, no era para mí. Yo era
una intelectual y necesitaba una respuesta intelectual, no
emocional. Así de claro se lo dije a mi doctor. Quería aprender a valerme por mí misma, no cambiar un apoyo por otro,
y mucho menos por uno tan intangible y dudoso como aquél
era. Así continué varias semanas, abriéndome camino a regañadientes a través del ofensivo libro y sintiéndome cada vez
más desesperada.

Entonces, ocurrió el milagro. ¡A mí! A todo el mundo no
le ocurre tan de repente, pero tuve una crisis personal que
me llenó de cólera justificada e incontenible. Mientras bufaba
desesperadamente de la cólera y planeaba coger una buena
borrachera para *enseñarles,* mis ojos captaron una frase del
libro que estaba abierto sobre la cama, "No podemos vivir con
cólera." Los muros se derrumbaron y la luz apareció. No
estaba atrapada; no estaba desesperada. Era libre, y no tenía
que beber para *enseñarles.* Esto no era la "religión" ¡era
libertad! Libertad de la cólera y del miedo, libertad para
conocer la felicidad y el amor.

Fui a una reunión para conocer por mí misma al grupo de
locos y vagabundos que habían realizado esta obra. Ir a una
reunión de gente era una de esas cosas que toda mi vida —
desde el día en que dejé mi mundo privado de libros y sueños
para encontrarme en el mundo real de la gente, las fiestas, y
el trabajo — me había hecho sentir como una intrusa, y para
ser parte de ellas necesitaba el estímulo animador de la bebida. Me fui temblando a una casa en Brooklyn llena de gente
de mi clase. Hay otro significado de la palabra hebrea que se
traduce como "salvación" en la Biblia, y éste es: "volver a
casa". Había encontrado mi "salvación". Ya no estaba sola.

Aquel fue el principio de una nueva vida, una vida más completa y feliz de lo que nunca había conocido o creído posible. Había encontrado amigos, amigos comprensivos que a menudo sabían mejor que yo misma, lo que pensaba y sentía y que no me permitían refugiarme en una prisión de miedo y soledad por una ofensa o insulto imaginarios. Comentando las cosas con ellos, grandes torrentes de iluminación me mostraban a mí misma como en realidad yo era, y era como ellos. Todos nosotros teníamos en común cientos de rasgos característicos, de miedos y fobias, gustos y aversiones. De repente pude aceptarme a mí misma, con defectos y todo, como yo era — después de todo, ¿no éramos todos así? Y, aceptando, sentí una nueva paz interior, y la voluntad y la fuerza para enfrentarme a las características de una personalidad con las que no había podido vivir.

La cosa no paró allí. Ellos sabían lo que hacer con esos abismos negros que bostezaban, listos para tragarme cuando me sentía deprimida o nerviosa. Había un programa concreto, diseñado para asegurarnos a nosotros, los evasivos de siempre, la mayor seguridad interior posible. Según iba poniendo en práctica los Doce Pasos, se iba disolviendo la sensación de desastre inminente que me había perseguido durante años. ¡Funcionó!

Miembro en activo de A.A. desde 1939, al fin me siento un miembro útil de la raza humana. Tengo algo con lo que puedo contribuir a la humanidad, ya que estoy peculiarmente cualificada, como compañera de fatigas, para prestar ayuda y consuelo a aquellos que han tropezado y caído en este asunto de enfrentarse con la vida. Tengo mi mayor sensación de logro al saber que he tomado parte en la nueva felicidad que han conseguido otros muchos como yo. El hecho de poder trabajar y ganarme la vida de nuevo, es importante, pero secundario. Creo que mi fuerza de voluntad, una vez exagerada, ha encontrado su justo lugar, porque puedo decir muchas veces al día, "Hágase Tu voluntad, no la mía" . . . y ser sincera al decirlo.

(3)

EL DESPERTAR DE UN VIAJANTE

En todos sus viajes, no podía eludir la botella ni a sí mismo, logró por fin emerger de una vida amarga y desolada y llegó a ser uno de los primeros mensajeros de A.A. en Puerto Rico.

COMENCÉ a beber a la edad de dieciséis años, en la ciudad de Nueva York. Años más tarde, mientras trabajaba como viajante por toda la América del Sur y las Antillas, de bebedor social me convertí en bebedor fuerte. Al llegar a la edad de 43 años, me di perfecta cuenta de que tenía un problema con el alcohol, pues lo que hasta entonces había considerado como un hábito, se había trocado en una obsesión de tal índole que no podía pasármelas sin el "trago".

Preocupado por ese problema, acudí donde dos psiquiatras, uno del Presbyterian Medical Center y el otro, el Dr. X, asociado de uno de los más connotados psiquiatras de Estados Unidos. El primero que fui a ver en el Centro Médico Presbiteriano, supo desentrañar lo que me ocurría porque hasta me habló de Alcohólicos Anónimos, cuyo movimiento estaba para entonces en los comienzos. Eso sucedió allá por el año 1939. Recuerdo que aquel médico me dijo que había oído hablar de un grupo de hombres y mujeres que estaban haciendo algo eficaz para resolver su problema alcohólico y que si era de mi agrado conocer a esa gente podía ponerme en contacto con ellos. Pero A.A. no me interesó en esa época y así se lo hice saber. De mi experiencia con el otro psiquiatra haré mención más adelante.

Comprendiendo que el problema de la bebida seguía complicándoseme, decidí ir a Hot Spring, Arkansas, a tomar los baños, pensando que me harían bien, y efectivamente, físicamente fue así porque estaba padeciendo de artritis alcohólica y tuve gran alivio por cerca de un año. Entonces comencé de nuevo a sentirme mal y fui a ver al Dr. X, asiduo cliente de mi *restaurant-bar*. Me dijo que no me ocurría nada, que no tenía por qué preocuparme ya que él creía que yo no tenía ningún problema con el alcohol. Y me dijo que pronto pasaría por mi establecimiento para que nos tomáramos algunos tragos de Dubonnet. En efecto, el domingo siguiente el Dr. X me dispensó una visita, obsequiándome con un par de Dubonnets que gustosamente reciproqué con varios "Old Fashions". A esos tragos siguieron otros, después de los cuales el mozo del *restaurant* y yo tuvimos que llevar al doctor a su casa porque estaba tambaleándose.

Al ver que los médicos no podían ayudarme a controlar la bebida, pensé que tal vez un cambio de ambiente podría librarme de esa tenaz obsesión alcohólica. Sabía que estaba bebiendo exageradamente y no sabía a qué atribuirlo, si echarle la culpa a mi mujer por su carácter dominante, a mi socio, o a lo que fuera. La verdad es que no tenía la respuesta del por qué estaba haciendo las cosas que venía haciendo en mi negocio y en mi vida personal casi sin objetivos. De manera que puse manos a la obra, vendí mi participación en el negocio, di la mitad de lo que obtuve en metálico a mi señora y después de conseguir algunas agencias de casas americanas, me vine para Puerto Rico en 1941.

Después de mi llegada a la Isla, me hospedé en el Hotel Palace, y a pesar de que traía varias botellas que los amigos me habían dado al despedirme en Nueva York para que trajera conmigo en el viaje y las cuales no había usado, y a pesar de tener también conmigo un par de cajas de vino "San Benito", marca que representaba en Puerto Rico, por una semana me mantuve abstemio en tierra puertorriqueña. Entonces repentinamente comencé a beber de nuevo, con tal ímpetu que a los tres meses de continuas borracheras fui a parar al Hospital Presbiteriano. Allí estuve bajo tratamiento de un simpático doctor que me recetó muchas vitaminas para fortalecerme. Aquel médico bonachón, después que me repuse con el tratamiento vitamínico, me aconsejó que no bebiese licores fuertes; que cuando sintiera ganas de beber me tomara una botella de cerveza y todo marcharía bien. Claro está, el que le hable a un borracho de "una botella de cerveza" lo pone a pensar enseguida en una de esas botellonas grandes de cerveza de cinco galones. De más está decir que el experimento de la cerveza no dio resultado.

Poco después de salir del Hospital Presbiteriano estalló la Segunda Guerra Mundial, paralizándose mi negocio debido al gran descenso en las importaciones. A pesar de ese revés, decidí quedarme aquí. Un buen amigo me ofreció un empleo, que acepté, en el Gobierno Federal, como capataz. Me aseguró que de ahí subiría pronto a otro puesto mejor. Así ocurrió. Trabajé en ese puesto por uno o dos meses cuando cierto día vino a hablar conmigo un oficial del ejército que se estaba haciendo cargo de la transportación general por mar y tierra del equipo pesado del ejército. Le caí bien porque notó que hablaba bastante el castellano y se enteró de que yo había vivido aquí por algunos años. Me propuso que trabajase al lado de él cumplimentando sus instrucciones. Con el permiso del Superintendente de Construcciones que me consiguiera el primer empleo, pasé a trabajar como asistente administrativo a las órdenes del oficial, devengando una buena paga. Duré en ese empleo hasta 1944. Durante ese período no bebí tanto como antes debido a la disciplina a que estaba sujeto, estando bajo órdenes de oficiales. También parece que el oficial conocía al dedillo mi debilidad porque cuando se imaginaba que estaba llegando algún período peligroso para mí, me mandaba tranquilamente a Cuba, a Antigua o a cualquier punto cercano. En esas ocasiones yo lo contemplaba de hito en hito diciéndome: "Este tipo me conoce mejor que yo mismo". Si acaso inquiría para qué me mandaba a ese sitio, él replicaba: "Prepare su equipaje y adelante. Allá es donde lo necesitamos ahora". La verdad es que yo no tenía nada que hacer en ninguno de esos lugares y era de suponer que quería darme una semana o dos para que me desquitara de mi "sed", bebiendo todo lo que yo quisiera.

Pero sucedía todo lo contrario. En aquellos sitios no bebía tanto como hubiera bebido en Puerto Rico pues estaba entre coroneles y otros superiores que allí frecuentaban.

Cuando la guerra estaba para cesar y todos se percataban de eso al ver que disminuía el trabajo en las oficinas, apenas si había transportación y los negocios iban estancándose, cogí una borrachera colosal. Me quedé en la casa y como borracho al fin, me dispuse a celebrar sin pérdida de tiempo el acontecimiento del cese de hostilidades que aún no había tenido lugar, bebiéndome no sé cuántas cajas de whisky escocés; después remaché con ron y antes de que me echaran presenté la renuncia porque sabía que si no lo hacía me iban a poner "AWOL" (ausente sin licencia). Así fue que aceptaron mi renuncia, pudiendo dar gracias a Dios de que mi récord en el gobierno federal sea bueno.

Tuve la suerte de que los barcos comenzaron a moverse de nuevo, trayendo carga a la Isla con regularidad, precisamente cuando conseguía una magnífica representación con la que devengué mucho dinero. En vez del borrachón diario me volví entonces un borrachón periódico. Cuando recibía el cheque de la casa a fines de mes entraba enseguida en una borrachera de varios días y al regresar a la oficina recuerdo que siempre mi secretario salía para coger la suya y permanecía fuera como una semana. Tal parecía que nos turnáramos en el trabajo y la bebida de común acuerdo. El pobre vendedor era quien se volvía loco entre "dos locos", pues era él un muchacho que no tenía ningún problema con la botella.

Eso prosiguió así hasta el año 1945, cuando por cierto motivo que no viene al caso, renuncié la representación que tenía para hacerme cargo de otra. Me di entonces a beber más y más y así de bebedor periódico volví otra vez a la fase de bebedor diario. Poco a poco fui abandonando mi negocio de una manera lastimosa. No iba apenas a la oficina y me pasaba las horas en el Union Club bebiendo licor, hasta que llegó el día en que francamente me daba bochorno de que mis amigos me vieran siempre allí tomando. Algunos me preguntaban: "¿Cuál es el motivo?" Y yo les respondía: "¡Si supiera el motivo se lo diría! ¡No sé! ¡No sé por qué bebo así!"

Así fui de mal en peor hasta que comencé a frecuentar cantinas de ornato mucho más pobre. Me iba a buscar los lugares humildes — allí me pasaba la mañana tomando ron. Iba luego al apartamento a dormir un par de horas para pasarme después el resto del día bebiendo hasta las diez o las once de la noche.

Ante esa crítica situación comprendí que el alcohol me estaba aniquilando y en vano trataba de librarme de aquella lucha desigual. A propósito, recuerdo que en medio de esa borrasca puse en juego un experimento para ver si lograba arreglarme. Una mañana, mientras esperaba que abrieran una cantina, me encontré con un raro sujeto continental, vistiendo pantalones sucísimos que una vez fueron blancos y zapatos de esos que usan los trabajadores del fango. El individuo se me acercó diciendo: "¡Buenos días! ¿Tiene un cigarrillo?" Le di el cigarrillo. "¿Tiene usted un fósforo?" Le di el fósforo. Y ya le iba a preguntar si quería que me fumara el cigarrillo por él para completar la obra, cuando me interrogó si podía sentarse junto a mí. "La calle es pública y puede usted acomodarse dondequiera", repuse. Estábamos sentados cerca del *bar* que yo visitaba y que estaba esperando que abrieran. "¿Qué espera usted aquí?" me preguntó. "Pues espero", le dije, "a que abran ese pequeño *bar* para tomar el 'trago de los nervios'." Se me quedó mirando y me dijo: "¿Sabe usted de dónde vengo yo ahora? Pues vengo de la cárcel. Estaba preso por borrachera. No tenía con qué pagar los dos pesos de multa. ¿Podría ser usted tan bondadoso que me pagara un 'trago' cuando abran ahí?" Le dije que no tenía ningún inconveniente en complacerlo y cuando abrieron la cantina, al servírsenos los 'tragos', por primera vez en mi vida se me ocurrió que si yo lograba enderezar a aquel tipo borrachón quizá podría él ayudarme a aguantar la bebida. Eso me aconteció sin que supiera todavía nada de Alcohólicos Anónimos. Como él era un poco más vivo, me dijo que si comprábamos un litro de ron rendiría más que ordenando la bebida por vasitos. De manera que compramos el litro, con su correspondiente *Seven Up* y hielo, y nos pusimos a charlar. Entonces vino a verme un mensajero y guardaespaldas que yo tenía y a quien cariñosamente llamaba "Mundito". Le dije al continental que iba a pagarle un recorte y una afeitada en la barbería de enfrente y que no se preocupara por el "trago" que le enviaría ron y *Seven Up* con "Mundito" para que bebiera mientras lo arreglaba el barbero. Después que se recortó lo llevé a mi apartamento, hice que se diera un baño y se cambiara la ropa. Fuimos a un restaurant donde él comió opíparamente mientras yo bebía, contemplando el cambio que ya se notaba en el porte del sujeto. Eso sucedía en la época en que yo me retiraba borracho a dormir a las diez de la noche y cuando le dije que iba a acostarme, él me pidió que lo dejara dormir en el suelo. Me contó que había estado durmiendo realengo debajo de las casas. En vez de dejarlo dormir en el suelo lo puse a dormir en un canapé mientras yo me acostaba en la cama. Como de costumbre, al otro día temprano estaba de regreso en la cantina. El me acompañó nuevamente y así pasó otro día. Ese día sucedió algo que no esperaba. Yo guardo mi dinero en el bolsillo del chaquetón y además tenía algunos pesos en el baúl, que tenía trancado. No desconfiaba de aquel tipo; pero como a las dos de la mañana — yo no sabía que él había salido — se me presentó con un par de "hembras" y unos guitarristas. Huelga decir que eso no me cayó en gracia. Le dije que se fuera con todos ellos al infierno. Mandó la gente a que se retirara y se acostó. Cuando me levanté al otro día noté que me faltaban cinco pesos. No dije nada mientras estábamos en el apartamento. Cuando llegamos a la cantina pedí *un* Seven Up y él se me quedó mirando. "¿Qué pasa?" y le dije "No pasa nada. Tenía cinco pesos en mi bolsillo y han caminado. Yo no sabía que los billetes tuvieran patas." Compungido me confesó que había cogido los cinco pesos. No cogí coraje. Sencillamente le dije que se fuera de mi lado. De manera que no resultó como esperaba el experimento.

Después de eso no pensé en otra cosa nada más que en seguir bebiendo. No tenía la menor idea de trabajar. Estaba en un hoyo. No sabía cómo salir. Al cabo enfermé. Los pies se me hincharon. Llamé al médico. El doctor que vino a verme me dijo que habría que sacar el fluido de las piernas con una aguja. Me hizo recluir en el Hospital Presbiteriano donde me atendió otro amigo médico quien logró poner mis piernas en buen estado sin necesidad de usar agujas.

Más o menos había acabado con mi negocio y moralmente no me sentía con ánimo de ir a visitar a la clientela, a pesar de que no tenía nada que reprocharme de mi manera de proceder para con ella. Decidí volver a Nueva York y un buen amigo me consiguió prioridad en avión. El doctor antes de partir me había recetado un elíxir que contenía un gran por ciento de alcohol. Cuando todos mis amigos me repetían: "No bebas", me daban una medicina precisamente a base de alcohol. Al llegar a Nueva York tuve que averiguar ciertas cosas sobre el *status* doméstico mío. No sabía si estaba casado o divorciado. Después que me puse al tanto de esas cuestiones y en vista de mi serio problema con la bebida, mis familiares me llevaron a una reunión de Alcohólicos Anónimos. Estaba bajo la influencia del alcohol. Tratábase del Grupo Manhattan, que celebra reuniones en la calle 41 y 8va. Avenida. Hice muchas preguntas. Quería saber qué clase de negocio promovían y les pedí me dijeran dónde estaban los borrachos porque allí no veía ninguno. Me dieron algunos panfletos y me dijeron que las puertas de A.A. estaban abiertas y que cualquier día que cambiara de idea, fuera a visitarles. Les di las gracias y les supliqué perdonaran la molestia que les había dado con mis comentarios. Ya estaba para salir cuando me tropecé con Herman, sobrio pero con el "baile de San Vito" y le dije: "¿Tú cómo te mantienes sobrio?" a lo que respondió sereno y sentencioso: "¡Pues mirando a borrachos como tú!" Ese si fue un gran disparo certero. No pude menos que reconocer que allí había algo.

La familia quería que pasara la noche en el apartamento de mi esposa, a lo que yo me negué por motivos que ellos desconocían. Fui al hotel y noté que mi caja de *whisky* había desaparecido. Busqué la cartera y vi que también me habían quitado la plata, que no era mucha. Entonces llamé a mi ex socio y le pedí prestado cincuenta pesos que me entregó personalmente. Aquella noche yo iba a decidir mi problema en una cantina. Esa era mi idea, pero no sé por qué cambié de pensamiento y me dije: "Voy a comer algo, jamón y huevos, y café." No había comido ese día. Después de comer cogí un taxi que me llevó al hotel y antes de llegar paré el taxi para entrar a la cantina donde pedí una cerveza en recipiente pues no se podía expender licores después de las 11:00. Me dio el recipiente y me llevé al hotel la cerveza que coloqué en la parte de afuera de la ventana para que no se calentase, mientras me quitaba el abrigo, arreglé la lámpara y comencé a leer los folletos de Alcohólicos Anónimos. A medida que leía las historias me decía: "¡Ese mismo soy yo! ¡Ese soy yo!"

No bebí aquella cerveza. Esa fue la primera noche en mucho tiempo que dormí sin alcohol y sin temores. Al otro día me levanté. No me sentía muy bien, naturalmente, y pedí mantecado con soda una y otra vez hasta el punto que el mozo llegó a preguntar: "Mantecado y soda, ¿y no quiere jamón y huevos?" Y volví a pedirle mantecado y soda.

Esa misma noche fui a una reunión de A.A. Al entrar me dijeron los muchachos: "¡Caramba, no le esperábamos tan pronto de vuelta!" "Pues aquí me tienen", respondí: "He leído esos panfletos y ahora sé que aquí hay *algo* importante para mí. Quiero saber cómo puedo conseguir eso que ya tienen ustedes. A eso vengo, a buscarlo."

Desde esa noche memorable estoy en Alcohólicos Anónimos, sin haber tenido dificultades con el alcohol en todos esos años, excepto al comienzo cuando tuve una pequeña recaída de diez días. Han sido años verdaderamente gratos de sobriedad los que he disfrutado y sigo disfrutando en Alcohólicos Anónimos, a base del plan de 24 horas.

(4)

LA MONTAÑA RUSA

*Creía poder dominar los frenéticos altibajos de la bebi-
da, hasta verse precipitado sin recursos hacia la última
parada. Pero la Providencia le tenía reservado otro
destino.*

*N*ACÍ en el pueblo de Naguabo, en la costa oriental de
Puerto Rico, que tan famoso se hiciera allá por la época
de la Ley Seca, pues a sus playas cantarinas llegaba el mayor
cúmulo de veleros contrabandistas de bebidas alcohólicas de
toda la isla.

Mi padre era uno de esos bondadosos agricultores boricuas. Por aquel entonces se hallaba en magníficas condiciones económicas, pero al transcurrir de los años vinieron los
reveses de la postguerra y, al agudizarse la crisis de 1930, se
convirtió en otra de las víctimas del colapso financiero. Era
un bebedor fuerte y ese golpe rudo de la mala fortuna, le
sirvió de motivo para hacer de la bebida bálsamo de consola-
ciones. Aunque sólo era un chiquillo, recuerdo que mi hogar
era el centro de frecuentes francachelas en las que mi padre
agasajaba a sus íntimos amigos con suntuosos banquetes y
bebidas exquisitas. El ambiente divertido de aquellos jolgo-
rios, había de dejar una huella indeleble en mi memoria, pues
en mi infantil pensamiento me daba a imaginar que cuando
fuese mayor y ganara dinero, yo iba a ser tan obsequioso y
divertido como mi padre. Mientras tanto, el alcohol fue haciendo cada vez más precaria la situación del hogar. En el
año 1936 mi padre se trasladó con toda la familia a la capital.
Acá pensaba él hallar mejores oportunidades para ganar
dinero y educar a la prole. Sin embargo, su quebrantada
salud, debido al estrago causado por la bebida, cedió en ese
mismo año a la inclemencia de las parcas y murió, quedando
nuestro hogar huérfano, pobre y entristecido.

Yo estudiaba en la Escuela Superior y al ver las dificultades que confrontaba mi buena madre, decidí abandonar las aulas para ayudarla. Pronto conseguí una colocación de ascensorista en un banco. Animado de los mejores propósitos durante los primeros meses me comporté como todo un joven juicioso y abstemio. Poco después comencé a ensayar, tomando algunas copas los sábados y domingos por las noches, pero de una manera muy moderada. Más tarde, en 1942, obtuve empleo en una agencia federal y aquí comencé a beber torrencialmente, a tal extremo que faltaba a menudo a mi trabajo. Para esa época, ya el licor estaba interfiriendo en mi vida de hogar y en mi vida de trabajo.

Para el año 1943, según hoy puedo percatarme, había pasado la línea imaginaria que separa al bebedor fuerte del bebedor alérgico y el compulsivo alcohólico. Trabajaba en el Departamento del Interior y mis "bebelatas" se prolongaban aún después del fin de semana, teniendo que beber muchas veces durante los días laborables, debido a la sed irresistible por el licor que me devoraba. Precisamente en aquel período fui llamado a examen físico por el ejército para entrar en las honrosas filas del Tío Sam. De más está decir que acudí al examen sufriendo los estragos de la borrachera estruendosa que me había durado diez o doce días, despidiéndome de todos los amigos de bohemia y dando vítores clamorosos por la causa de la libertad, ¡cual si fuese ya un soldado alistado camino de la guerra! Ay, pero los doctos médicos del ejército no vieron en mí el gran "prospecto" que yo imaginaba. Al ser llamado para examen, me hallaba en estado físico tan calamitoso que todo mi cuerpo temblaba cual árbol frágil azotado por un ventarrón. Al notar el doctor mi quijotesca contextura me mandó a sacar la lengua — cuentan los reclutas que allí estaban que hasta mi lengua temblaba como un ala en revuelo y casi no podía sacarla — y después de anotar mi descorazonador peso mosca de 104 libras, no tuvo más alternativa que rechazarme. Me dieron cuarenta y siete centavos para la transportación de regreso al hogar. Al salir me reuní con dos o tres jóvenes que también habían sido rechazados y en el primer *restorán* que hallamos en las afueras del campamento Buchanan, cogimos una sonada borrachera con los centavos del pasaje.

Llegué a mi hogar por la noche completamente ebrio. Al inquirir mi madre lo que me había acontecido, le dije compungido que me habían rechazado, haciendo bien patente mi pena a guisa de excusa para la próxima borrachera, que fue atronadora, pues me sirvió para decantar "la gran injusticia" que conmigo se había cometido al no darme la oportunidad de ir a pelear por la democracia.

Después de ese episodio que, como dije antes, marca el inicio de mi derrota alcohólica, me propuse arreglar mi vida. Había tomado exámenes del Servicio Civil y cuando menos lo esperaba, recibí una terna para empleo en el gobierno insular. A pesar de la resolución que había tomado en el sentido de ajustarme a una vida moderada, tan pronto recibí mi primer cheque volví a las andanzas bebiendo descontroladamente. Trabajaba como pagador en la Lotería de Puerto Rico y tenía que hacer de tripas corazones —y aquí cabe la frase— con los nervios tan alterados como siempre los tenía, para poder contar el dinero de los premios sin equivocarme. Fue menester que suplicara a mi buen jefe que me diera otro puesto en que no tuviera que intervenir ni con billetes ni con el público, pues las miradas curiosas de la gente me desconcertaban. Aquel hombre bondadoso accedió y pude trabajar G.A.D., bajo sus órdenes en el otro puesto, a pesar de mis ausencias, sin ser despedido, hasta el año 1946. Pero me daba perfecta cuenta de que era un hombre derrotado; de manera que decidí renunciar mi empleo e irme para Estados Unidos, pensando que un cambio de ambiente me sería favorable.

Así lo hice y un buen día embarqué para el Norte en el transporte de guerra "Marine Tiger", arreglado para servicio de pasajeros entre San Juan y Nueva York. Me tocó de compañero un viejo amigo de "parranda" que llevaba en su camarote varias botellas de licor. Aunque temeroso, acepté el primer "trago" que, como de costumbre, fue el preludio de una recia borrachera para ambos durante el transcurso de la travesía. Me acostaba borracho, me levantaba borracho y pasaba el día borracho en el barco. No sé ni cómo ni cuándo pasamos frente a la Estatua de la Libertad. ¡Y eso me sucedía a pesar de los propósitos que llevaba de enmendar mi vida y ser un hombre distinto en el nuevo ambiente de la gran metrópoli! Después del desembarco, al llegar a la casa de unos parientes que me recibieron jubilosos, hice otra vez la resolución de enmienda.

Por algunos días las cosas marchaban según me había prometido; pero a los parientes se les ocurrió celebrar una fiestecita para festejar mi llegada. Y ahí fue Troya. Cogí una borrachera A-1. Al día siguiente, bajo los efectos torturantes de la terrible "cruda" uno de mis primos me invitó a que fuese con él a Palisade Park para distraerme un rato. Pensé que si se trataba de "un parque de recreo" efectivamente, iba a componerme *recreándome*. Pero la recreación allí era violenta. A instancias del primo monté con él en un coche, nada menos que la "montaña rusa", que se elevaba y descendía con rapidez vertiginosa, escalofriante . . . Al salir a tierra después de la corrida mis canillas temblaban y mi garganta se me apretujaba como si algo la anudase. Estaba loco por un buen trago para calmar mi sistema y fui rápido a una cantina. En vez de uno pedí dos tragos largos que no tardaron en serenarme, mientras discurría si "Palisade" tendría alguna relación con "palizada".

El castigo que estaba recibiendo de S.M. el alcohol era ya demasiado y con la mayor formalidad puse en práctica, después de este incidente, mi gran propósito de enmienda en el nuevo ambiente. Esta vez por lo menos me enderecé un poco. Conseguí una colocación en una importante casa exportadora hispanoamericana y durante tres meses me mantuve en total abstinencia.

Pero cuando más seguro de mí mismo me creía tuve un nuevo coqueteo con el licor. Asistí a una fiesta del Día de

Acción de Gracias en un Centro Español. Había el tradicional pavo y bebida abundante. Acercóse un simpático españolito a mí, diciéndome: "Veo que se divierte poco. Tómese una copita de Cognac Domecq, que es alimenticio y le alegrará." Rechacé la copa diciéndole que no usaba licor, mientras la miraba con el rabo del ojo. "Tómela, no le va a hacer daño" insistió, "¡es uvita pura de la Vieja España!" "Oh, no, no, muchas gracias" le dije, haciendo el último esfuerzo por librarme de la tentación. Al rato se me acercaron unos amigos boricuas para que mirase a través de la ventana. Estaba nevando a cántaros. Al percatarse de que yo no estaba bebiendo, con pícara seriedad me dijeron que en Nueva York había que tomar whiskey porque si no pescaba uno una pulmonía. Eso bastó. Rápido, con tan plausible excusa, apuré un enorme trago de whiskey, y luego otro, y otro. Al poco rato era yo el más alborotador de la fiesta y naturalmente, el más borracho. Al día siguiente continué tomando durante todo el día, y proseguí la borrachera viernes, sábado y domingo. El lunes amanecí enfermo. Cuando volví al trabajo ya había otro en mi puesto. Me habían despedido.

De ahí en adelante mi vida en la metrópoli neoyorquina fue un desastre. De vez en cuando hacía trabajos "extras" de cantinero, de lavaplatos, de lo que fuese, con tal de conseguir dinero para beber. Me convertí en una carga onerosa para mis parientes quienes se vieron en la necesidad de escribirle a mi señora madre para que mandara el pasaje de retorno a Puerto Rico porque ellos no podían bregar ya más conmigo.

Llegué a Puerto Rico derrotado. Mis sueños dorados rodaron hechos añicos y sólo me quedaba el remordimiento, el desconsuelo y la frustración. Afortunadamente mi querida madre me había hecho las diligencias para una colocación valiéndose de cierto amigo político, y no tardé en empezar a trabajar en el Departamento de Agricultura y Comercio, en la Sección de Información. Ese empleo se prestaba para que bebiera a mis anchas y lo obtuve precisamente cuando mi obsesión alcohólica había llegado a su punto culminante.

Bebía todos los días, ausentándome del hogar frecuentemente. Mi santa madre salía a buscarme por calles y mesones de San Juan y Santurce. Cuando llegaba al hogar estaba completamente borracho sin que pudiera apenas subir la escalera.

Ante esa pavorosa situación, mi madre hizo arreglos para hospitalizarme. El 9 de diciembre de 1949, día en que se me dio de alta, recibí la visita de una dama continental que me habló de Alcohólicos Anónimos y me invitó a una reunión, a la cual acudí. Me interesó la idea, pero estaba lleno de complejos y reservas. Dada mi temprana edad, todavía no quería resignarme a la derrota. Pensaba que en alguna forma podría beber moderadamente. Esas reservas me llevaron a beber otra vez y para enero de 1950, fui despedido fulminantemente de mi empleo. Este fracaso en el trabajo, sirvió de pretexto para que me entregase a una continua borrachera. Recuerdo que el 31 de enero fui a buscar mi último cheque. Invité a un amigo de parranda y compré un litro de ron. Dije al amigo que me esperara en el bar mientras iba a llevar a mi madre algún dinero. Ella al verme me imploraba que no continuase ingiriendo licor, asegurándome que estaba destruyendo mi vida y amargando la de ella. Pero como alcohólico derrotado al fin, no hice caso. Regresé a la taberna y no volví al hogar hasta que no me sentí totalmente borracho, exhausto y semi inconsciente.

Desesperada, mi madre recurrió a la ayuda de la religión. Mi situación era horrible, pues estaba al borde del delirium tremens. Fuimos a un servicio religioso donde me aconsejaron y tocaron a las puertas de mi corazón, despertando fibras sentimentales que hasta entonces habían estado durmientes. Valiéndome de la ayuda religiosa, permanecí en la abstinencia alrededor de diez meses (y aquello era un récord para mí); sin embargo, todavía albergaba la esperanza de que después de recuperarme física, moral y espiritualmente, podría beber con control como otras personas lo hacían.

Durante esos meses de sobriedad estuve en algunas reuniones de Alcohólicos Anónimos, pero siempre con la reserva mental de que en un futuro no lejano podría convertirme en un bebedor moderado. Hasta que llegó el día en que me dispuse a hacer la prueba, que resultó la debacle. En enero de 1951 me encontraba en las mismas condiciones calamitosas, físicas y mentales, en que estuviera en febrero de 1950. Durante cinco o seis meses estuve zozobrando en el maremágnum del alcohol. Allá para la primera semana de julio fui a parar con un compañero de empleo a mi famoso pueblo natal de Naguabo. (Hoy día ese amigo es un entusiasta y asiduo miembro de Alcohólicos Anónimos). La borrachera que con él cogiera en aquella época, se prolongó por tres días, mientras mi madre desesperada en Santurce, me buscaba por todos los mesones. Alguien le puso un telegrama para que fuera a buscarme y en la mañana del 8 de julio me trajo al hogar. Todo ese día, que era lunes, y al otro día, martes, estuve recluido en cama, dándome cuenta de que en realidad yo no podía beber normalmente, que yo era un enfermo alcohólico y que seguiría siendo un alcohólico para toda la vida. Imploré a Dios fervorosamente para que me indicara el camino a seguir. Poco rato después, me levanté para ir al comedor a beber agua y al fijarme en el almanaque vi que era martes y en seguida pensé en la reunión que celebraba esa noche Alcohólicos Anónimos. El resto de ese día las letras de A.A. aparecían como dos símbolos de salvación en mi mente y hasta me parecía oír que alguien las hacía sonar como dos campanadas junto a mi lecho, y sentía que mi espíritu revivía con un entusiasmo y anhelo de renovación que nunca había experimentado. Esa noche, bien temprano, encaminé mis pasos hacia la Casa Parroquial San Agustín, en Puerta de Tierra, donde celebraba sus reuniones el Grupo San Juan de Alcohólicos Anónimos. En esa reunión memorable para mí, del 9 de julio, por primera vez me di cuenta del problema tan grande que tenía con el licor. Me convencí de que era un enfermo y que mi salvación estaba en Alcohólicos Anónimos que tan gratuitamente me ofrecía el medio eficaz para arrestar el insidioso padecimiento alcohólico. Vi entonces con claridad meridiana lo que por año y medio no había podido comprender, debido a que mi mente no había sido lo suficientemente receptiva: *la necesidad que tenía de dar con sinceridad y sin ninguna reserva el primer paso del programa de recuperación.* Esa noche mi admisión fue incondicional. Acepté que soy impotente contra el alcohol y que mi vida se había hecho indisciplinable, y me dispuse a seguir con humildad y entusiasmo, en su cronología y secuencia, los otros once Pasos del programa recuperativo.

Desde entonces he ido progresando en A.A., siguiendo los axiomas "poco a poco se va lejos" y "lo primero primero", que es la sobriedad.

Muchas han sido las bendiciones que Dios ha derramado sobre mí desde que A.A. me franqueara la puerta que conduce a una nueva forma de vida. He alcanzado una existencia relativamente feliz, sujetándome al plan de 24 horas. Mediante la meditación y la oración, a partir del 9 de julio de 1951 hasta el día de hoy, he ido acercándome más y más a mi Poder Superoir, que llamo Dios y cuantas veces siento desasosiego, elevo a El la Plegaria de A.A., para que me conceda en todo momento, la serenidad para aceptar las cosas que no pueda cambiar, valor para cambiar lo remediable y la sabiduría necesaria para conocer la diferencia.

Un dato curioso para mí en el transcurso de mi placentera sobriedad en Alcohólicos Anónimos, es el hecho de que Dios parece derramar sus bienaventuranzas mejores en mi nueva vida el día 9. Un día 9 de septiembre de 1951 conocí a la que es hoy mi adorada esposa y también fue un día 9 el de mi boda. Un día 9 mi esposa me obsequió con un hijo, que nació el mismo día del primer aniversario de nuestra boda.

Todo esto lo he logrado a virtud del Programa de Recuperación de Alcohólicos Anónimos . . . y algo más, la inmensa satisfacción que siento al mirarme en los ojos de mi madre y ver en ellos reflejada la felicidad.

PODIA AGUANTAR MUCHO BEBIENDO

Parecía tener una mayor resistencia al alcohol que sus compañeros de parranda. Acabó agotado, sin la menor esperanza de poder rechazarlo. Desamparado, desesperado, encontró a A.A.

HACE algún tiempo ante un grupo de hombres y mujeres, con humildad y sinceridad, admití que soy un alcohólico y a la hora que escribo estas líneas estoy sobrio, sintiéndome relativamente feliz al lado de mis seres más queridos.

No es una degradación admitir que soy alcohólico puesto que la ciencia médica ha reconocido que el alcoholismo es una enfermedad. Además, me parece que es una demostración de buen sentido común aceptar la derrota y hacer algo eficaz para arrestar la enfermedad, en vez de andar borracho por esos mundos de Dios. Debo indicar, sin embargo, que no es fácil llegar a esta conclusión porque a nadie le agrada declararse derrotado. Pero en el caso del alcohólico, al admitir la derrota se coloca uno en la senda del triunfo en el camino de una nueva vida.

Llegué al movimiento de Alcohólicos Anónimos el 17 de mayo de 1950 y he podido arrestar mi enfermedad, día a día, 24 horas a la vez, según se me indicó por los miembros de más experiencia en el Grupo San Juan la primera noche que asistí a una reunión de Alcohólicos Anónimos. Si menciono la fecha es para dejar demostrado que A.A. funciona y no para hacer alarde de ello, pues mañana podría estar borracho como el más borracho, ya que llevaré siempre conmigo la enfermedad del alcoholismo y sólo me separa de una borrachera ese "primer trago" que no es sino veneno para mí.

Cuando asistí a mi primera reunión de A.A. yo buscaba

una tabla de salvación. Sabía que el alcohol estaba destrozando mi vida y la de los que me rodeaban, pero no podía librarme del poder que sobre mí ejercía el maldito licor. Había probado todo cuanto estaba a mi alcance: la religión, la medicina, el espiritismo, los remedios caseros, y todo, todo resultaba ineficaz, aun los consejos de mi santa madre y los de mi buena esposa. Ninguno de esos recursos y remedios me había dado resultado positivo y de ahí que cada día que transcurría me hundiera más y más en la arena modeviza en que zozobraba.

Empecé a beber en la época en que entraba en vigor en Puerto Rico la prohibición y lo hice como todo bebedor social, aunque noté que aparentaba tener mayor resistencia para la bebida que mis compañeros de parrandas. Eso me hizo sentir bien por ese prurito de muchacho inexperto que no sabía el riesgo que había de correr con el uso y abuso de la bebida. En aquellos días se decía que el que no tomaba algunas copas no era un hombre. Hoy lo veo de distinta manera gracias a ese Poder Superior que yo llamo Dios.

Al correr del tiempo los tragos pasaron a jugar un papel importante los fines de semana. Comenzaba con los viernes sociales y terminaba el domingo. Más tarde se me hizo difícil el levantarme para ir a trabajar el lunes después de un fin de semana tan borrascoso y, como dicen que "un clavo saca otro clavo" nada mejor entonces que un buen trago para calmar los nervios. Aquí, amigo mío, fue donde empezó el problema en mi vida. Ya estaba el alcohol tomando un puesto prominente en mi rutina diaria.

En el año 1942 surgió una de esas cosas que le suceden a los hombres jóvenes por falta de experiencia y eso fue suficiente para llenarme de complejos y alejarme de mis buenos amigos creyendo que el mundo se me había caído encima. No supe afrontar la situación y usé el maldito licor como un escape, costándome esto el primer fracaso de mi vida. Fui obligado a renunciar a un puesto con el Tío Sam como resultado del uso excesivo del alcohol.

Teniendo nosotros los alcohólicos una sobrenatural protección divina, no tardé en conseguir otro trabajo mejor. Pero éste tampoco duró mucho. Me parecía que mis superiores estaban acechándome para eliminarme de él y como me sentía culpable de algo que a mi entender había hecho —cosa que no existía— renuncié a esa colocación.

En el año 1945 fue cuando empecé a sentirme verdaderamente enfermo. Deprimido, lleno de complejos y de temores, decidí cambiar de ambiente e irme a Estados Unidos a empezar una nueva vida. Puedo asegurar que era sincero en mi propósito, pero abrigaba la esperanza de que algún día yo podría beber como los demás. No admitía la derrota. Al llegar a aquel país prometí a mi madre y a mis hermanos permanecer sobrio y expliqué a ellos mi propósito. ¡Tantas promesas que hemos hecho y ninguna hemos cumplido! Pude mantenerme sobrio por cuatro meses, pero un día, encontrándome sólo y sintiéndome infeliz por la vida monótona que llevaba huyendo del licor, decidí entrar a una barra a buscar compañía. Entré en aquel maldito sitio sin la menor intención de ingerir un trago. Escuché alguna música y empezó mi mente alcohólica a divagar, haciéndome la siguiente pregunta: "¿Por qué esas damas que están alrededor de esa barra pueden tomar y yo no? ¿Acaso soy menos que ellas en la cuestión del trago? Voy a probar, pero esta vez la bebida no me dominará. Yo soy un hombre. Pondré a trabajar mi fuerza de voluntad y pararé cuando quiera." Ordené un vaso de cerveza. Esta vez iba a cambiar la bebida por una más suave, pues yo era bebedor de ron y whiskey y no uno de cerveza. La cerveza no me haría daño — pensaba yo. Pude controlarme y a las tres cervezas me fui a mi casa. No había sucedido nada. Me sentía feliz. Pude pasar la semana sobrio, pero al siguiente domingo tuve que ir a parar al mismo sitio. Ya no había otra cosa en mi mente que aquella barra. Esta segunda vez me embriagué un poco, pero llegué sin novedad al hogar. No sabía que estaba jugando con fuego. Esto quedó demostrado al tercer domingo. Volví a emborracharme, pero esta

vez desastrosamente. Fue tan grande la borrachera como la
última que había dejado atrás en Puerto Rico. Continué bebiendo y mi hermano mayor me hizo abandonar su casa, pues
le estaba creando problemas a él y a los demás. Decidí vivir
solo, pero esto tampoco dio resultado.

En el año 1947 decidí casarme con la que hoy es mi
esposa. Los primeros meses bebí periódicamente, alguno que
otro día, pero cuando empezaron a surgir pequeños problemas en el hogar volví a la carga repetidamente. Mi esposa
trató de ayudarme todo lo que pudo, pero no le fue posible
hacer nada por mí. Continué mi carrera desenfrenada y sufrí
una de las experiencias más grandes de mi vida al tener que
recluirme en un hospital de psiquiatría. Pude estar sobrio por
un tiempo a base de miedo, pero el miedo poco a poco se me
fue quitando, olvidé esa triste experiencia y volví a beber.

Son muchos los tropiezos que tuve en mi vida alcohólica,
y ahora quiero relatar mi última experiencia, la que me dio
a conocer al Grupo de A.A.

Hacía dos meses que estaba sobrio haciendo un esfuerzo
sobrehumano. Un pequeño problema emocional me llevó a
ese primer trago y volví a caer en la derrota, pero gracias a
Dios, para conseguir el triunfo. Estuve bajo los efectos del
licor por espacio de cinco meses. Pedía a Dios todas las
noches antes de acostarme que me alejara de ese primer trago
al siguiente día. Visité a mi doctor, me sometí a los tratamientos más rigurosos; visité templos religiosos y nada de eso
fue efectivo. Pero como siempre digo, llegó un día en que
mi Poder Superior oyó mis ruegos. En aquellos días de tortura y llevando una vida muy insegura, conocí a un joven —
hoy mi buen amigo y compañero de A.A.—, quien tenía el
problema de la bebida igual que yo y estaba buscando
solución al mismo. Este buen hombre me dijo que existía
un grupo de ex borrachos que se reunía para mantenerse
sobrios, todas las semanas. Me sorprendí mucho al oír que
se trataba de "ex borrachos" que se reunían para resolver su
propio problema. Pero decidí visitarlos.

Era viernes, 17 de marzo de 1950, la fecha que marcó ese mi Poder Superior para que yo empezara una nueva vida. Nunca podré olvidar aquella noche. Entré a aquel pequeño salón lleno de complejos, de rencores y de miedo. Estaba muy nervioso. Creía que iban a recriminarme por las faltas que había cometido. Pero cuál no sería mi asombro al ver la sinceridad con que se me trataba y al ver la humildad con que aquellos hombres y mujeres admitían ser alcohólicos. Me sentí mejor, pues en aquel momento me di exacta cuenta que no estaba solo y que este grupo de hombres y mujeres de A.A. estaba presto a ayudarme. Fue tal mi alegría, que pedí permiso para decir algunas palabras. Tenía muchas cosas en mi adentro que me estaban mortificando y esperaba que se me presentara una oportunidad como ésa para decírselas a alguien que entendiera mi problema. Ese era el momento anhelado, estaba entre los míos y sabía que iban a entenderme.

Esa misma noche, para bien mío, con humildad y sinceridad admití ser un alcohólico.

Desde entonces he permanecido sobrio día a día, llevando siempre en mi mente, a cada paso que doy, el hecho de que soy un enfermo alcohólico y que conozco la solución a mi problema: Dios y Alcohólicos Anónimos.

CON LA BEBIDA CONCILIABA EL SUEÑO

*Como el calamitoso huracán que devastó los sueños de
su juventud, el alcohol fue azotando su vida. A.A. disipó
la tormenta e hizo brillar nuevamente el sol.*

SOY una víctima más de la insidiosa y progresiva enfermedad del alcoholismo. Aunque no siento orgullo al subrayar que *soy un alcohólico*, tampoco me avergüenzo de decirlo, porque de la aceptación incondicional de ese hecho ha dependido en gran parte la tranquila sobriedad que estoy disfrutando en estas 24 horas de mi vida y la que he disfrutado en los muchos períodos sucesivos de 24 horas que plácidamente han transcurrido desde el día feliz en que por vez primera encaminé mis pasos hacia una reunión de Alcohólicos Anónimos.

El historial de mi vida alcohólica es un compendio de fracasos, desafueros y calamidades que me empujaron sin cesar hasta el borde mismo de un pavoroso precipicio sin fin. Empecé a empinar mis primeras copas durante la época de la prohibición, en compañía de un grupo de amigos que como yo, cursaban estudios en la Escuela Superior de Mayagüez. Cuando nos graduamos yo ya sobresalía entre todos los graduados por la mayor cantidad de licor que ingería en aquellas fiestas bulliciosas.

Desde muy niño se me había dicho que yo sería el médico de la familia y tan frecuentemente se me repetía esto que ya en mis sueños divagadores de adolescente me veía como todo un experto cirujano en el ejercicio triunfal de la carrera seleccionada por mis mayores, a la cual había tomado verdadero cariño. Pero como suele suceder, hay cosas imprevistas que cambian el curso en la vida de los seres humanos. En mi caso, lo imprevisto vino en forma del famoso huracán de

San Felipe, de ingrato recuerdo y que de manera tan desastrosa azotó la isla en el mes de septiembre de 1928, un año y unos meses antes de mi graduación de Escuela Superior. Debido a esa desgraciada circunstancia, al graduarme en el año 1928, a mi padre no le fue posible afrontar los gastos que representaban mis estudios en una buena universidad de Estados Unidos, para seguir la carrera de mi vocación. Como la mayoría de los agricultores de aquella época él atravesaba por una crisis económica muy aguda como resultado del tristemente famoso meteoro. Por esa razón fue que, muy a mi pesar, me vi obligado a matricularme en el curso de Agricultura del Colegio de Agricultura y Artes Mecánicas de Puerto Rico. Durante esos cuatro años de estudios fue aumentando la cantidad de licor que consumía y, al graduarme de Bachiller en Ciencias Agrícolas en 1933, mi "récord" como borrachón superaba con creces al académico.

A los pocos meses después de salir del colegio constituí un hogar y lleno de las más felices promesas, inicié mi vida profesional. Al pasar de los años fueron llegando los hijos, aumentando mis responsabilidades conyugales, que se complicaban con el aumento progresivo del uso excesivo de bebidas alcohólicas. Nunca esperé a que me despidieran porque siempre supe presentar la renuncia o cambiar de agencia en el momento oportuno, es decir, tan pronto como comprendía que mi posición se hacía insostenible debido a la forma exagerada en que estaba tomando y a los muchos problemas que se me creaban debido a la bebida.

En el año 1945 la agencia insular donde prestaba servicios me ofreció la oportunidad de seguir estudios postgraduados por un año. Durante el tiempo que estuve cursando esos estudios me mantuve alejado de la "botella" pues presentía o sospechaba que era un obstáculo para poder cumplir con mis obligaciones, derivando a la vez el mayor provecho y logrando mi fin de obtener calificaciones sobresalientes. Al terminar el curso y luego de obtener el grado de Maestro en Ciencias en la especialidad que estudiaba con el promedio más alto de la clase, se me nombró Supervisor de Distrito. Desde ese mismo instante empezaron de nuevo mis dificultades como consecuencia de la bebida, y continuaron en forma ascendente hasta que, en el año 1949, el licor ocupaba un sitio prominente en mi vida, pues a pesar de todos mis esfuerzos no conseguía mantenerme alejado de la botella. Traté por todos los medios imaginables de "controlar" la bebida, cambiando de diferentes marcas y clases, tomando nada más que cerveza, después optando por vinos livianos, no tomando de día, no tomando solo, etc., y como resultado final, terminando siempre en la consabida y desastrosa borrachera de las veces anteriores.

Ya no me era posible conciliar el sueño sin las correspondientes copas; asearme y afeitarme al día siguiente era un martirio debido al estado nervioso en que me encontraba; sufría náuseas antes y después del desayuno y era enorme el sobresalto y la angustia que me embargaba al no poder recordar mis actuaciones de la noche anterior. El horario de mis comidas era completamente irregular así como mi vida entera. Para colmo de miserias llegué a convertir la vida de mi hogar y la de mis seres queridos en un infierno. En esa época, a mediados del año 1949, desesperado por aquella vida insoportable que en parte he tratado de describir, me recluí espontáneamente en un hospital y me sometí a tratamiento médico, el cual según se me aseguró, me curaría del maldito hábito de la bebida. Viviré siempre agradecido por las atenciones que el personal técnico y administrativo de esa institución me dispensó durante los días que estuve allí recluido, pues aunque no obtuve con el tratamiento los resultados esperados, tengo que admitir que me hizo mucho bien.

Me reintegré de nuevo a mis labores oficiales, alejándome de toda actividad social y profesional que pudiera ponerme en contacto con la botella. A los cinco meses de haber salido de la clínica, en enero de 1950, fui ascendido y trasladado a la oficina central, y por cerca de seis meses más logré mantenerme, por miedo, alejado de la bebida. Al transcurrir ese período de tiempo acepté una invitación para asistir a una despedida que se ofrecía a una compañera que dejaba nuestra agencia para ir a trabajar a otra. Este era el primer acto social al que concurría en once meses de artificiosa sobriedad. A medida que la reunión se animaba y que al compás de los brindis tomaba un giro más festivo, más fuera de lugar me sentía y mayores esfuerzos tenía que hacer para no ceder a la tentación de la primera copa. En ese estado de ánimo me hallaba cuando aconteció algo que me afectó grandemente y me produjo un desbalance emocional de tal índole que, sin percatarme y sin pensar siquiera en las consecuencias que tal acción podría acarrearme al pasar el mozo frente a mí con el azafate de bebidas, cogí una copa y la tomé. De ahí en adelante cuantas veces pasaba el mozo cerca de mí otras tantas repetía yo la dosis. Pareciéndome ya mucho el tiempo que transcurría entre uno y otro servicio, me trasladé a la cantina para estar más cerca de donde se preparaban las bebidas y poder así repetir con mayor frecuencia las tomas. Al rato de estar en la cantina me retiré de la fiesta y me trasladé a un *bar* en busca de una bebida que tuviera más autoridad (whiskey) que la que había estado tomando. No recuerdo exactamente la cantidad de tragos que ingerí esa noche ni la hora y condiciones en que llegué a mi hogar. Lo que sí recuerdo perfectamente es el tremendo malestar del día siguiente, acompañado de un sentimiento de culpabilidad y un gran remordimiento por lo acaecido la noche anterior. Para calmar mis nervios y la ansiedad que sentía, recurrí al remedio clásico de todo borrachón . . . un buen trago. A este trago siguieron muchos más hasta que al cabo de pocos días tenía una borrachera peor que las últimas que había padecido antes de someterme al tratamiento antes referido. Cuando debido a mis obligaciones, logré parar, me di perfecta cuenta de la horrible situación en que me hallaba otra vez, siendo mi desesperación tanto mayor al creer que mi caso no tenía remedio. Estando en esta encrucijada, me topé con una persona amiga que pareció leer en mi semblante la tortura interna que estaba padeciendo. Me dijo que podía notar que algo grave me preocupaba y que si me parecía bien, le informara de qué se trataba para ayudarme. A pesar de mi desesperación y nerviosismo, me revestí de valor, y aprovechando la oportunidad que tan sinceramente se me brindaba, le confesé con franqueza y sin ambages la difícil situación que estaba atravesando como consecuencia de mi esclavitud y vasallaje a su majestad el alcohol.

Después de oírme pacientemente me aseguró que de tener yo un sincero deseo de dejar de beber, había para mí una solución factible al problema que confrontaba si me unía al grupo de Alcohólicos Anónimos que celebraba reuniones en San Juan dos veces por semana. Esta persona amiga a quien me refiero, no tiene problemas con el alcohol y quiero aprovechar esta oportunidad para hacer reconocimiento de la eterna deuda de gratitud que con ella tengo contraída, complaciéndome en agregar que cada vez que se me ofrece la oportunidad de llevar este mensaje de esperanza a los que aún sufren, lo hago con el mismo espíritu de amor y caridad con que me fue transmitido a mí.

Dos días después de ese encuentro, el último viernes del mes de julio del año 1950, solicité de mi esposa que me acompañara en mi primera visita al Grupo A.A. de San Juan. Esta es una fecha memorable en nuestras vidas. Nunca olvidaré las muestras de simpatía, solicitud y comprensión con que nos recibió aquel grupo de hombres y mujeres allí reunidos. Empezó la reunión y no habían transcurrido 30 minutos cuando me dirigí a mi esposa que estaba a mi lado y le dije: "Aquí me quedo yo porque sé que aquí he de resolver mi problema alcohólico". Lo cierto es que para mí en esa noche se encendió una luz que disipó la densa niebla alcohólica que obscurecía mi cerebro. Allí aprendí que yo no me excedía con el licor en la forma en que lo había venido haciendo durante los últimos años porque fuera un degenerado o un vicioso como yo mismo llegué a creer, sino porque como otros tantos, era víctima de la enfermedad del alcoholismo, que por el crisol que yo había pasado otros muchos también habían pasado y aún muchos más estaban pasando.

Hace ya tres años y tres meses que me puse en contacto con Alcohólicos Anónimos y ese mismo tiempo hace que, a base de 24 horas a la vez, he logrado mantenerme alejado de esa primera fatídica copa. Durante ese lapso de tiempo he logrado, con la ayuda de Dios y de Alcohólicos Anónimos, reconstruir el edificio en ruinas de mi vida pasada, compartiendo con mi esposa e hijos los bienes espirituales que como una bendición hemos estado recibiendo desde el día mismo en que me sumé a las filas de este ejército de hombres y mujeres que comparten entre sí sus experiencias, fortaleza y esperanza.

Para terminar sólo me resta decir que yo no sé si hoy no estoy tomando porque soy feliz o si soy feliz porque no estoy tomando. Dejo a los que lean estas líneas que lleguen a sus propias conclusiones a este respecto.

(7)

EL QUE PERSEVERA, RECIBE

Hombre de múltiples apodos, erraba por un mundo ambiguo de escollos y engaños, sin saber quién era, hasta que los Alcohólicos Anónimos le devolvieron su identidad.

FUI el penúltimo hijo de mi padre en sus segundas nupcias. Eramos una familia numerosa provinciana, compuesta de ocho hermanos y tres medio hermanos, sin contar a los que no consiguieron sobrevivir la infancia.

La vida discurría con el ritmo pausado y armónico de los poblados grandes y ciudades antiguas de mi país. No era posible prever el porvenir alcohólico que diezmaría a mi familia: de once hermanos ¡ocho resultamos bebedores problema! Cada día transcurría bajo una tónica permanente de piedad y rituales religiosos. Se estudiaba; se participaba en los coros de las ceremonias eclesiásticas. Mi padre era músico por vocación y juez para sobrevivir. Yo, en ese tiempo, era aún un bebé.

Un día empezaron a llegar al pueblo gentes venidas de lugares próximos y distantes. Los atraía la intemporalidad en que se había sumido la ciudad: sus bellezas antiguas, la naturalidad de las costumbres y las exigencias simples de la vida, opacadas en sus lugares de origen por el ritmo frenético de la civilización de hoy. También llegó un nuevo juez.

Conocimos el hambre, que a muchos otros antes los expulsara del pueblo; y nosotros también tuvimos que emigrar. Mis padres nos trajeron a la capital. Pero la metrópoli es celosa con los intrusos y mi padre fue víctima propicia. Murió a los pocos años en un hospital del gobierno a causa de una operación inadecuada.

La fuerza cohesiva en mi familia faltó y sus miembros

salimos expulsados en todas direcciones. Era el último año de la guerra mundial. Unos atravesaron la frontera ilegalmente, otros se ocuparon como aprendices de distintos oficios, las mujeres mayores emprendieron su propio destino y, a mí con otros dos menores, nos tocó seguir estudiando con ayuda de becas que mi madre gestionó.

Hasta la mayoría de edad fui un buen hijo, un buen estudiante, un buen hermano, un buen amigo. Mi adolescencia discurrió en un barrio viejo de la gran ciudad. Palomillas bravías y limpias. Deporte, excursiones y estudio. Nada había que temer. Puntualmente ingresé a la Universidad. Alterné la asistencia al barrio universitario del centro de la ciudad con la excitante vida juvenil del barrio proletario.

En ese tiempo fue el traslado de los planteles universitarios, ubicados en el centro de la ciudad, a la ciudad universitaria.

Algo dentro de mí se fracturaba.

No estaba conforme con mi situación, la de la sociedad y del mundo. Por las becas había estudiado en escuelas pomadosas en donde había alternado con muchachos que eran extremidades menores de fortunas desmesuradas; había sufrido la marginación en disfrutes exquisitos, sentido el escalonamiento de las clases sociales, percibido los desequilibrios y conocido el acaparamiento en unas cuantas manos de los recursos comunitarios. Aprendí a odiar y a envanecerme.

Perdí la beca.

Aprovechando mis conocimientos musicales me mantuve tocando el órgano en las iglesias, por la mañana, y en bares por la noche, donde me apodaban "El Seminarista".

En la ciudad universitaria asistí a un estadio, pisé una pista de atletismo y envidié el aplauso otorgado a los triunfadores. Me esforcé y alcancé también el triunfo, pero no la satisfacción. Me decían "Campeón".

Participé en cuanta manifestación política o revuelta insustancial donde mi protesta de haber nacido en un mundo caótico tuviera causa. Me integré a grupos vociferantes y desadaptados donde me llamaban "El Mano Flaca", por mi habilidad en la tirada de dados.

Todo esto al mismo tiempo.

Y bebí mis primeros tragos de licor.

Un fascinante universo se me reveló: en la cantina, en el bar, en torno a una botella de licor, se diluían los odiados contrastes; la inspiración levantaba anclas y navegaba en torno sin ataduras; trastabillaba lo mismo el barrendero que el magnate y conocí el deleite que expertas hembras sabían proporcionar. Aunque percibí desde el principio un riesgo o precisamente por haberlo, me agradó. Me vencieron en las pistas de atletismo, abandoné las aulas de la Universidad, dejé de ser el correcto hijo y pasé mi primera noche en una prisión por una serie de faltas al Reglamento de Tránsito y al de las buenas maneras. No había problema: un inusitado éxito había llegado al mismo tiempo en el ejercicio de la profesión en la que no me había licenciado.

El riesgo aumentó, los problemas se acumularon y el éxito aparente se esfumó.

En las largas sesiones de bohemia e irresponsabilidad que llegaron, cambié el bar con fondo musical y la cantina con guitarristas, por el "toreo" de pulques alterados y el tugurio de expendios de canelas con alcohol, en donde la comida era tan sólo de tacos con salsas de dudosa procedencia que muchas veces no podía ya tragar. Al salir de cada una de aquellas caídas al subsuelo del lumpen, todavía solía ufanarme contra los que pretendían sermonearme por mi manera de proceder: "Más vale una vida corta e intensa que una larga vida de pusilanimidad...", les refutaba.

En pocos años de beber irresponsable alcancé a percibir la inconsistencia de mis argumentaciones, especialmente cuando me encontraba solo ante mis actos en algún rincón de la ciudad o ante mi rostro ebrio preso en un fragmento de espejo de un burdel o cuando, con pánico, veía caer sobre mi existencia otro amanecer.

No era yo el único que sufría. Mis amigos me volvieron la espalda con repugnancia, los trabajos escasearon y a mi madre se le añadió otro eslabón de sufrimiento: mis hermanos sucesivamente habían caído en la degradación alcohólica probando su entereza, su capacidad para soportar el dolor y su fe; el saldo actual del alcoholismo en mis hermanos es éste: tres han muerto a causa del mal; una hermana, de cuyo padecimiento sólo a últimas fechas he conocido su intensidad; otro que murió luego de una larga historia, amarga y triste; otro, más recientemente, murió también luego de diez años de vida extra que la ciencia médica le concedió por medio de una sabia operación quirúrgica que contuvo el avance letal de cirrosis hepática.

En ese tiempo yo tomaba el camino de la degradación.

A cada caída mi madre preguntaba por mí en los sitios lógicos (hospitales, tugurios y la cárcel), vagabundeaba en las noches observando a los beodos caídos y, exhausta, oraba permanentemente.

Tan rápido como lo escribo transcurrieron diez años sin sustancia. Columbré la otra orilla del tobogán y un miedo impreciso aterió mi voluntad; no temía a la muerte, a la sociedad agresiva en que estaba inmerso ni al repudio de los demás. Era zozobra de náufrago a quien los elementos no acaban de aniquilar. Era miedo a continuar viviendo... Pero alcancé a percibir que la fuente de la angustia, en aquel estado de ebriedad, era mi manera de beber: bastaba no emborracharme para que mi situación mejorara, ¡eso era idiotamente evidente!... y seguí bebiendo, sufriendo, muriendo...

Las recetas de otros borrachos (beber en el momento oportuno, lugar oportuno y compañía adecuada; ingerir la cantidad y la calidad justas; acompañar los brebajes con alimentos; "curar la cruda" con desayunos supercondimentados, etc.), ambientaron por poco tiempo las tandas de ebriedad. Me reía de los remedios caseros y los tratamientos pseudocientíficos. Jamás relacioné mi alcoholismo (así lo llamaba sin que supiera definirlo) con la moral, prácticas piadosas o la religión.

Por un amigo supe de la existencia de A.A. Me interesó. En el papel resultaba coherente. Por el directorio telefónico descubrí un grupo. Luego de una borrachera especialmente violenta, asistí; había cinco tipos sin trazas de haberse emborrachado a mi manera; no me disgustó pero no volví. Seguí en lo mismo. Poco después me enteré de otro grupo; era un grupo gigante para aquel tiempo, con asistencias de hasta cien alcohólicos de bajo fondo. Asistí con regularidad sin que consiguiera del todo dejar de beber. Las borracheras se espaciaron y aumentaron en tiempo, deterioros y complicaciones. Sufrí el infierno de quien está consciente de su padecimiento, de sus desenlaces lógicos, conoce el remedio, trata de aplicarlo y los resultados son contraproducentes. Recorrí la media docena de grupos existentes en la capital y vi prodigiosas recuperaciones. En mí, lo que era comprobadamente eficaz para todo tipo de alcohólico, no funcionaba. Aparentemente yo era uno de aquellos desdichados que por su naturaleza humana no quieren, no saben o no pueden ser honestos consigo mismos y no alcanzan su rehabilitación mediante A.A.

Abandoné todo esfuerzo. Si mi mal era irremediable y estaba sentenciado a morir bebiendo me dispuse a beber para morir. No supe conseguirlo. El alcoholismo es incuestionablemente mortal, pero, antes de morir, el alcohólico requiere el tránsito por la abyección, la miseria moral, física y mental. Mis borracheras se interrumpían y, cierta vez que un miembro del grupo me visitó, me encontró inusitadamente abstemio. Era agosto de 1965.

—¿Por qué no has vuelto al grupo?— me preguntó.

No supe decir por qué. Regresé y desde entonces no he bebido.

Así, simple, sin manifestaciones espectaculares, se me otorgó la abstinencia como un recurso, un medio para alcanzar la sobriedad prometida por A.A. Mi madre lo alcanzó a ver.

De esa manera se abrió la puerta para otra manera de vivir.

—Soy alcohólico— aprendí a decir en la tribuna de los grupos. Sé ahora bastante sobre Alcohólicos Anónimos, algo sobre la enigmática enfermedad del alcoholismo, pero muy poco sobre mí mismo: ¿quién soy yo?

Establecida la *paz con el alcohol* que me había vencido, trataba de alcanzar la *paz conmigo mismo;* perdonarme, comprenderme, respetarme. Pero, ¿quién era yo?: "El Campeón", "El Seminarista", "El Profesionista", "El Mano Flaca", tal vez.

Invertí algunos años en reconocer mis capacidades, mi responsabilidad y establecer los cimientos de una *paz interior;* he vuelto a correr un Maratón atrás de otros veteranos; interpreto al piano alguna melodía de mi agrado y busco doctorarme en mi profesión.

La *paz con el mundo* es una tarea más compleja que me ocupa de sol a sol; la gente tiende a recordar las ofensas. En un grupo conocí a la que es mi compañera. Nos casamos y tenemos dos bebés que ya no lo son tanto. He conocido nuevas amistades y otras facetas de la sociedad.

Mi madre murió; era una anciana octogenaria que se había sostenido laborando hasta tan avanzada edad; trabajó siempre hasta que un cáncer la acabó. En el hospital, en agonía, no profirió ninguna queja, aun en los últimos momentos trató de no causar molestias y sí continuó rogando por los desvalidos y por aquellos otros cuatro hijos que aún sufren por su manera de beber.

Su fallecimiento fue muy significativo para mí: afirmo que en A.A. me enseñaron a vivir, pero mi madre me enseñó a morir.

Estaba con ella cuando, de pronto, sus funciones vitales se suspendieron; bruscamente se abrió un hoyo en el tiempo, se separaron las distancias y su alma cayó al otro lado: en la *paz de Dios.* Desde entonces he comprendido el significado trascendente de la existencia y la oportunidad, que en la sobriedad, Alcohólicos Anónimos me ofrece.

(8)

A.A. LE DIO LA LUZ QUE NECESITABA

De niño, los vecinos le pusieron el nombre "lechuza" por dormir toda la noche en el monte. A.A. le ofreció un nuevo y verdadero amanecer.

*M*i infancia fue muy triste, pero muy triste; fue un pasado muy difícil de olvidar. Mi padre un ebrio consuetudinario, no se preocupaba nunca de mi madre, de mis hermanas; menos de mí, su único hijo.

Descuidó mi educación por dedicarse por completo a la bebida; y más doloroso todavía, se olvidó de nuestra comida, de nuestro vestuario y hasta del más pequeñito juguete que tanto deseé y tanto envidié a los que sí lo podían disfrutar; mi pobre madre era la imagen del mismo dolor, era una esclava víctima del vicio (decía yo) de su esposo, y víctima del esfuerzo que tenía que realizar para medio vestir a sus seis hijos.

Lo normal para nosotros era que mi padre llegara ebrio y casi siempre a ultrajar a mi madre. Nosotros (hijos) nos refugiábamos en los matorrales ya que vivíamos en el campo. Por tal motivo los vecinos nos llamaban por el sobrenombre de las lechuzas, ya que no había semana que no nos tocara dormir en el monte.

Yo nunca pensé que mi padre sufriera una enfermedad (alcoholismo) y por tal motivo tuve muchos resentimientos hacia él y hasta llegué a odiarlo.

Todas esas humillaciones, escándalos, problemas que se vivieron en casa, me dejaron desarmado moral, espiritual y sicológicamente para enfrentarme a la vida, y me hizo un ser totalmente insociable, con muchos complejos que paso a paso me fueron encerrando en la soledad; llegando a ser un pobre desdichado, enfermo moralmente, sin voluntad ni ilusión de la vida, me encontré condenado a transitar por el mundo solo y triste.

Tuve que retirarme del colegio por la vergüenza que me daba el hecho de estar mendigando entre mis compañeros, para que me prestaran sus libros de estudio, ya que a mi padre no le alcanzaba sino para beber: esa decisión hizo que tuviera que marcharme de mi casa. Y así empezó mi carrera alcohólica, lejos de mi madre que al fin y al cabo era mi único consuelo; empecé a beber para disipar la tristeza de estar lejos de mi casa. De regreso a mi hogar, después de unos años, ya bebía por cualquier cosa: porque me disgustaba con la novia o porque estaba contento con ella, cuando ganaba el Santafecito de mi alma o cuando perdía, en fin cualquier pretexto era bueno para beber.

¡Qué tragedia Dios mío! cuando llegué a A.A. ya era totalmente un irresponsable que no ganaba ni para vestirme, únicamente para beber.

De pronto, en esa tragedia en 1972 no sé cómo me encontré trabajando con un miembro de A.A., quien sin pérdida de tiempo me invitó a una reunión de A.A.; por la necesidad del trabajo acepté acompañarlo, mas no porque considerara que mi problema era la bebida; él nunca me dijo que mi problema era ese, pero eso sí, me llevaba constantemente a reuniones. Duré acompañándolo como dos años sin aceptar mi enfermedad, pero lo que me causó impresión fue el ejemplo que él me daba en su diario vivir y eso me hizo reflexionar sobre mi vida, sobre mi pasado y en 1974 a regañadientes acepté mi problema, que mi vida era ingobernable y que con el alcohol lógicamente la agravaba más; desde esa fecha soy un A.A.

Después de dos años de estar en la cuerda floja, experimenté la más hermosa y productiva experiencia que me regaló A.A., como fue el darme la oportunidad de desarrollar el sentimiento de servir en algo a los demás; y sin saberlo en ese entonces el más beneficiado fui yo y mi familia. A través del servicio, al principio con un sentimiento equivocado, buscando satisfacer mi ego, fui descubriendo una transformación en mi insociable e insensible personalidad; poco a poco me di cuenta que no todo había terminado para mí. A.A. a través de todo su programa me mostraba un camino a seguir, aunque con dificultades, con muchas perspectivas para el futuro, si yo así lo deseaba.

La experiencia que he experimentado a través de los diferentes niveles de servicio, las satisfacciones, los logros y también las dificultades, es algo inolvidable para mí y que con palabras no se puede expresar. Como servidor he cometido muchos errores, pero siempre he tratado de aportar algo a mi comunidad; día a día me preparo emocionalmente, intelectualmente y sicológicamente, porque, al menos a nivel de mi zona, soy un líder y un líder debe pensar más con la cabeza que con el corazón y por eso debe prepararse constantemente.

Hoy, después de 12 años en el programa, deseo que A.A. cada día esté más disponible, y seguir colaborando un poco para ello. A.A. y Dios me han devuelto la luz que yo necesitaba, y deseo que aquellos que están en tinieblas también algún día puedan ver la luz de la vida, y que si algún día mis hijos tienen problemas con la bebida, A.A. tenga las puertas abiertas para ellos.

Gracias a Dios, gracias a A.A., gracias a mi padrino y a los compañeros que me han regalado sus experiencias y por su confianza muchas gracias, porque por todos ustedes, hoy estoy disfrutando la felicidad de vivir sobrio.

(9)
HASTA LA FLOR MAS BELLA
SE MARCHITA CON EL ALCOHOL

Frustrada en sus aspiraciones intelectuales, esta mujer
se fue en busca de la libertad, sólo para encontrar la
esclavitud de una borracha. A.A. le quitó las cadenas.

*E*SCRIBIR mi historia no me resulta sencillo. Narrarla ante
los grupos de compañeros Alcohólicos Anónimos no ha
sido difícil, puesto que he tenido facilidad de palabra y, al fin
y al cabo "las palabras se las lleva el viento", pero escribir lo
que fui, lo que me sucedió y lo que ahora soy, es algo que
por un lado me da miedo y por el otro me fascina.

Creo que dos problemas en mi edad infantil fueron deter-
minantes para crearme un tipo de personalidad insegura,
origen de muchos de mis defectos de carácter.

El primero se originó a la edad de cuatro años cuando
mi madre trajo al mundo a mis hermanos gemelos (niño
y niña) y yo sentí que vinieron a quitarme el lugar de "reina
del hogar". A partir de aquel momento busqué de mil formas
agradar a los demás para sentirme aceptada.

El segundo, basado en mi inseguridad, originó una dependencia emocional casi patológica hacia mis padres, y
como el carácter de ellos nunca fue estable, yo viví con mis
emociones a la deriva y de acuerdo a sus variantes estados de
ánimo.

Por lo demás, viví una vida de pequeña-burguesa, cimen-
tada en una educación católica y con algo que siempre me ha
ayudado muchísimo: la práctica constante de algún deporte.
De niña fui una buena nadadora, pero el temor a no llegar a
ser "la mejor" me hizo abandonar un equipo donde empezaba
a realizarme bien. Esa ha sido una característica de persona-

lidad que me acompañó hasta hace muy poco: fui de "o todo, o nada".

Mi paso de la niñez a la pubertad sucedió a la edad de once años. En aquel entonces tuve mi primer contacto con el alcohol; mi madre preparaba tés de canela con ron para aliviar los cólicos mensuales y yo me aficioné a tomar varios cada período, hasta que me dormía. Recuerdo que me encantaba esa sensación de "dejadez" que sobrevenía.

Por esa época fue cuando ingresé en las "Guías", donde fui realmente feliz: Conocí a un Dios bondadoso que me llenaba de paz espiritual: supe que "dando es como recibimos"; y conocí el sentimiento de amor a la naturaleza, que afortunadamente nunca perdí.

A los 14 años me convertí en una jovencita físicamente atractiva; terminé la secundaria con un buen promedio en una escuela pública que me encantó. También a esa edad cambié mis actividades de fin de semana por las de ir a tomar café con muchachos de mi edad y asistir a mis primeras fiestas. Fue mi época del despertar del sexo y la sublimación del amor. Me consideraba una chica muy profunda y sin intereses materiales, por lo que buscaba muchachos que estuvieran de acuerdo con mi forma de pensar. Para mí, el amor era lo más importante del mundo.

En aquel tiempo, mis principios morales eran muy fuertes y sentía un gran miedo al castigo, tanto de Dios como de mis padres, lo que me permitió vivir la adolescencia tranquila y de acuerdo a los intereses de mis mayores, aunque de ninguna manera significaba que yo estuviera de acuerdo con todo lo que se me decía: me paralizaba el miedo, más que la convicción de esta forma de ser, pensar y vivir.

Al terminar la secundaria, me frustré porque mi padre no me permitió ingresar en una preparatoria pública, lo que me ocasionó una serie de resentimientos hacia él. Ingresé a una escuela de monjas, donde empecé a decepcionarme de la religión debido a ciertas actitudes mezquinas que observé: La directora (madre superiora), era la antítesis de la humildad. Poco antes de terminar el primer año, renuncié a seguir estudiando allí: el ambiente de niñas ricas y monjas hipócritas me era insoportable. Me cambié a una academia de secretarias en inglés-español, donde cursé una carrera brillante con muchachas de mi clase social.

A la edad de 18 años y con mi título de Secretaria, entré a trabajar en la Universidad Nacional en uno de sus institutos de investigación científica.

Considero que en ese momento se inició un proceso de cambio tanto en mi ideología como en mi filosofía de la vida: la mayoría de los científicos tenían a la Ciencia por Dios y, como yo los admiraba y respetaba, su influencia me fue penetrando lentamente. Al mismo tiempo me nació la afición por las lecturas feministas, y tomé un curso en la Carrera de Letras donde analizamos varias novelas de crítica social Latinoamericana. Todas estas influencias gestaron en mí a una mujer diferente; empezaba a vivir crisis existenciales y a tener serios problemas con mi padre, al que consideraba clásico "macho hispano".

Históricamente, el país vivía el movimiento estudiantil de 1968. En el ambiente en que yo me movía, había conferencias, mesas redondas, películas, etc., sobre la situación social, económica y política del país, desde el punto de vista de los intelectuales de izquierda. Mi natural inclinación hacia los desposeídos (basada en mi filosofía cristiana), favoreció que, poco a poco, mi estructura mental fuera cambiando hasta convertirme en marxista... de café. Me fascinaba ir a una cafetería donde se reunían bohemios y comunistas, ¡ese era mi lugar preferido de toda la ciudad!

Entonces viví un noviazgo que yo considero largo (cuatro años) con un muchacho que estudiaba la carrera de Física. Al principio fui muy feliz con él, pero al cabo, nuestra relación empezó a deteriorarse. Discutíamos mucho; era muy posesivo y celoso; me prohibió ingresar a estudiar la preparatoria (lo que para mí era muy importante, porque yo soñaba ser algún día estudiante uinversitaria y me sentía frustrada por no haberlo logrado con anterioridad). Al fin vino la ruptura inevitable.

Mi crisis existencial se agravó. Vi como a dos de mis hermanas les iba muy mal en sus matrimonios y la infelicidad de la mayoría de los matrimonios que conocía. Mi acentuado "feminismo" se agravó cuando me percaté de la infidelidad masculina general, situación que nunca vi en casa de mis padres.

Pensé: "¡A mí eso nunca me pasará!" Creí que la "relación perfecta", debería ser para mí la unión libre. Realmente estaba muy influenciada por autoras como Simone de Beauvoir y Rosario Castellanos, también por una maestra feminista de la Facultad de Letras Españolas.

Decidí "cambiar de aires". Viajé durante mes y medio por el extranjero. Llevaba la esperanza de encontrar una respuesta a todas mis inquietudes al salirme de un ambiente que me agobiaba.

Cuando subí al avión tuve una sensación de libertad. Por primera vez manejaría las riendas de mi carreta. Me sentía optimista, hermosa y tenía fe en mí misma y, de una u otra forma intuía que mi vida cambiaría a partir de ese momento. ¡Efectivamente cambió: empezó la debacle!

En España aprendí que vivir con un poco de vino "entre pecho y espalda", era agradable.

Allá todo el mundo bebía durante la comida y en la cena; en el internado en donde me alojé nos ponían en la mesa todas las botellas de vino que quisiéramos consumir. Por las tardes acostumbrábamos ir a tomar un "chato de manzanilla con pinchos", y por las noches después de la cena, íbamos a las "peñas" a beber en "porrón", en lo que me volví una campeona. Pensé: "esto es felicidad: Al fin me liberé de miedos, angustias, complejos, represiones, prejuicios y perfeccionismos . . ." ¡Se había iniciado mi carrera alcohólica!

Hubo un síntoma alarmante que no capté en todo su significado: Una tarde se me "apagó el switch" en el comedor y desperté al otro día, en mi habitación; sentí complejo de culpa, ese sentimiento que se volvería tan característico después de mis borracheras.

Cuando regresé a mi país, venía decidida a ser una mujer diferente: Ingresé a estudiar la preparatoria, por las tardes; en las mañanas seguí trabajando en la universidad, e inicié una relación liberal con un científico que había conocido en mi trabajo y con el cual me sentía plenamente identificada: me enamoré de él profundamente.

Por supuesto mi nueva vida vino acompañada de grandes conflictos familiares, (mi padre nunca aceptó mi situación y mi madre, al principio tampoco) pero el vino y el amor me daban valor y confianza.

Así viví casi toda mi actividad alcohólica. El era un bebedor fuerte; no recuerdo que pasáramos juntos tiempos libres sin beber.

Al principio fue muy excitante. Ambos trabajábamos en la universidad. El me alentaba en mis estudios; me había propuesto llegar a ser universitaria y, con su ayuda, sin duda lo conseguiría. Sin embargo los fines de semana bebíamos muchísimo; las *lagunas mentales* se volvieron rutina, aunque todavía no las identificaba como tales y me decía: "me quedé dormida, ¡eso es todo!" Pero, en un viaje después de una borrachera, él se enojó conmigo y fue así como descubrí que, dentro de mis borracheras, había períodos en los que yo seguía actuando maquinalmente pero luego no recordaba lo que había sucedido.

En aquella época ingresé a la Facultad de Ciencias Políticas y Sociales, y me volví de izquierda radical; ahí pertenecí a un Grupo Estudiantil donde estudiábamos *El Capital*, de Marx, y, con mi pareja, éramos sindicalistas de nuestro trabajo y como tales, participamos en varios movimientos huelguísticos.

Sin embargo toda mi vitalidad de esos años, decayó cuando él realizó un viaje largo al extranjero y me di cuenta de la dependencia emocional tan enorme que tenía hacia su persona. En su ausencia tuve la peor *laguna mental* hasta ese momento; perdí mi coche en el aeropuerto al irlo a recibir y tuve que vivir experiencias muy desagradables que me hicieron reflexionar: *"tal vez* soy una alcohólica . . ." me dije.

En ese tiempo, mi hermana la mayor, regresó de Estados Unidos en donde había conocido el programa de Alcohólicos Anónimos, aunque ella casi no bebe; tenía amigos que asistían a los grupos y me dio un *"autodiagnóstico"* para que decidiera por mí misma si era alcohólica o no. Lo contesté honestamente ¡y supe que era una alcohólica!; sin embargo no acepté asistir a los grupos por miedo a dejar de beber . . . para siempre. Y empecé un largo peregrinar de cerca de dos años donde traté de *aprender a beber*: dejé las bebidas fuertes y sólo tomé vino; me reprimía y no bebía hasta el fin de semana; trataba de dosificarme las copas . . . pero irremediablemente llegaba a la pérdida del control y la borrachera terminaba en una *laguna mental* y la consecuente *resaca moral.*

Mi inseguridad se acentuó. Envidiaba el prestigio profesional de mi pareja. Cada día me volvía más posesiva y celosa. Me estaba amargando y busqué una salida equivocada: quise adquirir seguridad en la coquetería.

Sé que todas esas fueron manifestaciones del avance de mi alcoholismo y consecuentemente de mi locura.

Por supuesto la relación con mi pareja se deterioró y a mis veintiocho años de edad, derrotada ante mí misma y consciente de mi principal problema, mi alcoholismo, me separé de él.

Viví nueve meses de infierno. Traté de no beber a base de fuerza de voluntad, con la práctica del Yoga, con ejercicio . . . ¡pero no lo logré! Llevaba dos meses nuestra separación cuando llegué a mi fondo alcohólico. Vivía con una amiga y supe que él saldría de viaje; me comuniqué con él y me propuso que en su ausencia ocupara el apartamento si lo creía conveniente. Y así lo hice. Allí, en la soledad, sin él, bebí muchísimo, autoagrediéndome, lacerándome y con la idea del suicidio como única salida. Al amanecer, ebria, quise trasladarme a mi trabajo en mi auto y perdí el control... Cuando volví en mí estaba en el fondo de un pequeño barranco, ilesa físicamente, pero totalmente destruida mental y espiritualmente. ¡Había llegado al fondo de mi sufrimiento!

Anímicamente estaba tristísima; el sentimiento de soledad me aislaba; sentía lástima de mí misma, ¡estaba completamente derrotada por el alcohol!

Algunos meses después, en noviembre de 1979, le supliqué a mi hermana: "¡Llévame a un grupo de Alcohólicos Anónimos!" Con gran esfuerzo había acumulado un mes sin beber, lo que me permitió entender algunas de las experiencias que oí, y pude identificarme con ellas.

En el grupo, la mayoría de la gente estaba contenta y tranquila. Me felicitaron por haber tenido el valor de cruzar la puerta de un grupo de Alcohólicos Anónimos y algunos me contaron sus historiales. Me agradó. Sentí un puente de comunicación con ellos; por primera vez en mi vida sentí que había llegado al lugar al cual pertenecía: ellos también habían llegado sintiéndose completamente solos y fracasados. Supe que esos son sentimientos comunes entre las personas que tenemos problemas con nuestra forma de beber.

Salí del grupo con la esperanza de cambiar. ¡Un nuevo cambio! Quería darme una oportunidad. Sin concienciarlo me había derrotado ante el alcohol y había decidido dejar mi problema en manos de un Poder Superior amoroso, que para mí, en aquél entonces, era el grupo de hombres y mujeres que habían logrado algo que yo no podía: vivir contentos y tranquilos sin beber.

El grupo al que llegué, sesionaba martes, jueves y sábados. A partir de ese momento empecé a asistir con regularidad y a tratar de seguir humildemente las sugerencias de mis compañeros; yo sabía que para mí no había alternativa posible, debería de actuar como me dijeran aunque mi razón, muchas veces, no estaba de acuerdo con su filosofía, y otras veces ni siquiera entendía el lenguaje que utilizaban.

Han transcurrido cuatro años desde aquel día y gracias a Dios y al programa de Alcohólicos Anónimos no he vuelto a beber. Cambios trascendentales en mi personalidad se han ido sucediendo atribuibles al programa de A.A., por lo que lo conceptúo como un programa de vida nueva.

Llegué y ya no bebí. Esto fue vital y aunque aceptaba de corazón mi alcoholismo, no podía aceptar que mi vida había sido ingobernable. Durante mi primer año en A.A. persistí en mis actitudes y me conformaba con no beber y cumplir con mis obligaciones cotidianas, que como perfeccionista que soy, había incrementado de tal manera que no me dejaban tiempo ni para respirar. Vivía compulsivamente: trabajaba, estudiaba, hacía yoga, asistía a mis juntas de A.A., corría de madrugada... pero también me alejaba de la gente, tenía miedo de ser agredida, me sentía marginada e inferior. Ya sin el anestésico del alcohol, resurgieron todos mis complejos e inseguridad. Los fines de semana comía y dormía también exageradamente.

Por otro lado, durante ese primer año sin beber me llené de resentimientos hacia mis padres: los culpaba por mi alcoholismo. Parecía que nunca podríamos volver a vivir en armonía.

El segundo año conocí al compañero que habría de ser mi padrino en A.A. Con su orientación descubrí que mi principal problema era el espiritual: ¡Había enterrado a mi espiritualidad en lo más profundo de mi inconsciente y eso me hacía estar profundamente amargada y resentida con todo lo que me rodeaba! Aprendí a perdonarme y a perdonar a mis padres: regresé a vivir con ellos, porque, como me dijo mi padrino: "Tienes que aceptar tu origen y necesitas reparar los daños que has ocasionado. Sin esas dos cosas, no podrás empezar a progresar dentro del programa de Alcohólicos Anónimos."

Le hice caso, pedí perdón a mis padres y regresé a vivir con ellos; sin embargo, mis resentimientos no me permitían vivir armónicamente. En la tribuna del grupo acepté en voz alta todo lo que me molestaba y poco a poco el malestar fue desapareciendo.

Mi padrino desempeñaba un servicio dentro de A.A., y yo andaba con él "de la Ceca a la Meca"; trabajé en instituciones que atienden a alcohólicos, en reuniones de información al público en la capital y en el interior, lo acompañé a pasar el mensaje a otros alcohólicos, visité cárceles... En fin, viví por primera vez el placer de servir al prójimo y de ser útil.

Sin embargo la experiencia más importante en ese año fue la de sentir que la idea de Dios no era incompatible con mi nueva manera de pensar y vivir. Tuve esperanza y fe en un cambio profundo que me ofreciera la tranquilidad interior.

Considero que en ese año aterricé de un largo viaje: volvía del mundo de la locura.

Un Poder Superior me devolvía el sano juicio y conocí al fin una existencia equilibrada. Al tercer año de mi nueva vida, la relación con mis padres y mis parientes en general, mejoró muchísimo.

Terminé la carrera de Sociología. Y empecé a disfrutar mi trabajo como técnico académico en una dependencia del gobierno. Liberada de ciertos complejos de inferioridad, emprendí el viaje hacia el conocimiento de mí misma, paralelamente a la aceptación de mis carencias: Trabajé defectos tales como la envidia, la ira, la gula, la lujuria, el perfeccionismo, la autoconmiseración y los resentimientos, con los medios que nos brinda el programa de A.A.

Mi cuarto año en A.A. fue bellísimo: ¡encontré el amor! Un compañero de la comunidad me ha hecho inmensamente feliz. El amor me ha permitido un equilibrio emocional y un crecimiento espiritual como nunca hubiera soñado alcanzar.

El día de nuestra boda sentí que Dios me entregaba un libro en blanco y me daba la oportunidad de escribir nuevamente mi historia en base a todo un pasado de errores, sufrimientos y algunos aciertos.

Hoy mi marido y yo disfrutamos de la alegría de vivir. Creo que hacemos una buena mancuerna dentro de los grupos de Alcohólicos Anónimos. Esperamos un bebé.

Las viejas ideas de que el matrimonio y la maternidad no eran para mí, se han ido.

Hoy me amo y me respeto, amo y respeto a mi marido y empiezo a amar y respetar a mi prójimo.

Vivo . . . ¡muy sabroso!

DESPERTO A PUNTO DE MORIR

Oficial de Marina, descubrió que no era "capitán de su alma". La bebida le hizo perder su brújula y le pilotó al naufragio. En A.A. recuperó su norte.

*E*N esta fecha, hace 12 años, un día desperté en una sala extraña. Abrí los ojos y el fuerte olor a desinfectante más el sinnúmero de aparatos médicos que me rodeaban, hicieron que me diera cuenta de dónde estaba. Me toqué la cara y noté que dos tubos de plástico salían de mis orificios nasales. Mis antebrazos estaban pinchados con agujas también conectadas a tubos de plástico y uno de ellos venía de una botella de suero que colgaba de un gancho.

De repente me llegó un poco de claridad mental por haberse despejado la nube que obstruía mi cerebro y mis pensamientos comenzaron a tener sentido.

Estaba en una sala de cuidado intensivo en una clínica de Guayaquil. Había estado al borde de la muerte. Los susurros del personal médico y las caras atemorizadas de los pocos familiares que me visitaban, me indicaron que mi estado era crítico. Concentré mis pensamientos tratando de encontrar una razón y de pronto, vino a mi mente la escena del día anterior cuando en desesperación había tomado una sobredosis de barbitúricos con la intención deliberada de poner fin a mi trágica vida.

Cerré los ojos otra vez e hice un recuento mental de los sucesos que me habían llevado hasta el borde de la muerte.

Nací en un pequeño puerto de un pintoresco país en la costa del Océano Pacífico de Sud América, el Ecuador. Pueblo tan pequeño como era, toda la gente se conocía y especialmente se conocía a mi familia debido a que mi padre era el gerente de la única sucursal bancaria de la población.

Mi padre, hombre de muy buena educación y de reconocido buen comportamiento moral, cristiano en principios y acción, respetado y apreciado. Mi madre, una mujer bella procedente de una familia prominente de la provincia, educada en los Estados Unidos, dominaba tanto el idioma inglés como el español. Era muy querida y festejada por su franqueza de carácter y dones sociales.

Irónico, pero como era natural en nuestro medio, fui extremadamente mimado por mis padres y demás familiares, de tal manera que me convertí en un niño muy mal educado durante ese período de tiempo. Algo terrible, a mi parecer, me sucedió a esa edad; un cuarto hijo fue agregado a la familia y justamente desde que nació empecé a odiar a mi hermanito menor. Imaginé que solamente había venido a quitarme el lugar que ya yo tenía en la familia. Me había despojado de esa *corona* imaginaria que yo creía haber llevado como el *príncipe* de la familia.

Mi padre acostumbraba a tomar un vaso de vino de mesa con todas sus comidas. Un buen vino que importaba de Francia ya que se creía era el mejor vino del mundo. A mi hermana y hermano mayores y a mí, se nos permitía tomar un vaso de sangría que consistía en medio vaso de vino con medio vaso de limonada dulce y hielo. ¡Cómo me gustaba esa bebida! Me gustaba no solamente el aroma sino también ese sentimiento de bienestar que me causaba. Yo siempre pedía un segundo vaso para el cual mi padre nunca dio su consentimiento. Un buen día, a la edad de ocho años, muy secretamente tomé una jarra de limonada, suficiente hielo y armado con la llave del sótano donde se guardaba el generoso vino, bajé y empecé a prepararme y beber la suficiente sangría hasta que experimenté la primera *laguna mental* de mi vida.

Todo lo que recuerdo es que cuando volví en mí, mi madre estaba parada al frente mío con un látigo en la mano. Así es que fui castigado, no solamente con el látigo sino que además fui confinado al dormitorio por una semana y no me fue permitido ir a un gran encuentro de box que se realizaba ese fin de semana. Todos esos castigos me dolieron mucho pero no fueron de ningún beneficio porque a mí me continuó gustando el sabor del vino y principalmente el efecto que me producía.

Yo tenía diez años de edad cuando se levantó una revolución militar en el país que causó la quiebra del banco para el cual trabajaba mi padre. Se vio precisado a vender la magnífica residencia que teníamos y nos mudamos a la capital. Yo ocupaba el tercer lugar en una familia de cuatro, una hermana y hermano mayores y mi hermanito menor. Ya no era el *benjamín* de la familia pero yo nunca acepté ese hecho. Siempre seguí tratando de reconquistar el puesto de *predilecto* que tuve por siete años. Ya no se me mimaba ni se me consentía pero yo seguía siendo un *engreído* de mí mismo. En mis años de adolescente, cada vez que tenía la oportunidad de beber alcohol, lo hacía con mucho agrado porque la bebida me hacía sentir como si fuera el "rey de todo el mundo".

Era yo ya un joven de catorce años cuando se celebraba haber logrado el primer envase de un primer cocimiento de cerveza en una fábrica en la que mi padre tenía participación. La cerveza corría entre los empleados quienes bebían alegremente. Naturalmente, yo también me uní al júbilo y bebí cerveza hasta sentirme ya *"todo un hombre"*. De regreso a la casa, sintiéndome un *"super macho"* empecé a molestar con intenciones sexuales a una empleada joven que había sido criada con nosotros más como un miembro de la familia que como una sirvienta. Esto causó graves disgustos a mis padres quienes me reprendieron enérgicamente, pero a mí me siguió gustando el efecto que me producía cualquier bebida alcohólica.

Durante mi niñez fui considerado como un muchacho de conducta desordenada, sin embargo pude terminar mi escuela. Como adolescente mi vida continuó siendo la misma, agravada por esporádicos episodios de bebida excesiva. Esto continuó hasta que ingresé a la Escuela Naval donde los cadetes no teníamos permiso para beber, así es que no tomé ni un solo trago durante los cuatro años siguientes. Pero llegó el día de la graduación y después de la ceremonia, durante el baile de promoción, un oficial más antiguo, brindándome un coctel, me dijo que un miembro de la Armada tenía que tomar y consecuentemente tenía que aprender a beber. Desde ese día en adelante empecé a tratar de aprender a tomar sin que jamás pudiera lograrlo.

Siendo ya adulto, un oficial y una persona de muchas habilidades, pues tenía don de gentes, humor muy fino, alegría innata, inclinaciones artísticas musicales, dibujo y pintura, bailarín, siempre fui considerado buen compañero en los deportes y mi amistad era codiciada. Se pensaba que mi éxito en la vida era una cosa asegurada. Sin embargo, desde algunos años atrás, ya minaba en mí la base misma de la existencia de una enfermedad que en esa época no se reconocía como tal.

Tratando de escapar de mi vida licenciosa, contraje matrimonio creyendo que así tomaría menos. Pero no fue ese el caso. Me retiré del servicio en las fuerzas armadas, ingresé en la marina mercante, fui capitán de un barco, pero esos cambios no dejaban de ser nada más que *escapes*. En el año 1950, cuando ya tenía 33 años, sentí la necesidad de escapar otra vez. El estado cada vez más agravado de mi vicio me hizo emprender la más fácil huida a mis propias flaquezas. Con una amante y digna esposa y dos hijos pequeños emigré a los Estados Unidos. Me radiqué en Los Angeles. El cambio en mi vida fue dramático. Trabajé como jefe de ventas y diseñador, estudié y practiqué la ingeniería mecánica. La familia creció con la llegada de dos hijos más, y con el amor de mi esposa los criamos a todos ellos en una casa que compré dentro de un típico barrio residencial norteamericano.

Pero siempre llevaba clavadas en mis espaldas las despiadadas y agobiantes garras de la dolencia alcohólica. El aplastante peso de mi enfermedad fue demasiado y desmoronó la unidad familiar. Perdí toda la fe que alguna vez tuve en Dios y me burlaba irónicamente de los principios religiosos y morales que se me habían dado desde niño. El divorcio se hizo inevitable. Perdí buenas oportunidades de trabajo y me transformé en un paria.

Sacando fuerzas de donde ya no había casi ninguna, después de vivir veintitrés años en los Estados Unidos, decidí escapar nuevamente. Vendí la casa y me fugué geográficamente a mi país de origen. Siempre llevando a cuestas mi tristeza, mis fracasos y mi incurable enfermedad. Poco me duró el capital que llevé. Cuando me vi sin un centavo, sin un amigo, sin una salida, sin Dios ni ley, creí que para mí había una sola fuente de paz: el suicidio.

Después de un mes de permanecer entre la vida y la muerte en el hospital, me recuperé en algo físicamente y regresé a casa de uno de mis hijos en California. Mi alcoholismo se hizo más agudo entonces, estaba ya en la última etapa de la fatal enfermedad. Borracho, un *"wino"* completo, me quedaba dormido en los callejones de la ciudad. Unos dos o tres tragos del vino más barato que pudiera conseguir, era lo único que necesitaba para entrar en la inconsciencia de la borrachera. La única manera de no darme cuenta de que todavía existía. Mi vida había quedado reducida a un ensayo de vergüenza y dolor.

Fue de ahí, de ese estado de postración y desgracia, de donde me sacó la *mano de ayuda* de Alcohólicos Anónimos. Mi hijo había hablado previamente y había sido informado que irían a verme solamente si era yo quien lo pedía.

La angustia era inmensa, mi desesperación era indescriptible, pero justamente esa situación en que me hallaba en esos momentos, hizo que aceptara el consejo de mi hijo y le pidiera que llamara a A.A.

Los A.A. no se hicieron esperar. Una llamada telefónica y 30 minutos después llegaron en mi ayuda. Me saludaron como si fuéramos viejos amigos, pidieron café —algo inusitado para mí ¿alcohólicos que beben café?— y se sentaron cómodamente a conversar conmigo. ¿Qué me dijeron? No lo sé, pero sí recuerdo que después de una hora se despidieron dejando en mí un pequeño rayo de esperanza. Sí, pequeñísimo, pero aún así pude distinguirlo a distancia. Al día siguiente me llevaron a una reunión de grupo. Tembloroso y desaseado como estaba, fui recibido muy cariñosamente. Se trataba de una reunión de aniversario. De uno en uno fueron pasando a la tribuna. Primero el miembro que cumplía su aniversario seguido por otro que había sido su *padrino*.

Los pasajes de sus vidas que narraban iban dejando huellas un poco más profundas en mí y así empezó mi proceso de identificación. Me parecía que hablaban única y exclusivamente para mí. Lo que más me gustó fue la franqueza y sinceridad que vi en todos ellos.

Todos me decían "*Keep coming back*" y yo seguía yendo. Me divertía mucho el ambiente de sana camaradería que existía. Había días en que me desanimaba porque creía que necesitaría mucha *fuerza de voluntad* que yo no tenía, pero todos me decían que lo que yo necesitaba era *buena voluntad*. Empecé a ver que yo no tendría que emprender una fuerte y encarnizada batalla contra quien yo creía era mi peor enemigo, el alcohol. Comencé a darme cuenta de que mi verdadero enemigo era yo mismo. Estos A.A. me hacían ver que mi adversario era mi propio ego. Me hacían comprender con claridad que para luchar contra este enemigo necesitaría la ayuda de un Poder Superior.

La herencia que yo había recibido de mi mal comprendida religión era que yo había nacido equivocado. Que sin reglamentos y sin guardianes que vigilaran al demonio que había en mí, torrentes de veneno y de maldad se desencadenarían naturalmente de mi ser para devastar y destruir todo lo bueno que había en mi camino. Vi que se había presentado un conflicto en mi larga vida. La pregunta había sido ¿yo o Dios? Yo me había escogido a mí, a mi propio y querido ego. Pero esto lo había hecho muy secretamente. Durante mi juventud había sido un agradable y aceptable hipócrita. Que Dios, siendo el espía cósmico que yo creía que era para mí, y que yo, sabiendo que estaba equivocado, me había convertido en un normal, moderno y culpable alcohólico-neurótico.

Por estos doce años pasados, todo parece haberse transformado de una jornada de ser *"debido a"* en otra jornada de ser *"a pesar de"*, y el responsable de esto es el milagro de Alcohólicos Anónimos. Lo que yo creía ser solamente una comedia de desobediencia moral, de sexo y de alcohol, ha sido transformada por el programa de los Doce Pasos, en una lección de despertar al conocimiento consciente. No eran pecados los que habían, era solamente la separación de Dios, la falta de unidad. Antes había existido una separación consciente de un Poder Superior, separación consciente de los demás seres humanos y eventualmente una desintegración de mí mismo. A.A. y su programa de los Doce Pasos han hecho que yo pueda unificar a mi ego, mi mente y mi espíritu.

Hoy en día tengo el convencimiento en lo más profundo de mi ser, que en la vida existe solamente un peligro para que todo se convierta en problemas. El peligro de la *separación*. Permitir que el ego gobierne la vida separado de la mente y del espíritu. Pero también estoy convencido de que hay una sola salvaguardia para ese peligro. El convencimiento de la existencia de un Poder Superior, sinónimo de Vida, Bondad, Dios. En A.A. empecé a unificar mi vida de separación con el programa de los Doce Pasos. Admisión, convicción y liberación. Limpieza de casa y mantenimiento. Todo esto es una nueva vida para mí, pero no solamente nueva, también es la vida más maravillosa que yo jamás haya vivido. Vivo en una total espera de guía y dirección, y la obtengo. Y si alguien me pregunta: "¿Cómo lo sabes?" Tengo la más simple de las reglas en el mundo para contestar. Nunca lo he pasado tan bien. Mi vida en A.A. es la única *buena vida* que he conocido. La única vida que ha sido fácil y sencilla durante mis largos años de existencia. Estoy viviendo los mejores años de mi vida. Vivo una vida de gratitud porque no he bebido licor desde hace doce años, porque vivo en paz conmigo, con mis semejantes y con Dios.

Desde el invierno de 1976 cambié totalmente la trayectoria de mi conducta. "Dejé de beber de una vez por todas", mi manera de vivir y de beber me estaba destrozando. Por la gracia de Dios he podido rehacer mi vida. Ahora vivo feliz en medio del cariño de una nueva familia.

NACIDO PARA BEBEDOR, BAILARIN Y LADRON

Andaba perdido sin más que perder, descendiendo al abismo de la degradación. El vago recuerdo de algunas palabras de esperanza le enseñaron la salida.

Soy alcohólico como mi madre que murió víctima del mal. Yo estoy vivo.

Era yo muy chico; vagamente recuerdo que mi madre dormía debajo de las camas, pero no alcanzaba a distinguir por qué. Me han dicho que se hizo alcohólica a consecuencia de vender ilícitamente alcohol en una tiendecita que aparentaba ser miscelánea; otros me han dicho que se vio obligada a refugiarse en la bebida debido al mal trato que recibía de mi padre. Vendía ella toda clase de mejunjes. Cuando murió estaba yo en tercer año de primaria; a mediodía fueron por mí a la escuela y me llevaron al hospital donde estaba falleciendo a consecuencia de su manera de beber.

Quedamos solos mis dos hermanos, mi padre y yo, con el negocio. Me encargaron del suministro de alcohol para su venta; me acompañaban otros muchachos. A veces tomábamos de ese alcohol, por pura travesura. Una vez nos lo acabamos y tuve que romper la botella y mentir; "¡Me caí y se me rompió!" Otra vez completamos el contenido con agua. Naturalmente las golpizas y regaños menudearon por mi temprana inclinación a ingerir "paquiderma", como llamábamos a la combinación de refresco de naranja con alcohol. No sólo bebía yo, como tengo dicho; también mis amigos. Una vez el padre de uno de ellos, a quien se le pasó la mano y sacamos de la casa totalmente borracho, vino por él y a golpes con un alambre de la plancha se lo llevó. Luego regresó para acusarme ante mi tía: —¡Es el causante de esta maldad! — le dijo.

Yo estaba durmiendo la borrachera como otras veces, a mediodía, argumentando que estaba enfermo. Mi tía esperó que se me bajara la borrachera y luego a golpes me despertó, me bañó y me condujo a la escuela donde me exhibió como vicioso y rebelde.

Cuando murió mi madre me sacaron de la escuela en donde ella me tenía porque era cara la colegiatura y me inscribieron en otra, muy barata y por supuesto muy distinta. Después de que fui señalado por borracho ante todos en esa escuela, jamás volví.

Como ya no estudiaba me quedé al frente del negocio de venta de mejunjes y aprendí a distinguir toda la miseria y nivel de la degradación en el desfile interminable de viciosos, enfermos, pordioseros, borrachos, bebedores fuertes, agresivos, arrastrados, sucios... Me quedé solo en la casa de mi madre y la sentía enorme y vacía. Cuando ya tenía unos catorce o quince años, luego de trabajar en la tienda por horas y horas, huía de la soledad y, en ocasiones especiales, buscaba compañía y nos tomábamos algunas copas.

Una vez, estando en la tienda, alguien a quien aprecio en mis recuerdos, me motivó y ayudó para que continuara estudiando: ya había terminado la primaria y esta persona me convenció para que me inscribiera en la secundaria. Alentado me inscribí pero se me dificultaban los estudios; allí me enviaron a un psiquiatra quien mandó que me hicieran varias pruebas, las cuales no aprobé, y me dijo que yo no estaba bien de mis facultades mentales.

Me sentí muy mal con esa opinión médica y fui dado de baja de la escuela luego de cuatro años sin haber aprobado ni siquiera el primer año.

Ya para entonces pensé que había nacido para bebedor, bailarín y ladrón, motivo por el cual me adherí a grupos de borrachos y rateros.

Así empecé a hacer todos los destrampes y aberraciones que vi hacer en el desfile de beodos que pasó por la tienda de mi infancia; con esto quiero decir que robé, golpeé, violé y falté a la moral en todas sus formas . . . sólo me faltó matar. Quien me liberaba de los problemas con la justicia y de la degradación, era mi hermana, ¡pero también a ella golpeé cuando, desesperada por mi conducta, me arrojó una de las ollas de barro que fabricaba! ¡Fue de ese modo que sentí que carecía de principios de toda índole!

No puedo decir que por beber yo perdí a mi familia, mi capital, mi trabajo, porque no tuve ni familia ni dinero ni trabajo . . . ni moral. Me da risa cuando me acuerdo que hubo quien me preguntó: "¿Por qué no te casas?" Me da risa la ingenuidad de la pregunta; ¿quién se casaría con un tipo que cuando no anda crudo, anda borracho? Debo decir que yo era muy afecto al baile; no era muy buen bailarín, nada de eso; me gustaban las pachangas porque eran origen de grandes parrandas. Fui al carnaval durante cinco años consecutivos; recuerdo del viaje de ida y de cómo llegaba al puerto, pero, ¿del regreso? ¡nada!

La ley andaba muy cerca, tras de mí, para ponerme en mi lugar; por esto viajaba y no tenía lugar fijo de residencia. Una vez acudí a mi padre para que me auxiliara en los descomunales líos en que andaba metido; me recibió y le expliqué de qué se trataba y que necesitaba desesperadamente dinero. "Tengo cien pesos, ¿te sirven?" me dijo. "¡Cómo crees!" le dije. "¡Necesito miles!" "¿No te sirven?" me volvió a decir: "Entonces: ¡Lárgate!. . ." Me fui.

Llegué a la ciudad, en donde, por primera vez, conseguí dejar de beber, tratando de sentar cabeza . . . durante mes y medio.

Otra vez borracho y en las mismas, me sucedió algo que voy a contar. Fui a una ciudad del este. Me metí en un establecimiento de mala muerte en donde estuve bebiendo en demasía, hasta que discutí con el dueño por ¡quién sabe qué causa! El problema se puso bastante serio e intervino el hijo del dueño, contra los que me lié a golpes y perdí. Fui golpeado con bates de béisbol. Medio muerto me sacaron del tugurio aquel y me abandonaron en medio de un camino. Mal herido volví en mí y me encontré bañado en sangre. Regresé al establecimiento golpeando las puertas, las paredes de tablas, escandalizando, sin que me abrieran.

Me fui a la vivienda que habitaba, saqué petróleo y me dirigí al jacal dispuesto a acabar con él y con todos sus moradores. Justamente cuando acababa de rociar el petróleo y prendía el fuego, aparecieron los policías que frustraron mis propósitos y me recluyeron en la cárcel de aquella población. Salí, y de nuevo me metí en problemas por lo que tuve que abandonar, corriendo, la ciudad.

Visité muchas cárceles debido a mi conducta ingobernable y mi desenfrenada manera de beber. Ya en otra ciudad se me clavó la idea de cambiar de vida y el propósito de no volver a beber. Sólo un mes lo conseguí y, de nuevo, me encontré sumido en mi triste realidad. "No es creíble que mi situación sea tan crítica que no pueda con la botella", pensé.

Tenía un padrino que me aconsejaba y que hacía tiempo que me insistía para que hiciera algo que me ayudara a dejar de tomar. El me llevó algunas veces, infructuosamente, a jurar no beber; en una ocasión me llevó a un santuario, donde me hizo que jurara por un año. Juré, pero mis pensamientos andaban errabundos recordando los frustrados juramentos anteriores. "No cumpliré" me dije. Pero la imagen del Santo Señor y su Justicia, me hicieron reflexionar seriamente: "aquel ladrón, borracho, lascivo, mentiroso, que viene a jurar y no cumple, es duramente castigado..."

Por esta vez cumplí mi juramento. Paré de beber, y, en ese período de abstinencia, me sentí motivado a recomenzar mi vida. Con ayuda conseguí entrar a estudiar Turismo, pero el año de juramento terminó y terminaron mis propósitos y buenas intenciones; volví a beber.

Hubo gente buena que trató de ayudarme. Apoyado por una de esas personas y una credencial de la escuela en que había estado inscrito, conseguí entrar de mozo en una clínica del seguro social a la cual vivo agradecido. Soportaron muchos de los problemas que originé: amenazas a mis superiores, ausentismo, etc. Hoy entiendo que no me despidieron porque las causaba lástima. Mediante este trabajo logré reinscribirme en la secundaria y terminé en cinco años, gracias a que un compañero me hizo el favor de hacerme las pruebas, si no ¡jamás habría logrado terminar!

Las borracheras y los pleitos continuaron. Hubo varias golpizas más, pero distintas a las anteriores, que fueron riñas de jóvenes; estas fueron distintas, hubo saña, mala intención. Todavía conservo huellas de esos duros golpes recibidos, como una cicatriz de una herida en un pleito en el que quedé debatiéndome entre la vida y la muerte. Afortunadamente mi hermana me localizó, reconociéndome por unos zapatos blancos que me había puesto al salir de la casa ... Esta situación me hizo pensar en andar armado y en la venganza, pero todo quedó en eso, en pensamiento, porque yo estaba ya muy lastimado por esa vida y por el alcohol.

Nadie me había hablado de A.A. pero yo sabía que había grupos de esos. Una vez pasé frente a uno y me asomé: vi muchos cuadros y letreros; daba la sensación de una secta religiosa. Me dije: "Esta gente está acabada..." Y no entré.

Al fin, ya no dejaba de beber ni para cobrar. Luego de una parranda de tres o cuatro días, todo sucio, me dirigí a cobrar a la clínica donde se suponía que estaba empleado. No me reconocieron y no me querían pagar. Ya no llevaba identificación alguna: "Estoy enfermo" les decía y suplicaba que me pagaran. En verdad me sentía muy mal. Los convencí y me dieron mi cheque. Entonces vino otro problema en el banco; sin papel alguno que me identificara y sin poder firmar no me quisieron hacer efectivo mi pago. Una vez más, arrastrándome, fui a suplicar al gerente que autorizara el pago porque realmente me sentía cada vez peor y el aspecto que tenía no era nada agradable. Tal vez por eso me pagaron. Ya con el dinero busqué un bar y todos se me hicieron remotos. Creí que no llegaría. Como pude alcancé un bar y con los primeros tragos sentí cierto alivio; al continuar bebiendo nuevamente volví a perder el conocimiento.

Al atardecer volví en mí. Estaba tirado en la calle. Enfrente vi un anuncio de la "Oficina Intergrupal de A.A." Dificultosamente me puse en pie y entré.

—¿Aquí hacen milagros?— pregunté con voz cavernosa.

Las personas que estaban ahí se sorprendieron de mi presencia, y se deshicieron de mí: me dieron un papel con un montón de preguntas y me sugirieron que volviera cuando estuviera en mi juicio puesto que, así como iba, no entendería nada.

Me fui, maldiciéndolos.

Tres días después terminé de beber y acudí a mi casa, crudo, sin dinero, sin esperanza. Urgué en los bolsillos y encontré el "Autodiagnóstico" que me habían dado en la intergrupal. Lo contesté y con él regresé a aquella oficina de A.A. Ahí me dieron el horario y dirección de un grupo y, ese mismo día, me presenté.

Al principiar la sesión preguntaron: "¿Hay alguna persona que nos visite por primera ocasión para saber qué es A.A.? Dos personas se pusieron de pie pero yo no. Luego hablaron varios de los asistentes y me impactaron las palabras que pronunciaron: "Honradez, Sinceridad, Integridad" . . .

Volví, y durante seis meses sin faltar un solo día me mantuve asistiendo sin participar. Me concretaba a saludar y escuchar. Con ese tiempo sin beber creí equivocadamente que había aprendido suficiente como para beber sin daño alguno. Bebí de nuevo y trágicamente comprobé que mi enfermedad era irreversible y que era un loco temible.

De la manera más triste, en plena ebriedad, insulté a mi padre. Le reclamé: "¿Por qué nunca tuviste el valor de frenarme en mi forma de beber, cuando era tiempo?" le gritaba "¡Eres el culpable de mi situación! ¡Tienes que darme de beber!" Sé que me encontraba ensangrentado y con vagas imágenes de la pelea con mi padre, ¡con mi propio padre!

Me encerré víctima del remordimiento, creí que no volvería a recobrar un sano juicio. Merecía el peor de los castigos. Afortunadamente algunas frases escuchadas en A.A. me sacaron de aquél triste estado y, con decisión, fui a ver a mi doctor de la clínica. Le expuse mi problema y mi situación. Me escuchó y me recomendó que fuera a un grupo de A.A. Tristemente le confesé que ya había estado en uno. Se sorprendió y entonces optó por enviarme al psiquiatra. En el tratamiento me aplicaron electrochoque y luego de un tiempo volví con mi doctor, quien me volvió a recomendar que asistiera a un grupo de A.A.

Reingresé y no he vuelto a tomar.

Ciertamente se han operado cambios profundos. Acepté que el alcohol me había derrotado; entendí y practiqué el Plan de 24 horas: hoy no bebo pase lo que pase; ¿mañana? ¡Ya llegará! ¿ayer? ¡Ya se fue! Físicamente me restablecí. He aprendido a respetar y ser respetado, por medio del ejemplo de mis compañeros y de la literatura de A.A.; creo haber leído toda la que ha estado a mi alcance. Comparto mi experiencia de bebedor y de cómo soy ahora, con quienes acuden al grupo a saber de A.A.; creo que soy portador de un testimonio de la efectividad de Alcohólicos Anónimos: ¡Si yo he podido, sin duda ellos también podrán!

Como ya no ando ni borracho, ni crudo, conseguí quien me quiera y me ha aceptado por esposo. En mi trabajo considero que estoy cumpliendo y estoy satisfecho. Soy un hombre con demasiada buena suerte. ¡Es hermosa esta nueva vida dentro de A.A.! Busco el éxito de realizarme como persona, superar las frustraciones por lo que desperdicié en mi juventud, alcanzar el éxito en la empresa que tanto me toleró y me ha dado, ser un buen esposo y buen amigo y padre de mis hijos, y hoy, en la Sociedad, ser más responsable e íntegro . . . Si Dios me lo permite.

"JUZGADO EN INVENTARIO"

Abogado que administraba la justicia en los bares del pueblo comenzó a vivir cuando aceptó sin reservas su condición de alcohólico.

*M*ɪ carrera alcohólica comenzó desde muy temprana edad. Contaba sólo siete u ocho años, cuando en un diciembre, festejando el nacimiento del "Niño Dios", nuestro padre, un humilde y honrado campesino, nos permitió degustar algunas copas de etílico. Esto se convertiría después en la razón de mi existencia, la idolatría de mi vida, en algo completamente superior a todas mis fuerzas y a todo humano razonamiento: el alcohol en su manifestación como el "divino aguardiente".

Sí, aquella noche decembrina probé por vez primera el alcohol. Cuál sería mi propia sorpresa al verme ingiriendo al otro día la misma embriagadora bebida, obviamente en forma oculta, pues temía a la reacción que pudiera desencadenarse en mis padres y hermanos mayores. Debo reconocer que, desde aquella lejana época, mis sentimientos de orgullo y mi gran complejo de superioridad no tenían ningún límite. Este orgullo y este complejo se acrecentaban a medida que continuaba ingiriendo alcohol. La bebida tenía lugar en forma espaciada por cuanto el medio en donde se desarrollaba mi existencia y las condiciones precarias de nuestra economía, no permitían que fuera más continua. Sin embargo en el fondo de mi alma y de mi ser abrigaba la esperanza de poder darle rienda suelta a mi enloquecedora sed por el alcohol.

Vino posteriormente mi encuentro con la ciudad, y con

ello el conocimiento y el embrujo que traen aparejadas la vida ciudadana: nuevos amigos, nuevos parientes, nuevos enfoques, y, pese a mi corta edad, nuevas y por qué no decirlo, agradables borracheras que, en algunas oportunidades, se prolongaban por uno o dos días. Afortunadamente para mi carrera alcohólica contaba con el apoyo de varios parientes quienes se enorgullecían de tener dentro de su parentela a un ejemplar que como yo, muchas veces los derrotaba en el aguante del etílico que continuaba siendo el aguardiente.

Terminé mis primeros años de estudio, esto es, la primera etapa de los cinco años primarios. Vino el bachillerato y con ello el aceleramiento de mi carrera alcohólica, a un ritmo vertiginoso. En mi condición de bebedor fuerte y aguantador no había en el bachillerato quién siguiera la carrera que yo llevaba; dentro del círculo de estudiantes yo gozaba de ser el mejor en cuanto a la ingestión de bebidas espirituosas se tratara. Eso naturalmente inflaba mi orgullo y me invitaba a continuar en lo que estaba, esto es, ingiriendo alcohol. Recuerdo hoy, que mis tres últimos años de bachillerato estuvieron a punto de fracasar. Mis ausencias eran continuas hasta al punto que yo no supe nunca en esos años lo que era asistir un día lunes a clase, pues lo dedicaba a terminar mi farra de fin de semana que comenzaba el viernes en la noche. Recuerdo con gracia que habiendo terminado el bachillerato, un amigo mío y yo nos dirigimos hasta el santuario de Girardota, a pie, con el fin de hacer la promesa de no volver a beber jamás y para que el Milagroso nos pudiera vincular a la universidad; este último propósito se logró, mas no el primero. Mi carrera alcohólica continuó al abrigo de los nuevos conocimientos humanísticos que adquiría, y al amparo de los nuevos socios y compañeros de farra que abundan en las universidades.

Con la llegada a la universidad, continuó agudizándose cada día más y más el problema de la bebida. Pese a mis promesas, a mis juramentos, a los consejos y recomendaciones de profesores, compañeros de estudio y parientes, y no obstante mis buenas intenciones y mis sinceros propósitos no hubo poder humano que lograra por aquella época que yo dejara de beber. En algunas oportunidades permanecía abstemio en forma forzada, y eso constituía para mí una amarga experiencia, porque luego se desataban unas interminables borracheras que traían aparejadas las más nefastas consecuencias: complejo de culpa, remordimientos, soledad absoluta, dolor físico y espiritual. Había hecho su aparición la temible "laguna" y yo no encontraba forma de salir de ese terrible infierno, cada día causando más y más daño a mí mismo, a mis parientes, amigos, conocidos, en una forma a toda la sociedad.

Logré terminar mis estudios universitarios y sin pena ni gloria o más bien con mucha pena y dolor por mi manera de beber me gradué de abogado. Me enganché en la carrera judicial, más con el propósito de conseguirme el etílico de cuenta del Estado que por sincera vocación. Cómo sería el desastre que al llegar al juzgado en un lejano pueblo, en donde por demás existen unas hermosas playas, lo primero que hice fue colocar un aviso bien grande y visible en la puerta de entrada al despacho en donde se leía: "Juzgado en Inventario"; el juez y su secretario estaban administrando justicia en los bares y cantinas de la población. ¡Qué tremenda irresponsabilidad la de un alcohólico activo!, ello por poco y recién graduado casi me proporciona una sanción que me hubiera alejado totalmente de la profesión de abogado.

Hube de renunciar en forma rápida y, apremiado por mi mísera situación alcohólica, fui a parar en forma casi accidental al municipio del suroeste antioqueño de Ciudad Bolívar, en donde estuve durante cuatro años. Allí se desembocó en forma tan espantosa mi alcoholismo que en muchas oportunidades estuve a punto del suicidio, suicidio que se veía estimulado por la gran racha de ellos que se presentaban en este municipio. Pero el destino o la Divina Providencia le tienen deparado a sus seres las más grandes sorpresas, y a mí, en la etapa más grave de mi carrera alcohólica, me tenía previsto el que conociera o recibiera información sobre la existencia de Alcohólicos Anónimos. Esto ocurrió precisamente al observar a un compañero de farras que ya tenía como once meses sin ingerir una sola copa de alcohol, y fue un veintiséis de diciembre. Me debatía en un tremendo guayabo físico, moral y espiritual cuando recibí del amigo y hermano la noticia del Programa de Recuperación. Esta noticia se realizó a los noventa y seis días de su recibo, pues concretamente, mi último aguardiente lo ingerí un treinta de marzo y el primero de abril de mil novecientos ochenta estaba haciendo mi ingreso a la primera reunión en un grupo de Alcohólicos Anónimos. Allí se verificó lo más grande y significativo que a mí me ha ocurrido en la vida.

En primer término, debo decir que se operó el milagro de mi renacimiento y comencé a vivir y se verificó el milagro de desaparecer de mi mente la terrible obsesión por la bebida alcohólica. Sin proponérmelo, pues los desconocía en absoluto, di el Paso Uno, esto es, acepté sin reservas, sin condicionamientos, sin ningún tipo de duda mi condición de alcohólico; y algo más: deduje que mi alcoholismo es congénito o mejor que nací alcohólico, de lo cual nadie, ni yo menos, tiene la culpa. Seguidamente acepté, desde que escuché la oración de la Serenidad con que se abrió la reunión, que sólo Dios, y sólo El, era el responsable de que yo asistiera a ella, y que me quedara hasta hoy en el programa, Paso Dos. Igualmente desde ese día primero de abril de mil novecientos ochenta entregué mi ser, mi voluntad y toda mi existencia al cuidado de Dios, tal como yo lo concibo, Paso Tres. De ahí en adelante paré de contar, pues necesariamente considero que los demás Pasos se dan como el producto, la consecuencia lógica y razonable de esos primeros tres Pasos. En este plan nos encontramos en estos momentos viviendo la alegría que proporciona sentir en el alma, en el espíritu, y en el cuerpo, los efluvios espirituales del programa de Alcohólicos Anónimos.

Pienso, sin ningún temor a duda, que todo lo que soy, lo que he llegado a ser, mi recuperación en todos los órdenes se la debo a mi Poder Superior y por intermedio de El a Alcohólicos Anónimos. He podido recuperar mi amor a El, el reconocimiento de su grandeza y generosidad, mi propia estima y el respeto por los demás, la recuperación de mi hogar, de mi trabajo, de mi reintegro a la sociedad, en fin, en una palabra, todo se lo debo a mi Dios, tal como lo entiendo; de ahí que guarde infinito sentimiento de gratitud y reconocimiento a Alcohólicos Anónimos, a su programa de vida, y de ahí, mi gran responsabilidad para estar listo en todo momento a pasar el mensaje de la recuperación al hermano alcohólico activo que hoy, como yo ayer, se debate entre la vida y la muerte en el terrible infierno del alcoholismo. Gracias a mi Poder Superior puedo vivir al menos, un día a la vez sin beber sólo por veinticuatro horas, y todo gracias al Programa de Recuperación que brinda Alcohólicos Anónimos.

(13)

LA OVEJA EXTRAVIADA

Sintiéndose aislada, oyó repetirse el viejo cántico que le guió, después de largos y penosos ambages, al calor del rebaño.

ERMINABA el otoño de 1978, la ciudad se aprestaba a otra época navideña y aparecían tras las ventanas de las casas los primeros arreglos que lo mostraban. ¡Cuánto dolor, cuánta tristeza me provocaban el ruido de la gente al pasar y la alegría de los niños al jugar!

"Eran cien ovejas que había en el rebaño,
"Eran cien ovejas . . ."

Había salido de mi sexto internamiento, el más doloroso, el más prolongado, debido a mi alcoholismo. En los hogares había calor, había hijos, madres, un esposo tal vez . . .

No tenía adónde ir. La caridad de buenas personas me había permitido estar recluida en un hospital gratuito para alcohólicos, donde había conseguido dejar de beber, y en un sanatorio donde mi vitalidad se había restablecido. Estaba viva, y no tenía adónde ir, ni qué comer, ni dónde dormir. Me detuve, alcé los ojos y murmuré: "Ya sabes Dios que no quiero vivir. Sabes que tengo hambre, que tengo frío . . ."

'. . . . Pero en una tarde, al contarlas todas,
"le faltaba una y triste lloró . . ."

—¿Qué voy a hacer, Dios?— Pregunté. Mi devoción religiosa me había fallado, yo había fallado a mi padre adoptivo, la medicina no me había servido . . . ni en A.A. había conseguido restablecerme.

Las estrofas de un himno conocido se repetían en mi mente; era un cántico que en mis delirios escuchaba y que acompañaba tercamente mis vagos impulsos místicos:

". . . Las noventa y nueve dejó en el aprisco
"y por las montañas a buscarla fue . . ."
Creo que grité: —¡Tengo miedo! ¡Quiero volver a tomar!
". . . La encontró llorando, temblando de frío.
"La tomó en sus brazos, curó sus heridas
"y al redil volvió . . ."
Estaba parada frente a un templo. Automáticamente entré. Los cánticos iban tras de mí. Me arrodillé y busqué a Dios. Lloré; vi las imágenes de mis hijos, esos tres pequeñitos a los que tanto había dañado, la de mi madre que no conocí, la de mi padre adoptivo que tanto había sufrido conmigo, la del bondadoso doctor que me había auxiliado una vez, y las puertas de A.A. abiertas, esperando mi regreso.

¿Valdría la pena un nuevo intento de regresar al redil?

Nací en un pueblecito muy hermoso. Era un bebé cuando murió mi madre, al nacer mi único hermano. Mi padre nos abandonó en casa de mi abuela materna donde un tío nos dio su afecto: fue siempre como mi verdadero padre.

Huérfana, busqué desde niña, insistente y desesperadamente, el amor. Al principio lo encontré en mi abuela que fue en ese tiempo la que más ternura me mostró; cuando murió sentí un total desamparo. Tenía sólo ocho años y bebí por primera vez. Tomé pulque y, cuando mis tíos vieron que me comportaba rara llamaron al doctor. Estaba borracha.

Pero a los 17 años fue cuando se inició mi "carrera alcohólica" que rápidamente se agravó. A esa edad fui nombrada reina del Club más aristocrático del rumbo. En esa fiesta de coronación se bailó y brindó, y yo bailé y brindé. Después bailé menos y brindé más. Al fin sólo brindé. . .; luego no sé qué pasó.

Al día siguiente desperté con el vestido de fiesta puesto. No recordaba qué había pasado. Me dio miedo; no quería preguntar qué había hecho.

La sirvienta al verme despierta se me acercó y me dijo: —¡Ay, señorita, todo lo que pasó ayer!— Fingí recordar y le pedí un jugo. Cuando me lo trajo, me dijo: —Con esto no se va a componer; voy a ponerle un poco de lo que estuvo tomando . . .

Al tomarlo paulatinamente me sentí mejor y le pedí que me preparara otro "jugo" y le dije: —Cuéntame lo que pasó anoche. Escuché el ridículo y boberías que había hecho, pero el calorcito que invadía mi cuerpo por el "jugo" era como un antídoto contra mi sentido de culpabilidad. A partir de ese día, beber se me hizo hábito; mediante el licor aligeraba mi disgusto interno; mi temor a no ser amada.

Pensé que debía encontrar el amor, que un noviazgo formal llenaría el vacío de mi vida y la responsabilidad del matrimonio sería una solución. Busqué un novio, lo conseguí, me comporté como quería la gente que debía comportarse una señorita casadera y, anhelando la seguridad, la comprensión y el amor, me casé. Tenía 18 años. ¡Qué sorpresa fue para mí el matrimonio! Nada de lo que había soñado se produjo y mi irresponsable manera de beber afloró; salía con mi marido a frecuentes reuniones y visitas que aprovechaba para tomar más de la cuenta. Mi esposo se molestaba y yo me las ingeniaba para seguir bebiendo, por lo que nuestra relación se transformó en vida de "perros y gatos".

Y perdí mi primer bebé. ¡Qué frustración y qué motivo para beber más!

Me embaracé de nuevo e ilusionada, pensé que el nacimiento de un hijo traería el amor a mi hogar; lo esperé con ansiedad. Nació, pero nuestro matrimonio continuaba desbarrancándose sin remedio. Volví a recurrir a la botella y desde entonces con escasos intervalos estuvo por muchos años junto a mí.

Ni el nacimiento de nuestro segundo hijo ni el del tercero me detuvo ya.

En ese tiempo tomaba vinos y licores, como brandis, ginebra, ron. Mi marido era propietario de un billar donde se permitía la ingestión de bebidas alcohólicas. Esto facilitaba mi suministro de alcohol. Tenía las llaves y con cien artilugios me las ingeniaba para sustraer botellas.

Mi tribulación empezó cuando me quitó las llaves y, una mañana, temblando por una gran necesidad de alcohol, me aventuré por las calles del pueblo hasta una cantina de suburbio y tomé aguardiente de ínfima calidad con los borrachos considerados ruines por la gente. Desde entonces ese aguardiente barato fue la bebida que más frecuentemente ingerí.

Las reclamaciones, los gritos, las amenazas, volvían nuestra vida infernal. A pesar de todo yo no entendía. Mi marido llegaba a la casa y la encontraba en total desorden, los niños desatendidos y yo abotagada y sucia por el alcohol; no aguantó más y me dejó, reclamando la Patria Potestad de nuestros hijos. Lloré, supliqué, prometí no beber; lo intenté y no pude lograrlo. Sin embargo me dieron una última oportunidad: me dejaron a mis hijos si dejaba de tomar. No lo conseguí: iba con ellos por la calle y me quedé tirada en la acera ... Cuando recapacité, huí a la capital a buscar a mi padre y, cuando lo encontré, me rechazó. Esto fue el golpe final a mi esfuerzo por vivir, a mi necesidad de comprensión y ayuda.

Ya sin hijos volví a la casa de mi tío, que a partir de entonces traté como al padre que quería tener; él me acogió sin reproches y me trató con bondad. ¿Qué me estaba pasando? Había tenido fe, había rezado, había jurado ... y había vuelto a "pecar". La gente del pueblo me veía como a la viciosa irremediable.

Por entonces llegó un primo que, al ver mi estado, con mucho tiento me dijo que quizás un tratamiento psiquiátrico podría ayudarme; me convenció y me fui con él a la capital. Estaba tan desvalida. Llegué sumamente agotada y, con mucho dolor, desesperanza y miedo, nos trasladamos al sanatorio donde el médico, del que me había hablado mi primo, prestaba sus servicios. Me aterroricé cuando vi un letrero: *Higiene Mental.* ¿Estoy loca? pensé.

La presencia del doctor me tranquilizó; era sumamente bondadoso y con mucha calma me atendió e introdujo a un local donde se celebraba una extraña reunión. Todos los presentes eran hombres y el médico me dijo que eran alcohólicos en recuperación. Mi miedo era enorme, pero el dolor por la separación de mis hijos me dio valor para quedarme. Me sentí bien, comprendida por aquellos pacientes que intentaban lo mismo que yo, y protegida por aquel médico que en los meses que estuve con él me dio la ternura que tanto necesitaba. No bebí. Supe que era una enferma y no una viciosa o pecadora. Pero mi deseo ferviente de recuperar a mis hijos era el principal motivo para esforzarme en mi recuperación. No tenía medios de sostenimiento; nadie veía por mí, sólo el médico me ayudaba dándome la oportunidad de serle útil en la medida de mis posibilidades con trabajo en el Hospital y en la Terapia de Grupo.

¡Cómo recuerdo la ocasión en que, al arreglar su escritorio encontré un folleto que me impactó: "Alcohólicos Anónimos"! Allí encontré una oración que, supe después, se atribuye a San Francisco de Asís.

"... *Que no busque ser consolado*
sino consolar;
"... *Que no busque ser amado*
sino amar ..."

La mecanografié y se la mostré al doctor: —Haga muchas copias, repártalas y guárdese varias porque las va a necesitar— me dijo. Ya le había exteriorizado mi intención de partir a mi pueblo e intentar recuperar a mis hijos. El había tratado de disuadirme y, el día que decidí partir, me dijo: —Está usted en la cuerda floja; si se queda hay probabilidad de que se rehabilite; pero si se va hay toda seguridad de que reincidirá y caerá hasta el fondo del abismo ...

No le escuché. Tenía casi un año de abstinencia, deseos enormes de ver a mis hijos y de que me vieran sin beber para intentar recuperarlos. Me llevé las copias de la Oración y, por primera vez, la confianza en que había gente que me comprendía y ayudaba.

Regresé a mi pueblo y mis grandes proyectos (de que no

sucedería nada de lo que el doctor me había dicho) duraron una semana. La nostalgia de la compañía de aquellos ex-bebedores que había conocido, la falta del apoyo de aquel buen doctor, y la realidad de la incomprensión de mi ex marido, sin hijos, volví a beber.

Como el doctor pronosticara perdí la dignidad, ¡todo! ¡Caí hasta el fondo de la abyección! Bebí incesantemente; tuve períodos de trabajo en los intentos por dejar de beber. No volví a ver a mis hijos, avergonzada. Sufrí mis primeros internamientos. Fueron muchos años de locura y delirios interminables.

Nada daba resultado. Juraba a Vírgenes y a todos los Santos, ¡y nada! En una *guarapeta* me buscaron un hombre y tres mujeres que pidieron hablarme. Rebelde les exclamé: —¿Qué tienen que hablar conmigo?

—Por favor . . .— me dijeron.

—¡Ah, sí! ¡Dénme veinte pesos para alcohol y los escucho!

Viendo mi estado tan deprimente me dijeron: —Unicamente le diremos esto; recuérdelo: ¡Dios la ama!

Solté la carcajada y les respondí: —Si me quisiera no me hubiera quitado a mi madre, a mis hijos, mi hogar. ¿Por qué me quitó todo amor y me dio este amor a la botella? ¿Por qué no me quita este amor?

—¿No será porque no se lo ha pedido?— me dijeron.

Con los veinte pesos que me dieron seguí la borrachera, pero en mi mente distorsionada se había fijado la idea de un Dios que me amaba, así como era, sucia, borracha. Tal vez por ello soporté tantos años de demencia y ebriedad.

Una noche fui recluida en un hospital en tal estado que tuve que ser amarrada. Dos días después me quitaron las amarras. Era época de Navidad. Entonces empecé a oír los lamentos de otra borracha que agonizaba; al principio traté de sobrellevarlos pero no me era posible y me llené de miedo. Había un pino de navidad y unas muñecas en un rincón y vi cómo cobraban vida y tomaban formas grotescas y, cobrando movimiento, me atacaban. Pedí auxilio pero las enfermeras estaban ocupadas con la que había gemido y que había muerto ya. Clamé, exigí a Dios que me ayudara; me deslicé aterrorizada hasta la cama de la muerta y, tomando sus ropas, me las puse y huí.

Mi tío sufría tanto como yo por mi problema sin solución. Un día me dijo que me arreglara porque había encontrado la manera de ayudarme. Me llevó a la capital. Llegué con una *cruda* terrible. Fuimos a un grupo de A.A. Había hombres y mujeres, ¡mujeres también!, que narraban que habían padecido como yo padecía y se las veía sanas y alegres. Me tranquilicé; dije: "Este es mi lugar."

Desgraciadamente tuvimos que regresar a mi pueblo. La ilusión de que me llevarían a otra reunión me permitió permanecer sin beber durante unos días. No me llevaron y seguí bebiendo. Con la esperanza de asistir a A.A. y encontrarme, dejé mi pueblo y me trasladé a la capital. Localicé un grupo cercano a donde me alojaba, dejé de beber, conseguí un trabajo y, al fin, supe que había encontrado mi camino en la vida. Al poco tiempo pude volver a ver a mis hijos y, sin embargo, no me sostuve en mis propósitos y volví a lo mismo. Desesperada, me dije: —ni religión, ni psiquiatría, ni A.A. ¿Qué *onda*, ahora, Señor?

"... *Las noventa y nueve dejó en el aprisco* ..."

Llevaba bebiendo cuarenta días con sus noches cuando, en un lapso de lucidez, llamé por teléfono a unos compañeros del grupo. Acudieron por mí y me internaron en un hospital gratuito para alcohólicos donde pude cortarme la borrachera; allí permanecí quince días pero mi estado físico era tan lamentable que me trasladaron a un sanatorio donde conseguí sobrevivir.

"... *La encontró llorando, temblando de frío* ..."

¿Valdría la pena intentarlo de nuevo?

¡Sí, había que intentarlo!

Salí del templo donde había estado orando y recordando y me dirigí a un grupo de A.A. Cuando entré, sentí el refugio que permanecía esperándome, las palmadas de aliento. El café que me sirvieron. La sesión. La fortaleza y la esperanza. ¡A reempezar otra vez! Conseguí donde dormir (un cuartucho modesto sin luz eléctrica) y un trabajo. Subsistí, pero en la soledad de la noche lloraba y me rebelaba: "¿Por qué a mí, Señor?" Envidiaba a las mujeres que tenían hogar, familia y dignidad. Y fue en una noche, en que la vela que iluminaba el cuartucho se extinguía, en que me volvió el terror a la noche, al abandono, a la soledad, a la vuelta de las alucinaciones, al delirio, a la demencia, tomé un libro con desesperación y un papel cayó de su interior: *". . . Que no busque ser comprendido sino comprender; que no busque ser amado sino amar; porque dando es como recibimos; perdonando es como Tú nos perdonas . . ."*

Era una de las viejas copias de la oración encontrada en uno de los folletos de A.A. La vela se extinguió pero ya había luz en mi interior . . .

Han pasado los años y mi vida ha cambiado. En el último invierno, al celebrar la Nochebuena, tuve el calor de mis hijos a mi lado, de mis nueras, de mis nietos, y el recuerdo y compañía espiritual de todos los que sufriendo como yo sufrí se han levantado a una nueva vida.

Dentro de mi querida Agrupación he aprendido a reír, a llorar, como fue en aquél día en que mi padre adoptivo (ese hombre que tanto me amó) se fue para siempre, pero viéndome renovada, luchando y feliz.

(14)
". . . NI PERRO QUE ME LADRE"

Superó su primera aversión a la bebida para después lanzarse a una vida desenfrenada de beber, donde nada le podía quitar la sed. En la hora más funesta le vino un resquicio de esperanza.

ESDE niño vivía aislado de mis semejantes. Era huérfano y creía que serlo era un estigma. Vivía con una familia adoptiva. Busqué y traté de encontrar a mis padres y nunca supe de ellos. En la escuela me decían que mi madre había sido *una de esas* . . . No tenía un regazo donde refugiarme, ni donde desahogarme. No sé por qué desde niño me autocriticaba: me reclinaba en la pared y miraba fijamente al sol por largo tiempo; deseaba quedarme ciego. En la escuela siempre destaqué; me gustaba el estudio y, además, no quería ser *igual* que los otros. Ya no quería enrojecer al ser saludado, ya no quería vivir en una casa de vecinos.

Pasó el tiempo y dejé la escuela para dedicarme a trabajar como mecánico. Siempre andaba vestido con un mono sucio y grasiento. Tampoco me gustó ese trabajo ni los compañeros. Quería ser diferente, estar más limpio, ser más inteligente y no mediocre, y así me dediqué a estudiar teatro.

Fue peor. En ese ambiente me sentí marginado: Creía que todos eran superiores a mí, de modo que traté de cambiar mi carácter taciturno aceptando ir a reuniones. Allí naturalmente se bebía y traté de beber; mi primer trago fue de cerveza, pero mi estómago no la soportó y tampoco me gustó su sabor. A los catorce años tomé una importante decisión: "Yo no tomaré nunca más."

Pero mi timidez seguía en aumento, al mismo ritmo que mi soledad y mis inquietudes. Pensé que era mejor abandonar también el teatro y tratar lo menos posible con la gente.

257

Busqué otro empleo y por circunstancias del ambiente me creí obligado a ir a fiestas caseras, donde se tomaba con cierta moderación y bebí. Pronto descubrí que, con otro tipo de bebida, aunque seguía sin gustarme el sabor, había un efecto agradable; hablaba sin miedo, ya no enrojecía tanto, *no me sentía menos* que los demás. Esta sensación duró varios años en los que me habitué a beber.

Era un adolescente. Por mis complejos empecé a tener fracasos de índole sentimental, de tal modo que decidí desinhibirme bebiendo un poco más y, por primera vez, encontré que tenía éxito en mis relaciones: ¡buen motivo para celebrarlo bebiendo! Aprendí que ese éxito era inconsistente y el fracaso volvió a mí: ¡una mayor razón para mitigar mis penas bebiendo!

Me volví un bebedor periódico. Mi monótona existencia se llenó de tedio, de aburrimiento; empecé a buscar la falsa y efímera alegría de vivir a través de la botella, bebiendo más de lo acostumbrado los fines de semana; casi nunca llegué a beber al día siguiente por miedo, puesto que había empezado a tener "lagunas mentales" y remordimientos.

Mi vida se envolvió en un ciclo insoportable: mi soledad aumentaba angustiosamente al unísono de mis bebetorias. Por las noches tardaba en adormecerme y, cuando un sopor de ebriedad me envolvía, parecía que mi cuerpo se desplomaba al vacío y despertaba sudoroso y sobresaltado. Sentía como si mis ideas se solidificaran en mi cerebro, aglomerándose en total confusión, hasta el punto de hacerlo estallar; trataba de poner la cabeza sobre la almohada pero el acelerado golpear de mi sangre la llenaba de ruidos y, semiasfixiado por la angustia, tenía que erguirme y, temeroso, prefería pasar la noche fumando un cigarro tras otro. Cuando la fatiga conseguía vencer mi insoportable vigilia, una melodía se confundía con mis sueños... ¡estaba cruzando una barrera invisible hacia el otro lado de la cordura!

Pretendí fugarme de mi destino sin saber cómo. Se me ofreció un trabajo en el extranjero que acepté de inmediato.

Era la oportunidad deseada para desprenderme de mí mismo. Una fuga excelente al no tener que rendir cuentas a nadie.

En Europa, otra vez el tedio. Me encontraba muy lejos de mi patria y todavía muy cerca de mí: volví a mis actitudes rutinarias. Comencé a beber todos los días, casi siempre al atardecer.

Ensimismado escuchaba el tañido nostálgico de las campanas. La luz del sol me molestaba al despertar, el canto de los pájaros también; el único ruido que me agradaba era la caída de agua que brotaba de una fuente. Tenía sed y solía curarme *la cruda* bebiendo litros de leche fría. Perdí el apetito; la comida me daba náuseas. El transcurso del día era una nueva y angustiosa soledad. ¡Celos! ¿de quién, en mi soledad? Tenía celos de la gente que reía y a la que envidiaba en aparente tranquilidad. Llegué a envidiar a mi compañero (porque para entonces había conseguido una compañía en mi soledad: no tenía padre, ni madre, ni amistades pero ya tenía un compañero: un perro que era mi único fiel amigo). Envidié a mi perro al que no le hacía falta enborracharse como yo.

De mi lejana familia adoptiva recibí malas noticias: uno después de otro se fueron muriendo en un lapso de cuatro meses . . . me sentí más solo que nunca. Por fortuna ellos no supieron del infierno alcohólico en que me hundía; pero su desaparición fue un magnífico pretexto para seguir bebiendo . . . Y, luego, también mi perro murió.

El sufrimiento por beber aumentó hasta lo intolerable y comenzó mi lucha. Traté de dejar la bebida tomando voluntariamente pastillas. No me dieron resultado.

Se apoderó de mí el miedo a vivir y continué bebiendo como acostumbraba, por las tardes. En las "crudas" mi sensación de soledad aumentaba: los ojos enrojecidos, el aliento pestilente; me repudiaba a mí mismo; me ocultaba de todos, buscaba las calles más solitarias; prefería el cielo gris y el mal tiempo, iban a tono con mi carácter.

Hice un descubrimiento demente: encontré que no le

hacía falta a nadie. Los celos, la envidia, mis frustraciones y mi soledad, me acosaban. Mentalmente tramaba venganza contra todos. Era como si mi alma estuviera llena de rabia. Renegué de mis padres desconocidos; renegué de Dios ¡y perdí toda fe!

Cansado de vivir de esa manera intenté el suicidio: alcohol, barbitúricos, y... cuando desperté sediento y febril, estaba atado con una camisa de fuerza y tenía las muñecas vendadas. Días nefastos y amargos.

Fui internado en una clínica psiquiátrica en donde, en mis interminables días de encierro, mi deseo de venganza contra el mundo me obsesionaba. Dado de alta, volví a beber a los pocos meses y la historia del suicidio volvió a repetirse. Cuando salí una vez más de la clínica ya no tenía trabajo, ya no tenía casa, ya no tenía amistades...; de nuevo solo en un país extraño.

Regresé a mi país y tuve otro internamiento, esta vez debido a una hepatitis viral. Entre un internamiento y otro acumulé casi diez meses sin beber. Pero mis resentimientos me dominaban tanto en abstinencia como borracho. Mi capacidad de sufrimiento llegó a su punto más bajo. Perpetua batalla de una doble personalidad: odio-amor, muerte-vida, creer-blasfemar, renegar-implorar... Durante mi internamiento alguien me habló de Alcohólicos Anónimos, pero no le hice caso. Me había considerado yo mismo un caso perdido que caía, caía más y más.

... Una botella escondida. ¿Dónde?; buscarla meticulosa, apremiantemente; la laguna mental. Despertar revolviéndolo todo y, al fin: ¡su encuentro! Hermosa, brillante, semillena botella de licor. Temblores, risa, sudor en las manos, y el tapón demasiado apretado. ¡Blasfemar! y la botella hermosa, brillante, hecha pedazos en el suelo. Gemir angustiado y caer al piso para absorber el licor desparramado... Vergüenza. Llanto amargo, mordiendo un cojín que ahogara los gritos de dolor...

Varios días después de ese acontecimiento crucial me

pude levantar. Estaba muy débil y decidí poner un poco de orden a mi alrededor. Entonces encontré un folleto de A.A. y lo estrujé en mi puño, pensé: "¡eso de A.A. tal vez pueda ayudarme!" Finalmente, una noche, me dirigí a un grupo. No tuve miedo de entrar, más bien tuve miedo de no ser aceptado. Sabía que era un alcohólico, pero ignoraba que era un enfermo. Mi identificación fue inmediata: mi aceptación lenta.

Por la gracia de Dios, y con la ayuda de Alcohólicos Anónimos, ahora ya *no estoy solo*. La mano tendida de esos hombres y mujeres de buena voluntad salvaron mi vida.

Actualmente sigo viviendo sin compañía, pero las experiencias de mis compañeros, sus sugerencias y su sobriedad siempre están conmigo. En mi diario vivir, sigo aprendiendo de ellos; ellos me guían. Debo aclarar que no dejé de beber por mi familia puesto que no la tenía, no dejé de beber por mi trabajo que tampoco tenía, ni dejé de beber por nadie, pues estaba solo. Dejé de beber por una necesidad imperiosa, deseaba dejar de sufrir. ¡Beber o no beber! Ese era el problema de mi vida. Gracias a Alcohólicos Anónimos, encontré a Dios, recuperé la fe en mí y en los demás.

Nací en 1931 y morí en alguna de aquellas terribles noches de ebriedad, pero gracias a A.A., volví a nacer el 5 de diciembre de 1969.

APENDICE

I

LA TRADICION DE A.A.

Para los que ahora estamos en su seno, Alcohólicos Anónimos ha hecho que la desgracia se convierta en sobriedad, y frecuentemente ha significado la diferencia entre la vida y la muerte. A.A. puede, desde luego, significar justamente esto mismo para innumerables alcohólicos a quienes no ha llegado todavía.

Por lo tanto, ninguna otra asociación de hombres y mujeres ha tenido nunca una necesidad más urgente de eficacia continua y unión permanente. Nosotros los alcohólicos vemos que tenemos que trabajar juntos y conservarnos unidos o de lo contrario la mayoría de nosotros pereceremos.

Las "12 Tradiciones" de Alcohólicos Anónimos son, según creemos los que pertenecemos a A.A., las mejores respuestas que ha dado hasta ahora nuestra experiencia a esas siempre apremiantes preguntas: "¿Cómo puede funcionar A.A. de una manera óptima?" y "¿Cuál es la mejor manera de conservar la integridad de A.A., y de asegurar así que sobreviva?"

A continuación aparecen las Doce Tradiciones de A.A. en su llamada "forma breve", la cual en la actualidad es de uso general. Esta es una versión condensada de la "forma larga" original que se publicó por primera vez en 1945.

1. *Nuestro bienestar común debe tener la preferencia; la recuperación personal depende de la unidad de A.A.*

2. *Para el propósito de nuestro grupo sólo existe una autoridad fundamental: un Dios amoroso tal como se exprese en la conciencia de nuestro grupo. Nuestros líderes no son más que servidores de confianza. No gobiernan.*

3. *El único requisito para ser miembro de A.A. es querer dejar de beber.*

4. *Cada grupo debe ser autónomo, excepto en asuntos que afecten a otros grupos o a A.A., considerado como un todo.*

5. *Cada grupo tiene un solo objetivo primordial: llevar el mensaje al alcohólico que aún está sufriendo.*

6. *Un grupo de A.A. nunca debe respaldar, financiar o prestar el nombre de A.A. a ninguna entidad allegada o empresa ajena, para evitar que los problemas de dinero, propiedad y prestigio nos desvíen de nuestro objetivo primordial.*

7. *Todo grupo de A.A. debe mantenerse completamente a sí mismo, negándose a recibir contribuciones de afuera.*

8. *A.A. nunca tendrá carácter profesional, pero nuestros centros de servicio pueden emplear trabajadores especiales.*

9. *A.A. como tal nunca debe ser organizada; pero podemos crear juntas o comités de servicio que sean directamente responsables ante aquellos a quienes sirven.*

10. *A.A. no tiene opinión acerca de asuntos ajenos a sus actividades; por consiguiente su nombre nunca debe mezclarse en polémicas públicas.*

11. *Nuestra política de relaciones públicas se basa más bien en la atracción que en la promoción; necesitamos mantener siempre nuestro anonimato personal ante la prensa, la radio y el cine.*

12. *El anonimato es la base espiritual de todas nuestras Tradiciones, recordándonos siempre anteponer los principios a las personalidades.*

LAS DOCE TRADICIONES

(Forma Larga)

Nuestra experiencia en A.A. nos ha enseñado que:

1. Cada miembro de A.A. no es sino una pequeña parte de una gran totalidad. Es necesario que A.A. siga viviendo o, de lo contrario, la mayoría de nosotros seguramente morirá. Por eso, nuestro bienestar común tiene prioridad. No obstante, el bienestar individual lo sigue muy de cerca.

2. Para el propósito de nuestro grupo sólo existe una autoridad fundamentad — un Dios amoroso tal como se exprese en la conciencia de nuestro grupo.

3. Nuestra Comunidad debe incluir a todos los que sufren del alcoholismo. Por eso, no podemos rechazar a nadie que quiera recuperarse. Ni debe el ser miembro de A.A. depender del dinero o de la conformidad. Cuando quiera que dos o tres alcohólicos se reúnan en interés de la sobriedad, podrán llamarse un grupo de A.A., con tal de que, como grupo, no tenga otra afiliación.

4. Con respecto a sus propios asuntos, todo grupo de A.A. debe ser responsable únicamente ante la autoridad de su propia conciencia. Sin embargo, cuando sus planes atañen al bienestar de los grupos vecinos, se debe consultar con los mismos. Ningún grupo, comité regional, o individuo debe tomar ninguna acción que pueda afectar de manera significativa a la Comunidad en su totalidad sin discutirlo con los custodios de la Junta de Servicios Generales. Referente a estos asuntos, nuestro bienestar común es de altísima importancia.

5. Cada grupo de A.A. debe ser una entidad espiritual *con un solo objetivo primordial* — el de llevar el mensaje al alcohólico que aún sufre.

6. Los problemas de dinero, propiedad, y autoridad nos pueden fácilmente desviar de nuestro principal objetivo espiritual. Somos, por lo tanto, de la opinión de que cualquier propiedad considerable de bienes de uso legítimo para A.A., debe incorporarse y dirigirse por separado, para así diferenciar lo material de lo espiritual. Un grupo de A.A., como tal, nunca debe montar un negocio. Las entidades de ayuda suplementaria, tales como los clubes y hospitales que suponen mucha propiedad o administración, deben incorporarse separadamente de manera que, si es necesario, los grupos las puedan desechar con completa libertad. Por eso, estas entidades no deben utilizar el nombre de A.A. La responsabilidad de dirigir estas entidades debe recaer únicamente sobre quienes

las sostienen económicamente. En cuanto a los clubes, normalmente se prefieren directores que sean miembros de A.A. Pero los hospitales, así como centros de recuperación, deben operar totalmente al margen de A.A. — y bajo supervisión médica. Aunque un grupo de A.A. puede cooperar con cualquiera, esta cooperación nunca debe convertirse en afiliación o respaldo, ya sea real o implícito. Un grupo de A.A. no puede vincularse con nadie.

7. Los grupos de A.A. deben mantenerse completamente con las contribuciones voluntarias de sus miembros. Nos parece conveniente que cada grupo alcance esta meta lo antes posible; creemos que cualquier solicitud pública de fondos que emplee el nombre de A.A. es muy peligrosa, ya sea hecha por grupos, clubs, hospitales u otras agencias ajenas; que el aceptar grandes donaciones de cualquier fuente, o contribuciones que supongan cualquier obligación, no es prudente. Además nos causan mucha preocupación, aquéllas tesorerías de A.A. que sigan acumulando dinero, además de una reserva prudente, sin tener para ello un determinado propósito A.A. A menudo, la experiencia nos ha advertido que nada hay que tenga más poder para destruir nuestra herencia espiritual que las disputas vanas sobre la propiedad, el dinero, y la autoridad.

8. A.A. debe siempre mantenerse no profesional. Definimos el profesionalismo como la ocupación de aconsejar a los alcohólicos a cambio de una recompensa económica. No obstante, podemos emplear a los alcohólicos en los casos en que ocupen aquellos trabajos para cuyo desempeño tendríamos, de otra manera, que contratar a gente no alcohólica. Estos servicios especiales pueden ser bien recompensados. Pero nunca se debe pagar por nuestro acostumbrado trabajo de Paso Doce.

9. Cada grupo debe tener un mínimo de organización. La dirección rotativa es la mejor. El grupo pequeño puede elegir su secretario, el grupo grande su comité rotativo, y los grupos de una extensa área metropolitana, su comité central

o de intergrupo que a menudo emplea un secretario asalariado de plena dedicación. Los custodios de la Junta de Servicios Generales constituyen efectivamente nuestro Comité de Servicios Generales de A.A. Son los guardianes de nuestra Tradición A.A. y los depositarios de las contribuciones voluntarias de A.A., a través de las cuales mantenemos nuestra Oficina de Servicios Generales en Nueva York. Tienen la autoridad conferida por los grupos para hacerse cargo de nuestras relaciones públicas a nivel global — y aseguran la integridad de nuestra principal publicación, el *A.A. Grapevine*. Todos estos representantes deben guiarse por el espíritu de servicio, porque los verdaderos líderes en A.A. son solamente los fieles y experimentados servidores de la Comunidad entera. Sus títulos no les confieren ninguna autoridad real; no gobiernan. El respeto universal es la clave de su utilidad.

10. Ningún miembro o grupo debe nunca, de una manera que pueda comprometer a A.A., manifestar ninguna opinión sobre cuestiones polémicas ajenas — especialmente aquellas que tienen que ver con la política, la reforma alcohólica, o la religión. Los grupos de A.A. no se oponen a nadie. Con respecto a estos asuntos, no pueden expresar opinión alguna.

11. Nuestras relaciones con el público en general deben caracterizarse por el anonimato personal. Opinamos que A.A. debe evitar la propaganda sensacionalista. No se deben publicar, filmar o difundir nuestros nombres o fotografías, identificándonos como miembros de A.A. Nuestras relaciones públicas deben guiarse por el principio de "atracción en vez de promoción." Nunca tenemos necesidad de alabarnos a nosotros mismos. Nos parece mejor dejar que nuestros amigos nos recomienden.

12. Finalmente, nosotros de Alcohólicos Anónimos creemos que el principio de anonimato tiene una inmensa significación espiritual. Nos recuerda que debemos anteponer los principios a las personalidades; que debemos practicar una verdadera humildad. Todo esto a fin de que las bendiciones

que conocemos no nos estropeen; y que vivamos en contemplación constante y agradecida de El que preside sobre todos nosotros.

II

EXPERIENCIA ESPIRITUAL

Los términos "experiencia espiritual" y "despertar espiritual" son usados muchas veces en este libro, observándose, a través de su lectura detenida, que el cambio de personalidad necesario para dar lugar a la recuperación del alcoholismo se ha manifestado entre nosotros en muchas formas diferentes.

Sin embargo, es cierto que nuestra primera edición dio la impresión a muchos lectores de que estos cambios de personalidad, o experiencias religiosas, tienen que ser de una índole de súbitos y espectaculares sacudimientos. Felizmente para todos, esta conclusión es errónea.

En los primeros capítulos se describen varios cambios revolucionarios. Aunque no era nuestra intención causar esa impresión, muchos alcohólicos a pesar de esto han llegado a la conclusión de que para recuperarse, tienen que adquirir una inmediata y arrolladora "conciencia de Dios", seguida inmediatamente de un gran cambio de sentimientos y de actitud.

Entre los miles de miembros de nuestra Comunidad que está siempre creciendo, tales transformaciones son frecuentes aunque no son la regla. La mayoría de nuestras experiencias son de las que el psicólogo William James llama "variedad educacional", porque se desarrollan lentamente durante un cierto período de tiempo. Muy frecuentemente, los amigos del recién llegado se dan cuenta del cambio mucho antes que él. Este se da cuenta por fin de que se ha operado en él un profundo cambio en su reacción a la vida, y que ese cambio difícilmente pudo haberse realizado por obra de él solo. Lo que sucede en unos cuantos meses rara vez podría lograrse en años a base de autodisciplina. Con pocas excepciones, nuestros miembros encuentran que han descubierto un insospechado recurso interior, que pronto identifican con su propio concepto de un Poder superior a ellos mismos.

La mayoría de nosotros pensamos que esta conciencia de un Poder superior al nuestro es la esencia de la experiencia espiritual. Nuestros miembros más religiosos la llaman "conciencia de Dios."

Queremos manifestar de la manera más enfática, que (a la luz de nuestra experiencia) cualquier alcohólico capaz de encarar honradamente sus problemas puede recuperarse, siempre que no cierre su mente a todos los conceptos espirituales. Solamente puede ser derrotado por una actitud de intolerancia o de negación beligerante.

Encontramos que nadie tiene por qué tener dificultades con la espiritualidad del programa. *Buena voluntad, sinceridad y una mente abierta son los elementos para la recuperación. Pero estos son indispensables.*

"Hay un principio que es una barrera para toda información, que es una refutación de cualquier argumento y que no puede fallar para mantener a un hombre en una perpetua ignorancia: el principio consiste en despreciar antes de investigar."

—HERBERT SPENCER

III

EL PUNTO DE VISTA MEDICO

Desde el momento en que el Dr. Silkworth dio su primera recomendación de A.A., muchas asociaciones médicas así como multitud de médicos han manifestado su aprobación por la Comunidad. A continuación aparecen algunos extractos de los comentarios de algunos médicos participantes en la reunión anual de la Asociación Médica del Estado de Nueva York, en la que se presentó una ponencia sobre A.A.:

El Dr. Foster Kennedy, neurólogo, dice: "La organización de Alcohólicos Anónimos apela a dos de las fuentes más grandes de poder conocidas por el ser humano — la religión y el instinto de asociarse con sus semejantes . . . el instinto gregario. Creo que nuestra profesión debe reconocer este magnífico recurso terapéutico. Si no lo hacemos, tendremos que declararnos culpables de esterilidad emocional y de haber perdido esa fe que mueve montañas, sin la cual es poco lo que la medicina puede hacer."

El Dr. G. Kirby Collier, siquiatra, expone: "Tengo la impresión de que Alcohólicos Anónimos es una asociación por y para sí misma y que sus mejores resultados pueden conseguirse bajo su propia dirección, como consecuencia de su filosofía. Cualquier procedimiento terapéutico o filosófico que registre un índice de recuperación del 50% al 60% merece nuestra consideración."

El Dr. Harry M. Tiebout, siquiatra, explica: "Como siquiatra, he meditado mucho sobre la relación entre mi especialidad y A.A. y he llegado a la conclusión de que nuestra función particular puede ser muy a menudo la de preparar el terreno para que el paciente acepte cualquier tipo de tratamiento o ayuda ajena. La función del siquiatra, como la concibo ahora, es acabar con la resistencia interna del paciente, a fin de que lo que tienen dentro de sí florezca, como lo hace bajo la actividad del programa de A.A."

Hablando bajo los auspicios de la Asociación Médica Norteamericana, en una emisión de la NBC en 1946, el Dr. W.W. Bauer dijo: "Los Alcohólicos Anónimos no hacen ningún tipo de cruzada — no se trata de una sociedad que aboga por la abstinencia de las bebidas alcohólicas. Los miembros de A.A. saben que no pueden beber nunca. Ayudan a otras personas con problemas parecidos . . . En este ambiente, el alcohólico frecuentemente supera su ensimismamiento. Aprendiendo a depender de un poder superior y al permitir que su trabajo con otros alcohólicos le absorba, se mantiene sobrio día por día. Los días se transforman en semanas, las semanas en meses y años."

El Dr. John F. Stouffer, Jefe de Siquiatría del Hospital General de Philadelphia, aludiendo a su experiencia con A.A. dijo: "Los alcohólicos que atendemos en nuestro hospital son en su mayor parte aquellos que no pueden costearse un tratamiento privado; A.A. es, con mucho, la mejor cosa que les hemos podido ofrecer. Incluso en aquellos que a veces reingresan en el hospital, vemos una transformación profunda de personalidad. Apenas se les puede reconocer."

La Asociación Siquiátrica Norteamericana pidió en 1949 que fuera elaborada una ponencia por uno de los miembros más experimentados de A.A., para ser presentada ante la reunión anual de la Asociación ese mismo año. Más tarde, el discurso fue publicado en el número de noviembre de 1949 de la *Revista de Siquiatría Norteamericana.*

(El discurso está disponible en forma de folleto al precio nominal a través de la mayoría de los grupos de A.A. o en la G.S.O., Box 459, Grand Central Station, New York, N.Y. 10163, con el título "Tres Charlas a Sociedades Médicas por Bill W.")

IV

EL PREMIO LASKER

En 1951, el Premio Lasker fue conferido a Alcohólicos Anónimos. Parte de la citación decía:

"La Asociación Norteamericana de Salud Pública presenta el Premio del Grupo Lasker de 1951 a Alcohólicos Anónimos, en reconocimiento de su enfoque único y sumamente acertado de ese antiguo problema de salud y problema social, el alcoholismo... Al recalcar el hecho de que el alcoholismo es una enfermedad, el estigma social que acompañaba a esta condición está desapareciendo... Posiblemente, algún día los historiadores reconocerán que Alcohólicos Anónimos ha sido una aventura pionera en su campo, que ha forjado un nuevo instrumento para el progreso social, una nueva terapia basada en la afinidad entre los que tienen un sufrimiento en común, y que dispone de un potencial enorme para la solución de las innumerables enfermedades de la humanidad."

V

LA PERSPECTIVA RELIGIOSA
SOBRE A.A.

Los clérigos de casi todas las denominaciones han dado su bendición a Alcohólicos Anónimos:

El Padre Edward Dowling, C.J., dice: "Alcohólicos Anónimos es natural; es natural en el mismo punto donde la naturaleza se acerca más a lo sobrenatural; es decir, en las humillaciones y en la consiguiente humildad. Los museos de bellas artes y las sinfonías tienen algo de espiritual, y la Iglesia Católica aprueba el uso que hacemos de éstos. También A.A. tiene algo de espiritual, y la participación católica en esta Comunidad resulta, casi sin excepción, en que los malos católicos se transformen en mejores católicos."

La redacción de la revista *Living Church*, publicada por la iglesia episcopal, observa: "La base del programa de Alcohólicos Anónimos es el principio verdaderamente cristiano de que sólo ayudando a su prójimo, puede un hombre ayudarse a sí mismo. Los miembros de A.A. describen el programa como una "póliza personal de seguros." Para mucha gente que estaría desesperadamente perdida sin la eficaz y singular terapia del programa, esta "póliza" ha significado la recuperación de la salud física, mental y espiritual.

Hablando en una cena organizada por John D. Rockefeller para presentar a Alcohólicos Anónimos a algunos de sus amigos, el Dr. Henry Emerson Fosdick dijo:

"Creo que, desde un punto de vista sicológico, el enfoque de este movimiento tiene una ventaja que no se puede duplicar. Creo que, si se dirige con prudencia — y parece estar en manos prudentes — las oportunidades que esperan a esta Comunidad en el futuro tal vez sobrepasen los límites de nuestra imaginación."

VI
COMO PONERSE EN CONTACTO CON A.A.

La mayoría de los pueblos y ciudades en los Estados Unidos y Canadá tienen grupos de A.A. En tales lugares se puede encontrar A.A. a través de la guía telefónica, la oficina del diario o la estación de policía locales, o al ponerse en contacto con curas o ministros del área. En ciudades grandes, los grupos frecuentemente mantienen oficinas locales donde los alcohólicos o sus familias pueden hacer arreglos para entrevistas u hospitalización. Estas llamadas asociaciones intergrupales se encuentran en las guías telefónicas bajo "A.A." o "Alcohólicos Anónimos."

Alcohólicos Anónimos mantiene su centro de servicios internacionales en Nueva York, EE.UU. La Junta de Servicios Generales de A.A. (los custodios) manejan la Oficina de Servicios Generales de A.A., A.A.W.S., Inc., y nuestra revista mensual, el *A.A. Grapevine.*

Si no puede encontrar A.A. en su localidad, envíe una carta dirigida a la General Service Office, Box 459, Grand Central Station, New York, N.Y. 10163, EE.UU., y recibirá una respuesta inmediata de este centro mundial indicándole el grupo más cercano. Si no hay ninguno cerca, se le invitará a sostener una correspondencia que contribuirá mucho a asegurarle su sobriedad, no importa lo aislado que esté.

Si es usted pariente o amigo de un alcohólico que no demuestra ningún interés en A.A., se sugiere que escriba a: Al-Anon Family Groups, P.O. Box 862, Midtown Station, New York, N.Y. 10018-0862, EE.UU.

Este es un centro de información para los grupos de familia Al-Anon, mayormente constituido por esposas, esposos y amigos de los miembros de A.A. Esta sede le facilitará la dirección del grupo familiar más cercano y, si usted lo desea, mantendrá una correspondencia con usted sobre sus problemas particulares.

Publicaciones de A.A. Disponibles en la G.S.O.
Aprobadas por la Conferencia

LIBROS

ALCOHOLICOS ANONIMOS
ALCOHOLICOS ANONIMOS LLEGA A SU MAYORIA DE EDAD
DOCE PASOS Y DOCE TRADICIONES
COMO LO VE BILL
EL DR. BOB Y LOS BUENOS VETERANOS
REFLEXIONES DIARIAS

LIBRILLOS

LLEGAMOS A CREER
VIVIENDO SOBRIO
A.A. EN PRISIONES: DE PRESO A PRESO

FOLLETOS

44 PREGUNTAS
LA TRADICION DE A.A. – COMO SE DESARROLLO
UN MINISTRO RELIGIOSO PREGUNTA
TRES CHARLAS A SOCIEDADES MEDICAS POR BILL W.
A.A. COMO RECURSO PARA LA PROFESION MEDICA
A.A. EN SU COMUNIDAD
¿ES A.A. PARA USTED?
ESTO ES A.A.
A.A. Y LOS PROGRAMAS DE ALCOHOLISMO EMPRESARIALES
¿SE CREE USTED DIFERENTE?
PREGUNTAS Y RESPUESTAS ACERCA DEL APADRINAMIENTO
A.A. PARA LA MUJER
TIEMPO PARA EMPEZAR A VIVIR
    (Un folleto para el alcohólico de edad avanzada)
ALCOHOLICOS ANONIMOS POR JACK ALEXANDER
CARTA A UNA MUJER ALCOHOLICA
LOS JOVENES Y A.A.
EL MIEMBRO DE A.A. – LOS MEDICAMENTOS Y OTRAS DROGAS
¿HAY UN ALCOHOLICO EN SU VIDA?
DENTRO DE A.A.
EL GRUPO DE A.A.
R.S.G.
CARTA A UN PRESO QUE PUEDE SER UN ALCOHOLICO
LAS DOCE TRADICIONES ILUSTRADAS
COMO COOPERAN LOS MIEMBROS DE A.A.
A.A. EN LAS INSTITUCIONES CORRECCIONALES
A.A. EN LAS INSTITUCIONES DE TRATAMIENTO
EL PUNTO DE VISTA DE UN MIEMBRO DE A.A.
PROBLEMAS DIFERENTES DEL ALCOHOL
COMPRENDIENDO EL ANONIMATO
UNA BREVE GUIA A ALCOHOLICOS ANONIMOS
UN PRINCIPIANTE PREGUNTA
LO QUE LE SUCEDIO A JOSE   (Historieta a todo color)
ES MEJOR QUE ESTAR SENTADO EN UNA CELDA
    (Folleto ilustrado para los presos)
¿ES A.A. PARA MI?
LOS DOCE PASOS ILUSTRADOS

VIDEOS

ESPERANZA: ALCOHOLICOS ANONIMOS
ES MEJOR QUE ESTAR SENTADO EN UNA CELDA
LOS JOVENES EN A.A.

REVISTAS

THE A.A. GRAPEVINE (mensual)

Box 459
Grand Central Station
New York, NY 10163